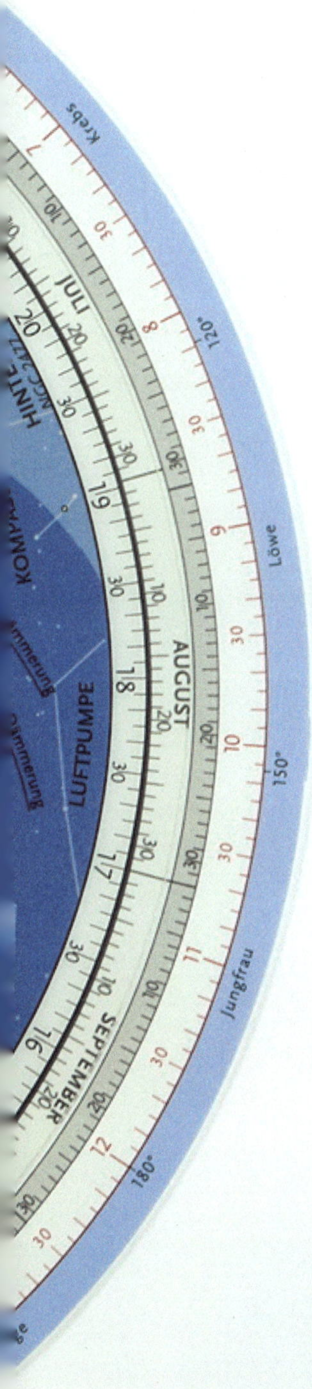

Drehbare Sternkarte

Mit Sternkarten kann man sich am Sternhimmel orientieren und Sternbilder auffinden. Eine einfache Form ist die drehbare Sternkarte. Diese Sternkarte zeigt den Sternenhimmel in Deutschland am ersten Mai gegen 2:00 Uhr Sommerzeit.

Inh. Bernd Koch/ Franckh-Kosmos Verlags-GmbH & Co KG

westermann

PHYSIK HEUTE

Physik heute 3

herausgegeben von
Sigrun Otte-Spille und Wolfgang Rieger

erarbeitet von
Werner Heinke, Dr. Michael Müller, Sigrun Otte-Spille,
Wolfgang Rieger, Petra Ullrich

Zum Schülerband erscheinen:
Lösungen 3, ISBN 978-3-14-151410-0
Lehrermaterialien 3, ISBN 978-3-14-151418-6

BiBox westermann

BiBox – Digitale Unterrichtsmaterialien
Lehrer-Einzellizenz, WEB-14-**151411**
Lehrer-Kollegiumslizenz, WEB-14-**151413**
Lehrer-Kollegiumslizenz (1 Schuljahr), WEB-14-**106988**
Schüler-Einzellizenz (1 Schuljahr), WEB-14-**151414**
Klassenlizenz Premium (1 Schuljahr), WEB-14-**108980**
Klassensatz PrintPlus (1 Schuljahr), WEB-14-**119402**

Nähere Informationen unter www.bibox.schule

westermann GRUPPE

Druck A[1] / Jahr 2022
Alle Drucke der Serie A sind im Unterricht parallel verwendbar.

Redaktion: Leonie Bastin
Grafikkonzept: Atelier tigercolor Tom Menzel
Umschlaggestaltung: Janssen Kahlert Design & Kommunikation GmbH
Layout: SOFAROBOTNIK GbR, Augsburg & München
Druck und Bindung: Westermann Druck GmbH, Georg-Westermann-Allee 66, 38104 Braunschweig

ISBN 978-3-14-**151409**-4

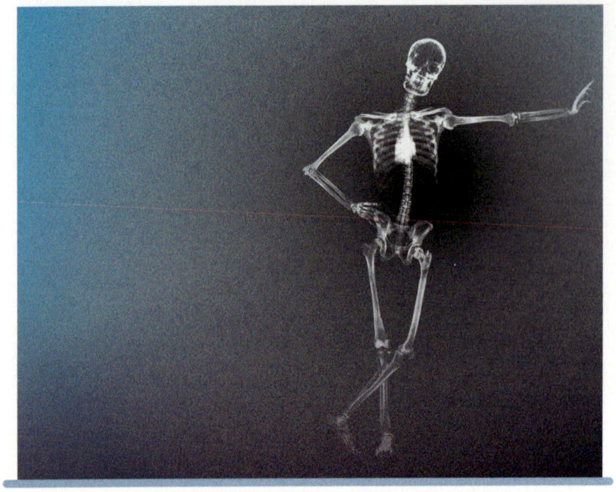

Ionisierende Strahlung und Kernenergie

Energieversorgung 124

Anhang 172

Anforderungsbereiche:

●○○ niedriges Niveau

●●○ mittleres Niveau

●●● hohes Niveau

Icons:

1 besondere Berücksichtigung von Aspekten der Medienbildung

1 besondere Berücksichtigung von Aspekten der Verbraucherbildung

Aufgabenstellungen richtig verstehen - Operatoren

1 **Beschreibe** die Bewegung, die im Bild durch die wirkenden Kräfte dargestellt wird.

Es herrscht ein Kräftegleichgewicht zwischen Antriebskraft F_A und Luftwiderstand F_L. Die Geschwindigkeit des Fahrrads ist konstant.

Beschreiben bedeutet: Ein Sachverhalt soll strukturiert mit eigenen Worten unter Verwendung von Fachsprache wiedergegeben werden.

2 **Erkläre,** wie sich die Radfahrerin weiterbewegt, wenn keine Antriebskraft mehr wirkt.

Ohne Antriebskraft verzögert der Luftwiderstand die Bewegung allmählich bis zum Stillstand. Dann ist auch F_L null, es wirkt keine Kraft mehr ein, die daran etwas ändert.

Erklären bedeutet: Es sollen Gründe für einen Sachverhalt geliefert werden. Der Sachverhalt soll verständlich dargelegt werden und auf allgemeine Aussagen und Gesetze zurückgeführt werden.

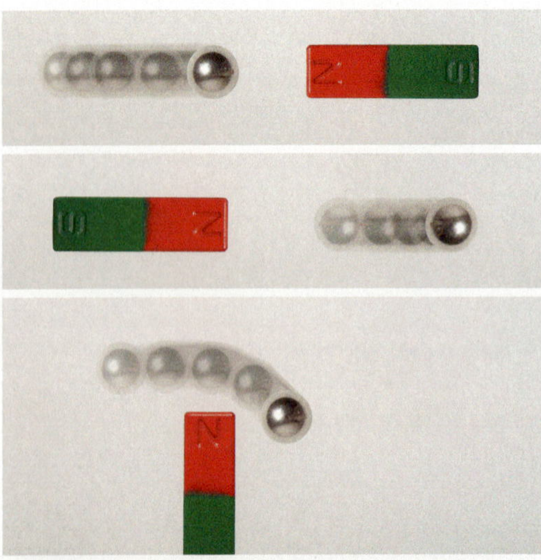

3 **Begründe,** ob es sich bei der Bewegung im oberen Bild um eine gleichförmige Bewegung handelt.

Da die Kräfte gleich groß sind, liegt ein Kräftegleichgewicht vor. Die Radfahrerin wird weder beschleunigt noch abgebremst noch ändert sie ihre Richtung. Deshalb liegt eine gleichförmige Bewegung vor.

Begründen bedeutet: Es sollen fachliche Gründe für einen Sachverhalt geliefert werden. Der Sachverhalt soll auf seine Ursachen zurückgeführt werden.

4 **Nenne** drei Auswirkungen, die eine Kraft haben kann.

Beschleunigung, Verformung, Änderung der Bewegungsrichtung

Nennen oder angeben bedeutet: Es sollen nur Begriffe oder Wörter aufgezählt werden.

5 **Erläutere** die Begriffe plastische und elastische Verformung an der Kollision zweier Autoscooter und zweier PKW.

Beim Autoscooter sind nach einer Kollision, anders als bei der Kollision zweier PKW, keine bleibenden Verformungen zu erkennen. Deshalb ist die Verformung beim Autoscooter elastisch, beim PKW aber plastisch.

Erläutern bedeutet: Ein Sachverhalt soll erklärt und durch zusätzliche Informationen verständlich gemacht werden.

6 **Zeichne** zu den Messwerten das *t*-*s*-Diagramm. (Auch: **Stelle** die Messwerte in einem *t*-*s*-Diagramm **dar.**) **Skizziere** auf der Basis des *t*-*s*-Diagramms das *t*-*v*-Diagramm.

Zeichnung und Skizze unter der Tabelle.

Darstellen oder zeichnen bedeutet: Es sollen die geforderten Inhalte in einer möglichst genauen Zeichnung gezeigt werden. **Skizzieren bedeutet:** Es soll eine Zeichnung mit dem ungefähren Verlauf angefertigt werden.

Zeit *t* in s	Strecke *s* in m	
	Wagen 1	Wagen 2
0	0,0	0,0
5	2,0	4,0
10	4,0	8,0
15	5,8	11,3
20	7,0	13,3
25	7,8	14
30	8,0	14

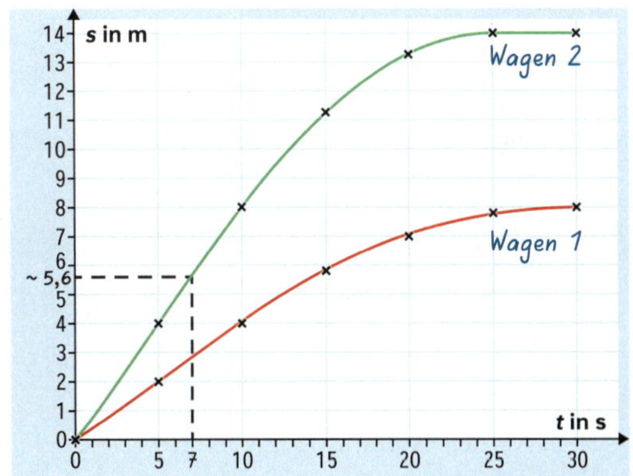

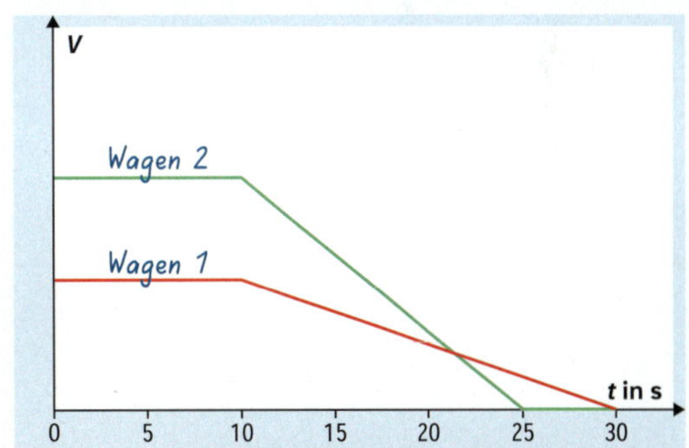

7 **Vergleiche** die Diagramme für die beiden Wagen.

Gemeinsamkeiten: beide Wagen fahren bis Sekunde 10 mit konstanter Geschwindigkeit und werden dann langsamer. Unterschiede: der zweite Wagen fährt von Sekunde 1 bis 10 schneller als der erste. Wagen 1 steht ab Sekunde 30, Wagen 2 schon ab Sekunde 25.

Vergleichen bedeutet: Es sollen Gemeinsamkeiten und Unterschiede bezogen auf einen Sachverhalt herausgestellt werden.

8 **Bestimme** (auch **ermittle**) mithilfe deines Diagramms die Strecke, die Wagen 2 nach sieben Sekunden zurückgelegt hat. **Berechne** die Zeit, die ein Wagen der Geschwindigkeit $5\,\frac{m}{s}$ für 100 m braucht.

Nach sieben Sekunden hat Wagen 2 etwa 5,6 Meter zurückgelegt.

$$v = \frac{s}{t} \qquad | \cdot t$$
$$v \cdot t = s \qquad | : v$$
$$t = \frac{s}{v} = \frac{100\ m}{5\ \frac{m}{s}} = 20\ s.$$

Der Wagen braucht 20 s für 100 m.

Bestimmen oder ermitteln bedeutet: ein Wert soll berechnet oder aus einem Diagramm abgelesen werden. **Berechnen bedeutet:** Es soll mithilfe einer Formel der Zahlenwert ermittelt werden.

9 **Beurteile** (auch **bewerte**) die Sicherheit einer schwarzen und einer weißen Jacke im Straßenverkehr.

Die schwarze Jacke ist nicht gut sichtbar, da sie Licht, das auf sie trifft, absorbiert. Die weiße Jacke ist gut sichtbar, weil sie Licht in alle Richtungen streut. Deshalb ist die weiße Jacke im Straßenverkehr sicherer.

Beurteilen oder bewerten bedeutet: Es soll unter der Verwendung von Fachwissen und Fachmethoden ein selbstständiges Urteil formuliert und begründet werden.

Druck und Auftrieb

Dieses Kapitel hat folgenden Inhalt:

U-Boote müssen hohem Druck standhalten

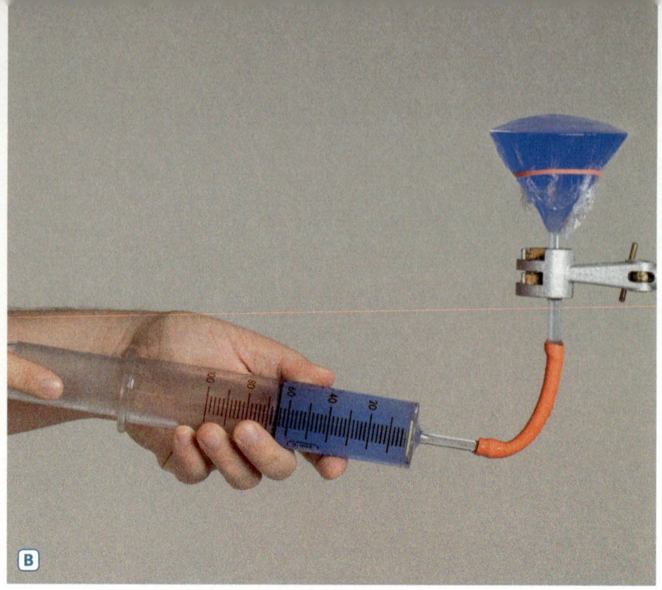

1 **A** Fahrrad aufpumpen; **B** Wasserdruck

1.1 Druck in Gasen und Flüssigkeiten

Das Fahrrad benötigt den richtigen Reifendruck. Der Blutdruck darf nicht zu hoch oder zu niedrig sein. Was ist Druck?

Versuch – Ein Kolbenprober ist über einen Schlauch mit einem Gefäß verbunden, das randvoll mit Wasser gefüllt und oben mit einer Folie verschlossen ist. Wenn auf den Kolben gedrückt wird, dellt sich die Folie nach oben. Das Wasser übt eine Kraft auf sie aus.

Allseitigkeit – Obwohl der Kolben nur in eine Richtung Kraft auf das Wasser ausübt, spritzt es im Bild 2 aus den Öffnungen in verschiedene Richtungen heraus.

2 Wasser spritzt in verschiedene Richtungen

Teilchen und Druck – Flüssigkeiten und Gase bestehen aus Teilchen, die sich ständig hin und her bewegen. Dabei stoßen sie auch auf die Wände des Gefäßes, in dem sie sich befinden. Sie üben dabei Kräfte auf die Gefäßwände aus. Dadurch entsteht der **Druck** in eingeschlossenen Flüssigkeiten und Gasen.

Die Fahrradluftpumpe befördert Luftteilchen in den Reifen. Weil nun viel mehr Teilchen im Reifen sind, stoßen auch mehr Teilchen gegen die Reifenwände. Die Kräfte werden größer und der Druck steigt.

Im menschlichen Körper pumpt das Herz Blut durch die Adern und ist verantwortlich für den Blutdruck. Wenn dieser zu groß ist, entstehen zu große Kräfte auf die Wände der Blutgefäße. Sie können dadurch geschädigt werden.

Druck entsteht, wenn eingeschlossene Flüssigkeiten oder Gase Kräfte auf die Gefäßwände ausüben.

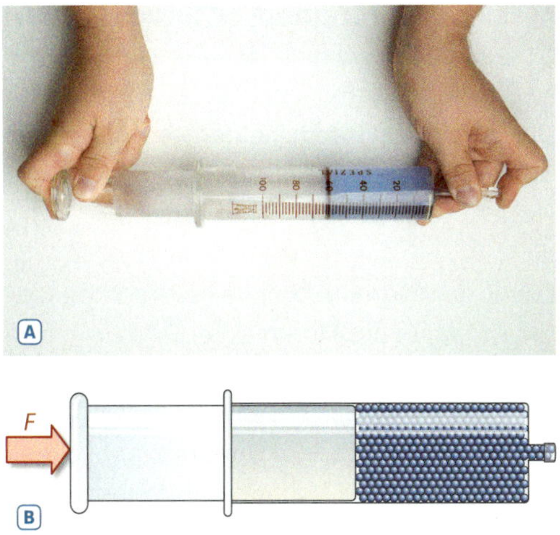

3 Kolbenprober mit Wasser gefüllt: A im Versuch; B im Teilchenmodell

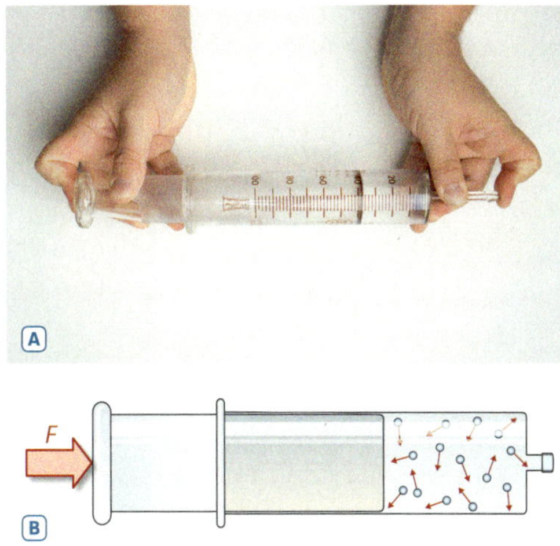

4 Kolbenprober mit Luft gefüllt: A im Versuch; B im Teilchenmodell

Flüssigkeit – Der Kolbenprober ist mit Wasser gefüllt. Die Öffnung wird zugehalten und auf den Kolben wird eine Kraft ausgeübt. Der Kolben lässt sich nicht hineinschieben. Mithilfe des Teilchenmodells kann das erklärt werden. Die Teilchen in Flüssigkeiten liegen sehr dicht beieinander und können nicht weiter zusammengedrückt werden. Die Kraft wird auf die Teilchen übertragen. Sie geben sie in alle Richtungen weiter.

Gas – Befindet sich Luft im Kolbenprober und wird bei zugehaltener Öffnung eine Kraft auf den Kolben ausgeübt, lässt er sich ein Stück weit hineinschieben. Das liegt daran, dass die Teilchen in Gasen weit voneinander entfernt und frei beweglich sind. Durch die Kraft auf den Kolben werden die Teilchen auf engeren Raum zusammengeschoben. Sie stoßen nun öfter auf die Gefäßwände. Der Druck wird größer.

MATERIAL MIT AUFGABEN

A Gasfedern

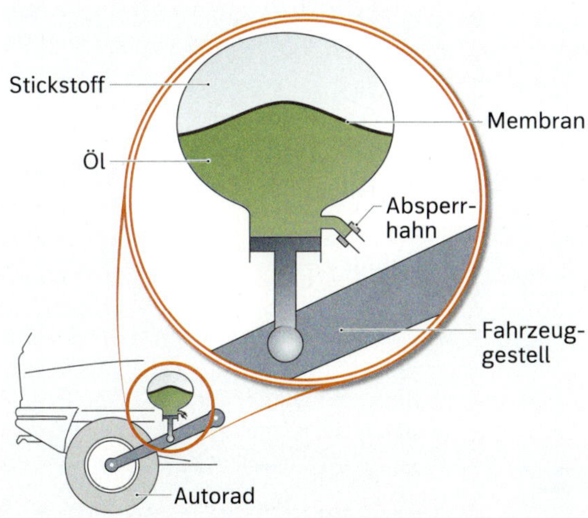

In manchen Autos werden zur Federung Gasfedern verwendet.

1 Erkläre mithilfe der Skizze die Funktionsweise einer solchen Gasfeder.

2 Gib an, was passieren würde, wenn sich in dieser Federung im Behälter nur Flüssigkeit befinden würde.

3 Recherchiere und notiere ein weiteres Beispiel, bei dem die „Federwirkung“ von Gasen genutzt wird.

4 Gib an, wie die Federung bei dem gezeigten Beispiel „härter“ eingestellt werden könnte.

5 Massebestimmung von Wasser und Spiritus

~ steht für proportional

Wasser		
Volumen V in mℓ	Masse m in g	$\frac{m}{V}$ in g/mℓ
200	200	1,0
400	400	1,0
600	600	1,0
800	800	1,0

Spiritus		
Volumen V in mℓ	Masse m in g	$\frac{m}{V}$ in g/mℓ
200	166	0,83
400	332	0,83
600	498	0,83
800	664	0,83

6 Volumen, Massen und deren Quotient

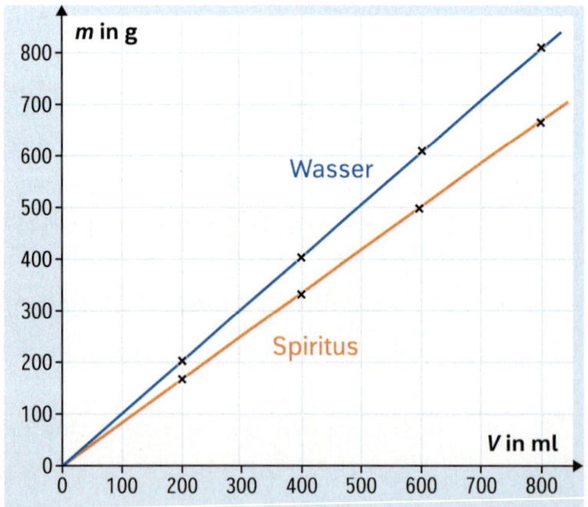

7 *V*-*m*-Diagramm für Wasser und Spiritus

Masse und Volumen – Im Versuch wird zunächst für Wasser der Zusammenhang zwischen Volumen und Masse untersucht. Die Masse des Standzylinders muss in jedem Teilversuch vom Messwert der angezeigten Gesamtmasse subtrahiert werden.

Das *V*-*m*-Diagramm zeigt eine Ursprungsgerade. Das ist ein Merkmal für Proportionalität. Sie kann bestätigt werden, indem jeweils der Quotient $\frac{m}{V}$ gebildet wird.
In diesem Versuch liegt Quotientengleichheit vor, deshalb sind Volumen und Masse proportional $V \sim m$.

Dichte – Wird das gleiche Experiment mit Spiritus wiederholt, haben vergleichbare Volumen andere Massen als bei Wasser. Die Proportionalität zwischen Volumen und Masse ist jedoch auch hier an der Ursprungsgerade zu erkennen. Allerdings ergibt sich für Spiritus ein anderer Quotient $\frac{m}{V}$.

Für jeden Stoff ist der Quotient $\frac{m}{V}$ charakteristisch und bezeichnet seine Dichte ρ (rho).

Die Dichte ist eine stoffabhängige Größe, die das Verhältnis von Masse und Volumen angibt. Sie hat die Einheit $1\,\frac{kg}{m^3}$.

Dichte
Die Dichte ist eine stoffabhängige Größe, die durch den Quotienten aus Masse und Volumen eines Körpers definiert wird.

Das Formelzeichen ist ρ.
Die Grundeinheit ist $1\,\frac{kg}{m^3}$.

Es gilt: $\rho = \frac{m}{V}$.

Außerdem werden benutzt:
$1\,\frac{kg}{m^3} = 0{,}001\,\frac{g}{cm^3}$,
$1\,\frac{kg}{dm^3} = 1\,\frac{g}{cm^3}$,
$1\,\frac{g}{cm^3} = 1\,\frac{kg}{\ell}$.

Dichte von Gasen – Weil Gase zusammengedrückt werden können, ist ihre Dichte vom Druck abhängig.

Bei höherem Druck wird der Teilchenabstand kleiner. Das heißt, dass sich die gleiche Anzahl Teilchen in einem kleineren Volumen befindet. Die einzelnen Teilchen besitzen eine bestimmte Masse. Die Gesamtheit der Teilchenmassen ergibt die Masse des Gases. Weil sich die Teilchenanzahl beim Zusammenpressen nicht geändert hat, bleibt die Masse konstant. Gleichzeitig ist aber das Volumen geringer geworden. Demzufolge erhöht sich die Dichte des Gases.

Die Dichte eines Gases ist vom Druck abhängig. Je größer der Druck, desto größer ist die Dichte.

VERSUCH

V1 Dichte von Öl

Materialien:
Digitalwaage, Becherglas mit 50 mℓ-Einteilung, Speiseöl

1 Bestimme für 5 verschiedene Volumen die jeweilige Masse des verwendeten Speiseöls und notiere die Messwerte in einer Tabelle.
2 Zeichne das zugehörige *V*-*m*-Diagramm und bestimme mithilfe des Diagramms die Dichte des Speiseöls.
3 Eine Salatsoße enthält neben Gewürzen nur Essig und Speiseöl. Steht eine solche Soße eine längere Zeit in einem Gefäß, entmischen sich die Zutaten wieder. Entscheide begründet, welche Flüssigkeit sich in der Schichtung unten befindet.

MATERIAL MIT AUFGABEN

B Dichte von Flüssigkeiten und Gasen

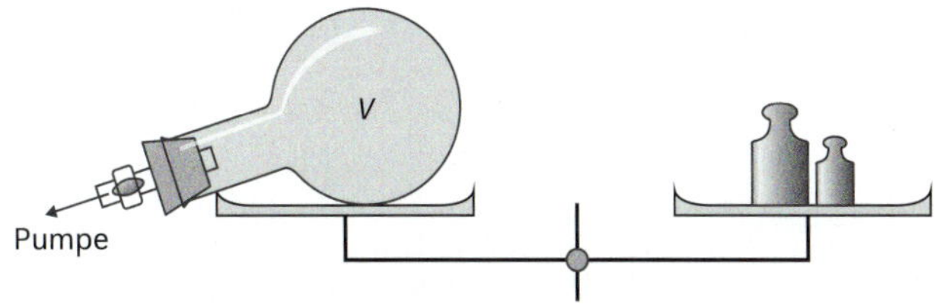

Bei geöffnetem Ventil des Kolbens wird die Waage ins Gleichgewicht gebracht. Die Masse beträgt 157,6 g. Danach wird der Glaskolben ausgepumpt, das Ventil geschlossen und der Kolben erneut gewogen. Jetzt ist die Masse 154,3 g.

1 Erkläre, wie das Volumen des Kolbens bestimmt werden kann. ●●○
2 Berechne die Dichte für Luft, wenn der Kolben in diesem Versuch ein Volumen von 2,5 ℓ hat. ●●○

MATERIAL MIT AUFGABEN

C Dichte von Flüssigkeiten und Gasen

Gas	Dichte ρ in $\frac{g}{\ell}$ bei 20 °C und Normaldruck	Flüssigkeit	Dichte ρ in $\frac{kg}{\ell}$ bei 20 °C
Luft	1,3	Meerwasser	1,02
Wasserstoff	0,089	Benzin	0,7
Helium	0,18	Glyzerin	1,26

1 Ordne die Stoffe nach ihrer Dichte, beginne mit der kleinsten. Beachte die verschiedenen Einheiten. ●●○
2 Ermittle für alle Stoffe, wie groß jeweils die Masse eines Volumens von 2,0 m³ ist. ●●○
3 Recherchiere, welche Flüssigkeit und welches Gas jeweils die größte Dichte besitzen und notiere diese Werte. ●●○
4 Zeichne das *V*-*m*-Diagramm für Luft. ●●○
5 Begründe, warum die Dichte von Flüssigkeiten wesentlich größer ist als die von Gasen. ●●○
6 Überlege dir Gründe, warum Luft eine höhere Dichte hat als Helium. ●●●

1 **A** Fakir unter einem Nagelbrett; **B** Steine auf einer Schaumstoffunterlage

1.2 Druck berechnen und messen

p, englisch für pressure

Der Fakir liegt auf einem Scherbenhaufen und unter einem Nagelbrett, auf dem eine Person steht. Weshalb wird er durch die langen spitzen Nägel und die Scherben nicht verletzt?

Versuch – Im Versuch liegt ein Ziegelstein auf seinen verschieden großen Begrenzungsflächen auf einer Schaumstoffunterlage. Diese wird jeweils unterschiedlich stark eingedrückt. Am geringsten sinkt der Stein ein, wenn er auf der größten Begrenzungsfläche liegt, am tiefsten bei der kleinsten Fläche. Im unteren Bild bleibt die Auflagefläche gleich. Es wird jedoch eine unterschiedliche Anzahl von Steinen verwendet. Das hat unterschiedliche Gewichtskräfte zur Folge. Je größer die Gewichtskraft ist, desto stärker ist die Verformung des Schaumstoffs.

Kraft und Fläche – Die Stärke der Verformung ist ein Maß für den Druck auf die Unterlage. Es erweist sich als sinnvoll, den Druck durch die Kraft, die auf eine bestimmte Fläche wirkt, zu definieren. Je größer die Kraft bei gleicher Fläche ist, desto größer ist der Druck. Je größer die Fläche bei gleicher Kraft ist, desto geringer ist der Druck.

Berechnung – Der Druck ist definiert als der Quotient aus der Kraft, die senkrecht auf eine Fläche wirkt, und deren Flächeninhalt. Der Druck hat das Formelzeichen p.

Es gilt: $p = \frac{F}{A}$

Als Einheit ergibt sich:

$\frac{1\,\text{N}}{1\,\text{m}^2} = 1\,\text{Pa}$ (1 Pascal)

Der Fakir wird durch die spitzen Nägel nicht verletzt, weil sich die Gewichtskraft der Person auf dem Brett auf sehr viele Nagelspitzen verteilt und deshalb die Gesamtfläche groß wird.

Druck

Der Druck ist der Quotient aus der auf eine Fläche senkrecht wirkenden Kraft F und deren Flächeninhalt A.

Das Formelzeichen ist p

Es gilt: $p = \frac{F}{A}$

Die Grundeinheit ist 1 Pa (1 Pascal)

Außerdem werden benutzt:

100 Pa = 1 hPa (Hektopascal)

1 bar = 100 000 Pa

2 Pistenraupe

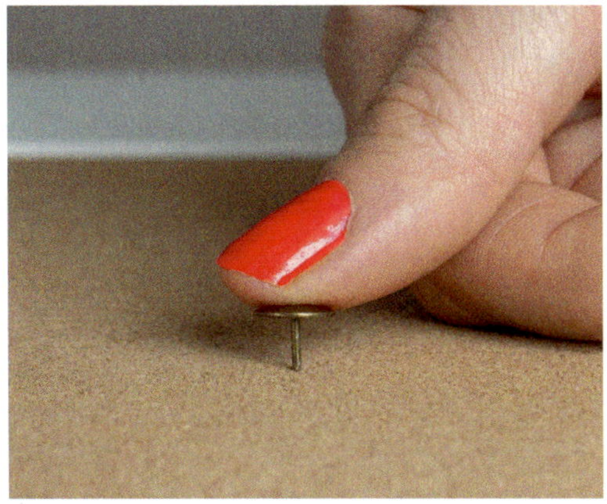

3 Reißzwecke

Auflagedruck – Damit die Pistenraupe nicht einsinkt, muss der Druck klein sein. Sie ist schwer und besitzt eine große Gewichtskraft. Diese muss sich auf eine große Fläche verteilen, damit der Druck klein ist. Deshalb haben Pistenraupen breite Gummiketten.

Beispiele – Eine Pistenraupe hat eine Masse von 10 t. Die Gewichtskraft wird mit $F_G = m \cdot g$ berechnet.
$F_G = 10\,000\text{ kg} \cdot 9{,}81\ \frac{\text{N}}{\text{kg}} = 98\,100\text{ N}$.

Die beiden Ketten des Fahrzeugs sind jeweils 10 m lang und 1 m breit. Die gesamte Fläche beträgt also 20 m².

$$p = \frac{F}{A} = \frac{98\,100\text{ N}}{20\text{ m}^2} = 4\,905\text{ Pa}$$

Reißzwecken werden oft zum Befestigen genutzt. Damit sie mühelos in die Unterlage gedrückt werden können, besitzen sie eine Spitze mit sehr kleiner Fläche. Dadurch wird ein großer Druck erreicht, ohne dass übermäßig viel Kraft benötigt wird.

Wenn man annimmt, dass die Kraft zum Eindrücken 10 N beträgt und die Fläche $0{,}2\text{ mm}^2 = 0{,}000\,000\,2\text{ m}^2$ groß ist, ergibt sich für den Druck:

$$p = \frac{F}{A} = \frac{10\text{ N}}{0{,}000\,000\,2\text{ m}^2} = 50\,000\,000\text{ Pa}$$

Der Druck bei der Reißzwecke ist also etwa 10 000 mal größer als der Druck, den die Pistenraupe ausübt.

MATERIAL MIT AUFGABEN

A Vorstellung vom Auflagedruck

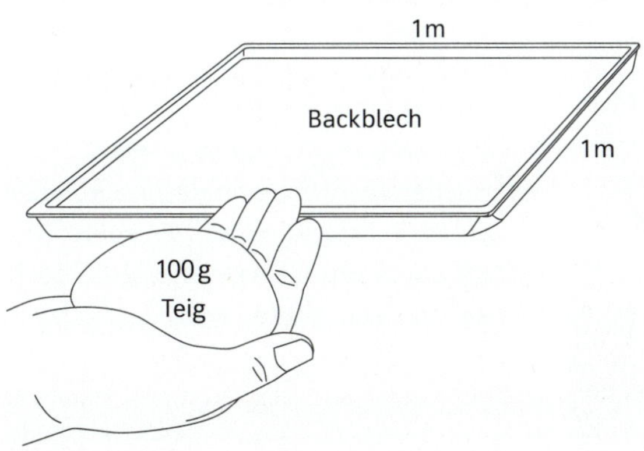

1 100 g Teig werden gleichmäßig auf ein quadratisches Backblech mit der Seitenlänge von 1 m ausgerollt. Berechne den Druck, der durch den Teig auf dieses Backblech wirkt. ●●○
2 Berechne, wie groß der Druck ist, wenn man eine 1 ℓ-Milchpackung auf der 1 cm² großen Fingerkuppe kurzzeitig balanciert. Gib den Druck auch in der Einheit bar an. ●●○
3 Wähle ein eigenes Beispiel zur Druckberechnung. Bestimme Kraft und Fläche und berechne daraus den Druck. ●●●

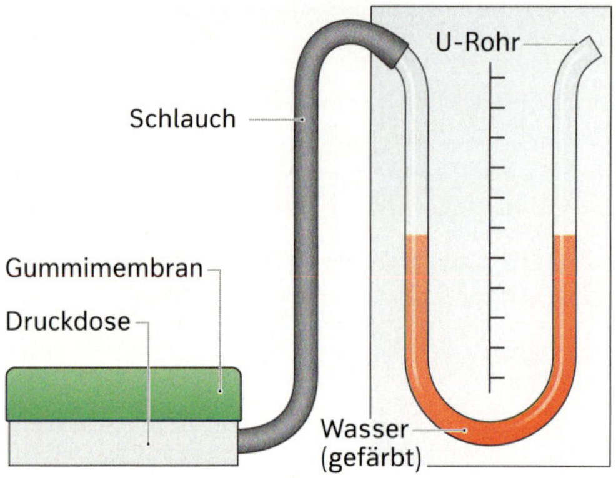

4 U-Rohrmanometer mit Druckdose

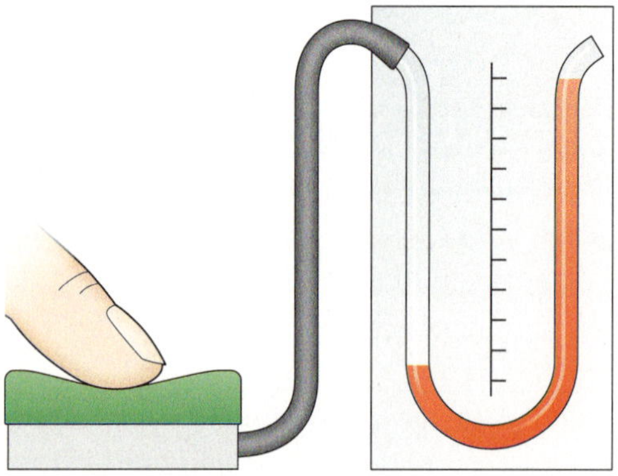
5 Eine Kraft wirkt auf die Membran

Druckmessung – Messgeräte für den Druck heißen **Manometer**. Eine einfache Ausführung ist das U-Rohr-Manometer. Es hat seine Namen nach dem u-förmig gebogenen Rohr, in dem sich gefärbtes Wasser befindet. Das Manometer ist über den Gummischlauch mit einer Druckdose verbunden. Das ist eine Metalldose, die oben durch eine Gummihaut (Membran) abgeschlossen ist.
Wirkt eine Kraft auf diese Membran, wird der Druck über die Luft im Schlauch auf das Wasser im U-Rohr-Manometer übertragen. Auf der linken Seite sinkt dadurch der Wasserspiegel und auf der rechten Seite steigt er. Es entsteht ein Höhenunterschied zwischen den beiden Wassersäulen. Je größer der Druck, desto größer wird die Kraft auf die Membran und desto größer ist der Höhenunterschied.

Das U-Rohr-Manometer zeigt Druckunterschiede an. Ist der Druck auf die Membran größer als der Druck der umgebenden Luft, steigt die Flüssigkeit auf der rechten Seite. Liegt ein Unterdruck vor, steigt sie links.

MATERIAL MIT AUFGABEN

B Manometer

1 Lies an dem Messgerät den Druck ab und notiere das Ergebnis. ●○○
2 Gib an, wie die Skala beschriftet werden müsste, wenn statt bar die Einheit kPa verwendet wird. ●●○
3 Rechne um:
   a) 8 bar = kPa
   b) 20 kPa = bar
   c) 23 bar = Pa
   d) 2 kPa = mbar ●●●
4 Recherchiere und notiere, wie groß der Druck in Fahrradreifen sein sollte. Begründe, warum er weder zu groß noch zu klein sein sollte. ●●○

Rohrfedermanometer – Die Wirkungsweise eines Rohrfedermanometers lässt sich mit einem Kinderspielzeug, dem „Luftrüssel" verständlich machen. Bläst man Luft in dessen Mundstück, entrollt und streckt sich der „Luftrüssel" und damit auch eine im Inneren befestigte Stahlfeder. Entweicht die Luft, geht die Feder wieder in Ihre Ausgangslage zurück und der „Luftrüssel" rollt sich wieder zusammen.

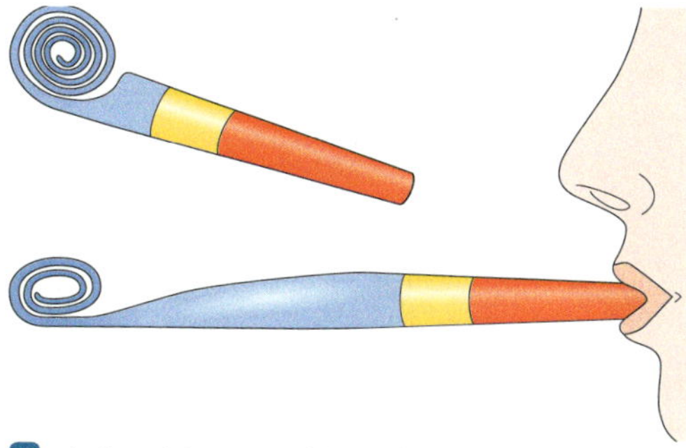

6 Kinderspielzeug „Luftrüssel"

Im Rohrfedermanometer strömt ein Gas oder eine Flüssigkeit in ein gebogenes Rohr, die sogenannte Rohrfeder. Dadurch streckt sie sich etwas und bewegt über ein Gestänge ein Zahnradsegment entgegengesetzt dem Uhrzeigersinn. Dessen Zähne greifen in das Zahnrad, an dem der Zeiger befestigt ist und drehen ihn im Uhrzeigersinn. Mithilfe der Skala kann der Druck abgelesen werden. Entweicht bei niedrigem Druck das Gas oder die Flüssigkeit wieder aus dem Rohr, geht es wie eine Feder wieder in seine Ausgangslage zurück.

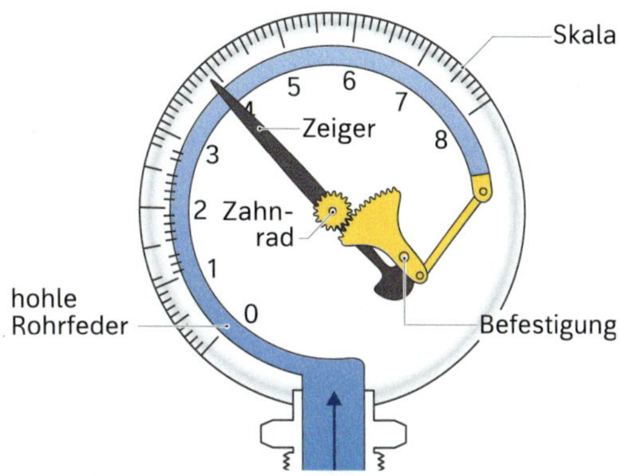

7 Rohrfedermanometer

MATERIAL MIT AUFGABEN

C Kolbendruck

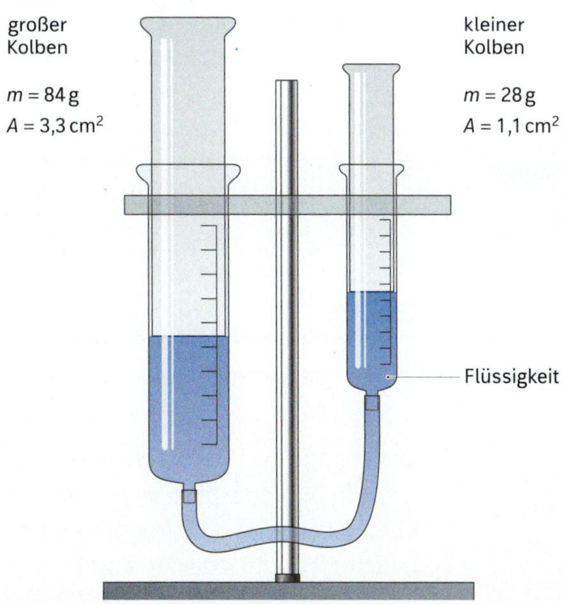

1 Berechne jeweils den Druck, den die beiden Kolben durch ihre Masse auf die eingeschlossene Flüssigkeit ausüben. Begründe, warum die Kolben sich im Gleichgewicht befinden. ●○○

2 Auf den kleinen Kolben wird nun ein Massestück von 40 g gelegt. Berechne, wie groß die Zusatzmasse auf dem großen Kolben sein muss, damit sich das System wieder im Gleichgewicht befindet. ●●○

3 Wenn man den großen Kolben hineindrückt, stellt man fest, dass der kleine Kolben um eine viel größere Strecke nach oben steigt. Begründe, warum das so ist. ●●○

4 Diese Versuchsanordnung stellt eine hydraulische Anlage dar. Recherchiere und notiere den Aufbau und die Wirkungsweise einer hydraulischen Presse. ●●●

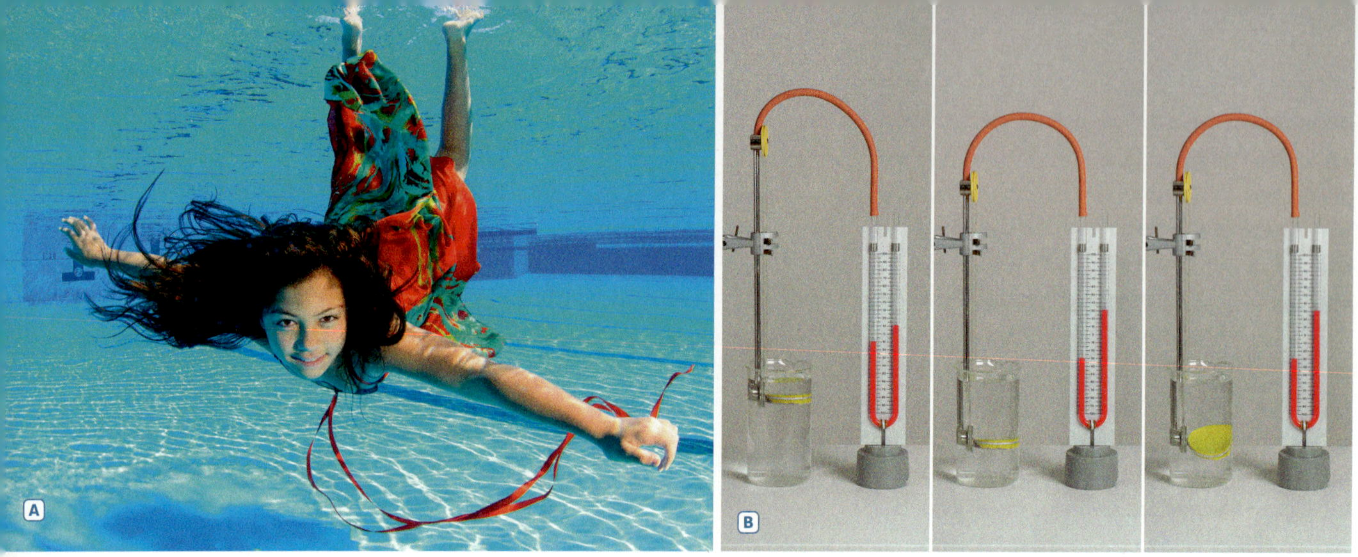

1 **A** Tauchen im Schwimmbad; **B** Druckdose mit U-Rohr-Manometer

1.3 Schweredruck

Wenn man im Schwimmbad taucht, spürt man einen Druck auf den Ohren. Wie kommt er zustande? Wovon hängt seine Größe ab?

Versuch – In dem wassergefüllten Glas befindet sich eine Druckdose. Sie ist über einen Schlauch mit einem U-Rohr-Manometer verbunden. Wird die Druckdose im Wasser nach unten bewegt, steigt die Flüssigkeit im rechten Schenkel des U-Rohr-Manometers. Der Druck ist größer geworden.

VERSUCH

V1 Glas im Wasser

Materialien:
Wassereimer, Wasserglas, Pappdeckel

Lege den Pappdeckel auf das leere Wasserglas und drücke es umgekehrt unter Wasser. Beschreibe und erkläre deine Beobachtung in verschiedenen Wassertiefen.

Wenn man die Druckdose bei gleicher Tiefe in verschiedene Richtungen dreht, stellt man fest, dass der Druck konstant bleibt.

Eintauchtiefe, Richtung, Ursache – Im Wasser nimmt der Druck mit der Eintauchtiefe zu. Weitere Untersuchungen ergeben, dass der Druck p und die Eintauchtiefe h sogar proportional sind: $p \sim h$.
In jeder Wassertiefe ist der Druck in alle Richtungen gleich groß. Dieser Druck heißt **Schweredruck**. Beim Tauchen spürt man die Kraft, die durch den Schweredruck hervorgerufen wird, auf dem Trommelfell.

Der Schweredruck im Wasser kommt zustande, weil das Wasser, das sich wie eine Säule über dem Körper befindet, eine Gewichtskraft auf die Körperfläche ausübt.

Der Schweredruck entsteht durch die Gewichtskraft der Flüssigkeit über dem Körper. Er nimmt proportional zur Eintauchtiefe zu. In jeder Tiefe ist er in alle Richtungen gleich groß.

Schweredruck berechnen – In der Physik verwendet man häufig Gedankenmodelle, um Gesetze herzuleiten. Die Flüssigkeitssäule ist ein solches Gedankenmodell. Der Schweredruck in einer Flüssigkeit in einer gewissen Eintauchtiefe wird durch die Gewichtskraft F_G der Flüssigkeitssäule über der Grundfläche A bestimmt. Die Höhe h der Flüssigkeitssäule über der Messstelle entspricht der Tiefe, in der der Schweredruck gemessen wird.
Es gilt: $F_G = m \cdot g$.
Die Masse kann als Produkt von Dichte und Volumen geschrieben werden: $m = \rho \cdot V$.
Mit $V = A \cdot h$ folgt daraus für den Schweredruck:

$$p = \frac{F_G}{A} = \frac{m \cdot g}{A} = \frac{\rho \cdot V \cdot g}{A} = \frac{\rho \cdot A \cdot h \cdot g}{A}$$

Durch Kürzen der Fläche A ergibt sich für den Schweredruck die Gleichung: $p = \rho \cdot g \cdot h$.
Der Schweredruck ist also nicht von der Fläche abhängig, auf die die Kraft wirkt.

Für den Schweredruck in der Eintauchtiefe h gilt: $p = \rho \cdot g \cdot h$.
ρ ist die Dichte der Flüssigkeit.

Beispiel – Gesucht ist der Schweredruck in Süßwasser in einer Wassertiefe von 1 m. Die Dichte von Wasser beträgt $1\,\frac{\text{kg}}{\ell} = 1000\,\frac{\text{kg}}{\text{m}^3}$.
Mit $g = 9{,}81\,\frac{\text{N}}{\text{kg}}$ und $h = 1\text{ m}$ folgt:

$$p = 1000\,\frac{\text{kg}}{\text{m}^3} \cdot 9{,}81\,\frac{\text{N}}{\text{kg}} \cdot 1\text{ m} = 9810\,\frac{\text{N}}{\text{m}^2}$$

$$= 9810\text{ Pa} \approx 10\,000\text{ Pa}.$$

Der Schweredruck in 1 m tiefem Süßwasser beträgt etwa 10 000 Pa.
Weil der Schweredruck proportional mit der Wassertiefe zunimmt, wird er in Süßwasser mit jedem Meter um 10 000 Pa größer. In einer Wassertiefe von 10 m wären das $10\,000\text{ Pa} \cdot 10 = 100\,000\text{ Pa} = 100\text{ kPa} = 1\text{ bar}$.
Salzwasser hat eine etwas größere Dichte als Süßwasser ($\rho_{\text{Salzwasser}} \approx 1{,}02\,\frac{\text{kg}}{\ell}$). Demzufolge ist der Schweredruck in Salzwasser bei gleicher Wassertiefe größer als in Süßwasser.

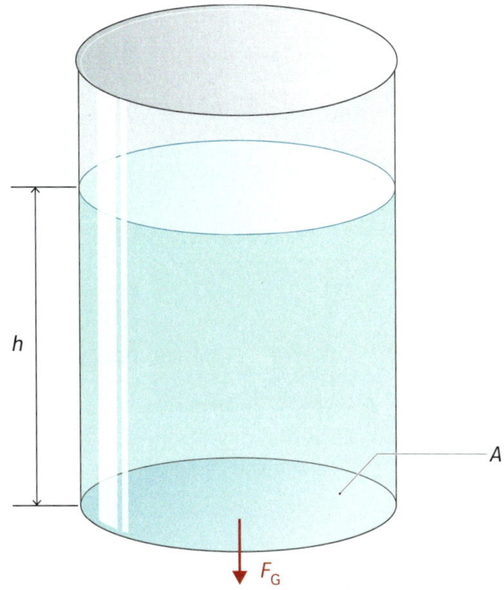

2 Flüssigkeitssäule zur Druckberechnung

MATERIAL MIT AUFGABEN

A Schweredruck in Flüssigkeiten

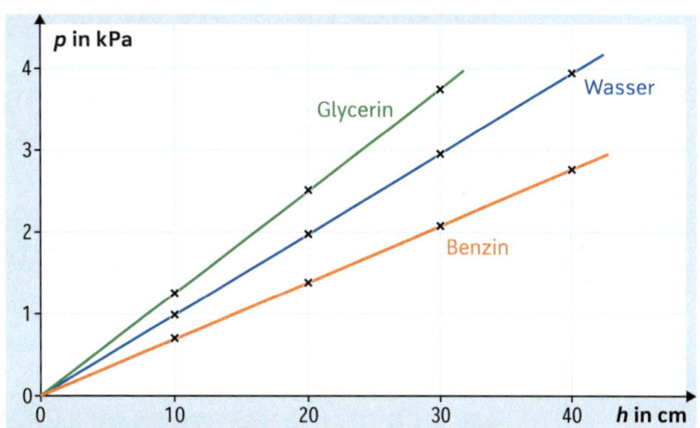

1 Ermittle mithilfe des Diagramms den Schweredruck in einer Tiefe von 40 cm jeweils für Wasser und Benzin. ●○○
2 Gib an, in welcher Tiefe bei Glycerin ein Schweredruck von 3000 Pa herrscht. ●●○
3 Berechne die Kraft auf den Brustkorb ($A \approx 0{,}08\text{ m}^2$) eines Tauchers in 10 m Tiefe in Salzwasser. Recherchiere, wie beim Tauchen mit Pressluftflaschen verhindert wird, dass durch die enorme Kraft der Brustkorb eingedrückt wird. ●●○
4 Berechne, wie groß der Schweredruck in der größten gemessenen Meerestiefe von 11 034 m ist. ●●○

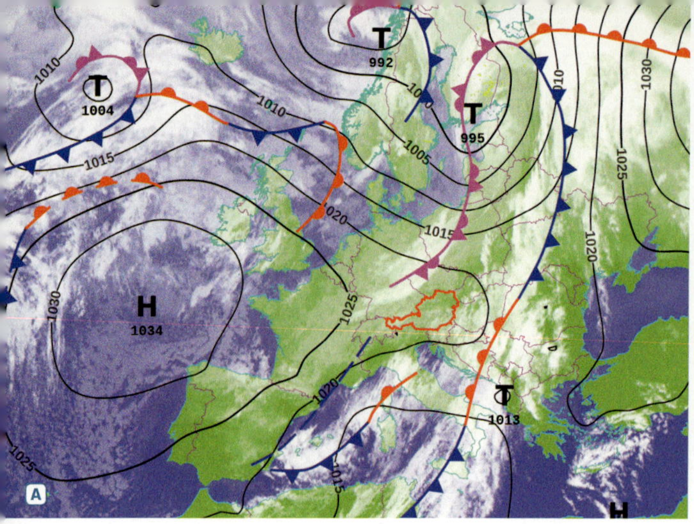

1 **A** Wetterkarte mit dem Luftdruck in hPa;
B Erhitzter und danach abgekühlter Kanister

1.4 Luftdruck

Auf der Wetterkarte sind Hochdruckgebiete (H) und Tiefdruckgebiete (T) eingezeichnet. Was bedeutet Hochdruck und Tiefdruck?

Versuch – In einem zunächst offenem Metallkanister befindet sich etwas Wasser, das zum Sieden gebracht wird. Danach wird der Kanister erst verschlossen und dann mit kaltem Wasser übergossen. Dabei beobachtet man, dass der Kanister stark zusammengedrückt wird.

VERSUCH

V1 Wasser im Glas

Materialien:
Schüssel mit Wasser, Trinkglas oder durchsichtiger Kunststoffbecher

1 Tauche das Glas vollständig unter Wasser. Drehe es dann, so dass die offene Seite unten ist und ziehe das Glas langsam aus dem Wasser.
2 Beschreibe und erkläre die Versuchsbeobachtungen. ●●○

Das Wasser verdampft beim Erhitzen und entweicht aus dem Kanister. Nach dem Verschließen wird der gasförmige Wasserdampf im Kanister durch das Übergießen mit kaltem Wasser abgekühlt und kondensiert. Wasser nimmt ein wesentlich geringeres Volumen ein als Wasserdampf. Um den Kanister hat sich nichts geändert. Der Druck, der in unserer Atmosphäre herrscht, ist nun größer als der Druck im Inneren des Kanisters. Deshalb ist die Kraft von außen größer als die Kraft von innen und der Kanister wird zusammengedrückt.

Luftdruck – Die Erde ist von einer Lufthülle, der Atmosphäre, umgeben. Wir leben auf dem Grund eines „Luftmeeres". Der Luftdruck ist der Schweredruck der Luftmassen über der Erdoberfläche. Die Ursache ist die Gewichtskraft der Luft. Hochdruckgebiete sind Gebiete mit hohem Luftdruck, in Tiefdruckgebieten ist der Luftdruck kleiner.

Der Luftdruck ist der Schweredruck der Luft und entsteht durch die Gewichtskraft der Luft.

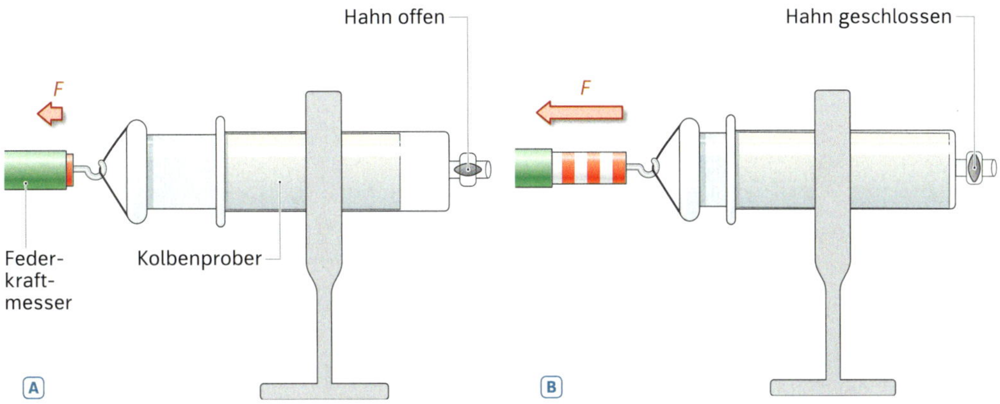

2 A Absperrhahn offen; B Absperrhahn geschlossen

Betrag des Luftdrucks – Im linken Experiment ist der Absperrhahn geöffnet. Der Kolben lässt sich leicht nach links herausziehen. Die Zugkraft ist, von Reibung abgesehen, null, weil der gleiche Luftdruck von innen und außen auf den Kolben wirkt. Dadurch heben sich beide Kräfte auf.
Nun wird der Versuch bei geschlossenem Hahn wiederholt. Zum Herausziehen ist eine Kraft von etwa 75 N erforderlich, weil in diesem Fall von außen keine Luft nachströmen kann. Durch den Luftdruck wirkt nur eine Kraft von außen auf den Kolben.

Mit der Kolbenfläche von 8 cm² kann die Größe des Luftdrucks berechnet werden:

$$p = \frac{F}{A} = \frac{75\ \text{N}}{8\ \text{cm}^2} = \frac{75\ \text{N}}{0{,}0008\ \text{m}^2} = 93\,750\ \text{Pa}$$

Der so ermittelte Luftdruck entspricht fast dem mittleren Luftdruck auf Meereshöhe. Dieser beträgt etwa 100 000 Pa.
Es ist üblich, den Luftdruck auch in Hektopascal (hPa) oder Millibar (mbar) anzugeben: 1000 hPa = 1000 mbar = 1 bar.
Der Luftdruck auf der Erde schwankt zwischen etwa 870 hPa und 1080 hPa.
Das Messgerät des Luftdrucks ist das **Barometer**.

> Der mittlere Luftdruck auf Meereshöhe beträgt 1000 hPa = 1 bar. Das Messgerät des Luftdrucks ist das Barometer.

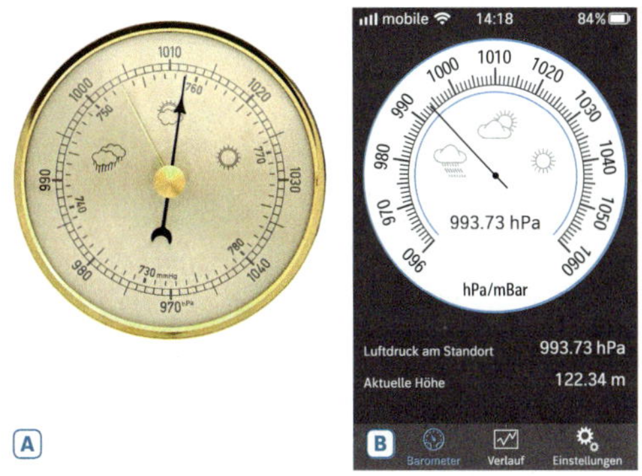

3 A Barometer; B Luftdruck-App für das Smartphone

MATERIAL MIT AUFGABEN

A Saughaken

1 Beschreibe, wie man einen „Saughaken“ an der Wand befestigt und erkläre seine Wirkungsweise. ●●○
2 Begründe, warum der Name „Saughaken“ falsch ist. ●●○
3 Berechne, wie groß die Kraft ist, die den Haken an die Wand drückt, wenn normaler Luftdruck herrscht und der Haken eine Anpressfläche von 3,0 cm² hat. ●●○

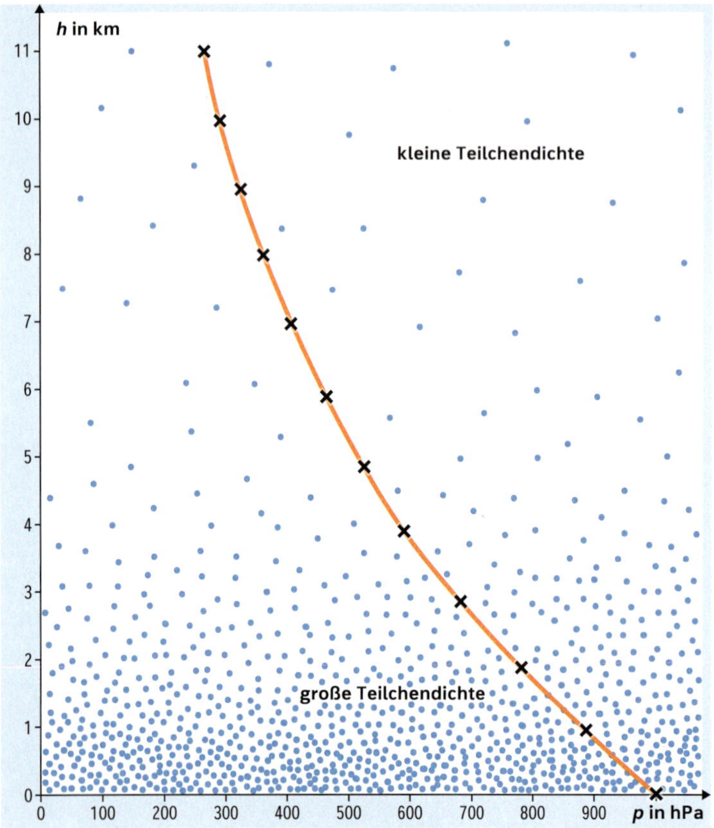

4 Teilchenzahl, Dichte und Luftdruck in Abhängigkeit von der Höhe

Luftdruck und Teilchen Die Atmosphäre, die Gashülle um die Erde, reicht etwa bis in eine Höhe von 90 km. Sie ist aus verschiedenen Gasen zusammengesetzt und besteht aus sehr vielen Gasteilchen. Wie im Wasser nimmt der Druck mit der Tiefe zu. Am Erdboden, also am Grund des „Luftmeers", ist er am größten. Während bei Wasser der Druck gleichmäßig zunimmt, ist das bei Luft anders, weil Luft im Gegensatz zu Wasser zusammengedrückt werden kann. Die Teilchen der weiter oben liegenden Luftschichten pressen mit ihrer Gewichtskraft die unter ihnen liegenden Luftschichten zusammen.

Luftdruck und Dichte Die Dichte der Luft wird zum Erdboden hin größer. Sie nimmt jedoch nicht gleichmäßig zu. Weil eine größere Dichte auch einen höheren Luftdruck zur Folge hat, gilt gleiches auch für den Luftdruck. Tiefere Luftschichten tragen mehr zum Luftdruck bei als höhere Luftschichten. Der Luftdruck nimmt mit zunehmender Höhe nicht linear ab. Als Faustregel gilt, dass sich der Luftdruck pro 5,5 km Höhe halbiert.

MATERIAL MIT AUFGABEN

B Papier verschließt Wasserglas

1 Begründe, warum das Wasser nicht ausläuft, obwohl das Glas nicht zugehalten wird. ●●○

2 Berechne den Schweredruck des Wassers im Glas ($h = 8$ cm) und vergleiche ihn mit dem Luftdruck. ●●○

VERSUCH

V2 Luftdruck und Höhe

Materialien:
Dosenbarometer oder Smartphone mit App zur Luftdruckmessung.

1 Geh in einem mehrstöckigen Haus vom Keller bis in die oberste Etage. Miss den Luftdruck in jedem Stockwerk und notiere die Werte.

2 Trage die Messwerte in ein geeignetes p-h-Diagramm ein. ●●○

3 Erkläre, wie und warum sich der Luftdruck mit der Höhe verändert. ●●○

4 Recherchiere, wie groß der mittlere Luftdruck auf dem Mount Everest ist. ●●○

Vakuum Ein schwach aufgeblasener, verschlossener Luftballon befindet sich unter einer Glasglocke. Mithilfe einer Pumpe wird die Luft aus der Glocke gesaugt. Der Luftballon wird größer. Durch das Absaugen wurden Dichte und Druck innerhalb der Glocke verringert. Dadurch wirkt eine kleinere Kraft von außen auf den Luftballon. Der Luftdruck im Ballon ist unverändert. Die Kraft von innen ist jetzt größer als die von außen, deshalb dehnt sich der Ballon aus.
Unter der Glasglocke herrscht nach dem Auspumpen ein Vakuum. Der Luftdruck ist hier extrem niedrig gegenüber dem mittleren Luftdruck. Es sind nur noch wenige Luftteilchen vorhanden. Noch wesentlich weniger Teilchen pro Volumen gibt es im Weltall. Dort herrscht fast ideales Vakuum.

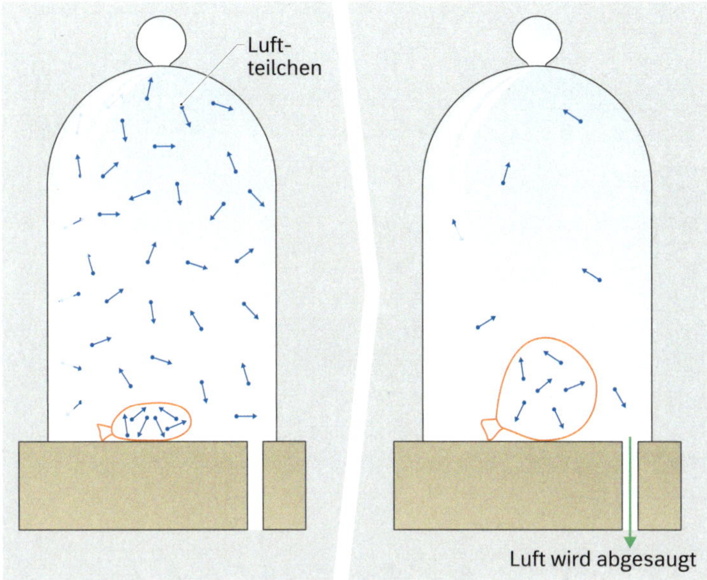

5 Luftballon unter der Vakuumglocke

MATERIAL MIT AUFGABEN

C Die Magdeburger Halbkugeln

1 Recherchiere die historische Durchführung des Versuchs mit den Magdeburger Halbkugeln und notiere die wesentlichen Fakten ●○○
2 Beschreibe den Versuch und erkläre das Versuchsergebnis. ●●○
3 Im oberen Teil des Bildes siehst du einen Dichtungsring. Erkläre, wozu er benötigt wurde. ●●●
4 Berechne die Kraft, die zum Auseinanderziehen der Halbkugeln erforderlich ist. Die Fläche, an der der Luftdruck wirkt, beträgt 1300 cm^2. ●●○
5 In Magdeburg wird der Halbkugelversuch jedes Jahr öffentlich vorgeführt. Kommentiere den Satz eines Reporters: „Zischend entwich das Vakuum". ●●○

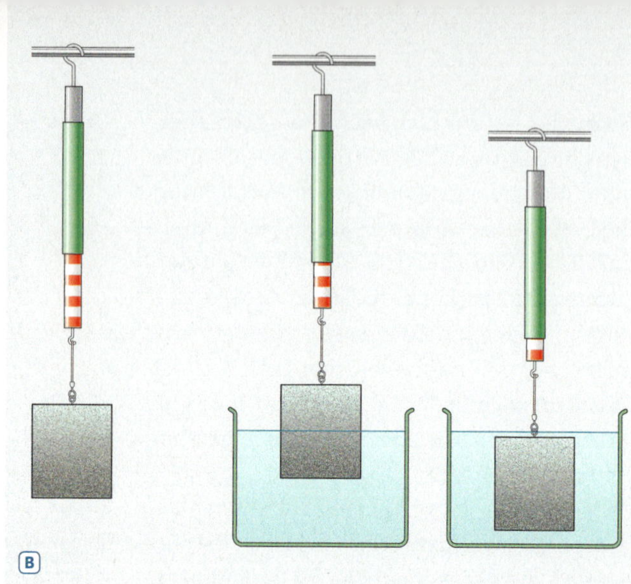

1 **A** Beobachtungen im Schwimmbad; **B** Messung der Kraft bei unterschiedlicher Eintauchtiefe

2.1 Auftrieb und Auftriebskraft

Ein unter Wasser gedrückter und dort losgelassener Ball schießt mit viel Schwung aus dem Wasser heraus. Im Wasser kann das Mädchen sogar ihren viel schwereren Freund tragen. Welche Kräfte wirken hier?

Versuch – Ein Metallklotz hängt an einem Federkraftmesser. Dieser zeigt die Gewichtskraft des Klotzes an. Taucht man den Klotz teilweise ins Wasser, wird am Federkraftmesser eine kleinere Kraft gemessen. Je weiter der Klotz eintaucht, desto kleiner wird die gemessene Kraft. Erst wenn der Klotz vollständig eingetaucht ist, verändert sich die Anzeige nicht mehr.

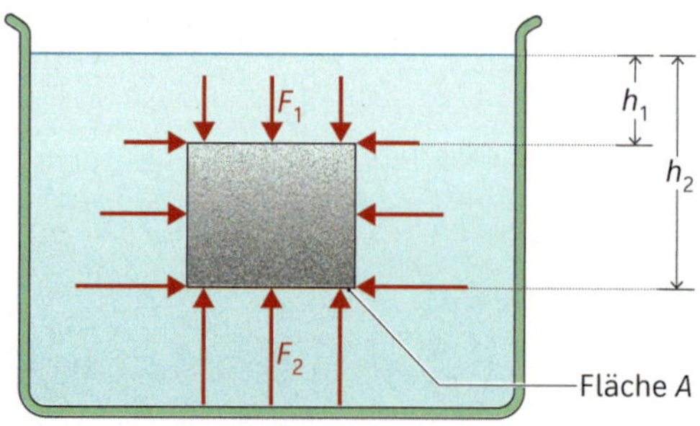

2 Kräfte am Metallklotz

Auftriebskraft – Auf Körper in Flüssigkeiten wirkt eine Kraft, die der Gewichtskraft F_G entgegengerichtet ist. Diese Kraft heißt **Auftriebskraft** F_A. Der Federkraftmesser zeigt die resultierende Kraft $F = F_G - F_A$ an.

In der Flüssigkeit wirken auf die Begrenzungsflächen des Quaders aufgrund des Schweredrucks Kräfte. Die seitlich auf den Körper wirkenden Kräfte heben sich in jeder Höhe gegenseitig auf.
Die Kraft F_2 in der größeren Tiefe h_2 ist aufgrund des größeren Schweredruckes größer als die Kraft F_1 in der geringeren Tiefe h_1. Die Differenz der Kraft F_2 auf die Bodenfläche und der Kraft F_1 auf die Oberseite ist die Auftriebskraft F_A, die auf den Körper wirkt: $F_A = F_2 - F_1$.

In allen Flüssigkeiten wirkt auf eingetauchte Körper eine Auftriebskraft. Sie ist der Gewichtskraft entgegengerichtet. Die Ursache der Auftriebskraft ist die Zunahme des Schweredrucks mit der Tiefe.

Archimedisches Prinzip – Der Kraftmesser hält die Waage im Gleichgewicht und misst die Gewichtskraft des Steins. Der Waagebalken ist waagerecht. Das Überlaufgefäß ist bis zum Überlauf mit gefärbtem Wasser gefüllt.
Nach dem Eintauchen wirkt die Auftriebskraft nach oben auf den Stein. Jetzt genügt eine kleinere Kraft, um die Waage im Gleichgewicht zu halten. Die Differenz der beiden Kraftmesseranzeigen ist die Auftriebskraft F_A. Während des Eintauchens fließt so lange Wasser über den Überlauf in den Messzylinder, bis der Stein vollständig eingetaucht ist. Mit der Masse des übergelaufenen Wassers kann die Gewichtskraft F_G des verdrängten Wassers bestimmt werden. Man stellt fest, dass sie genau so groß ist wie die Auftriebskraft. Das gilt nicht nur für Wasser, sondern für alle Flüssigkeiten. Dieses Prinzip wurde von ARCHIMEDES (285–212 v. Chr.) entdeckt. Deshalb heißt es **Archimedisches Prinzip**.

Auftriebskraft berechnen – Mithilfe des Archimedischen Prinzips kann eine Gleichung zur Berechnung der Auftriebskraft hergeleitet werden.

Die Auftriebskraft ist genauso groß wie die Gewichtskraft der verdrängten Flüssigkeit $F_{G,Fl}$.

$$F_A = F_{G,Fl} = m_{Fl} \cdot g.$$

Für die Masse der Flüssigkeit gilt: $m_{Fl} = \rho_{Fl} \cdot V$.
Einsetzen ergibt: $\boldsymbol{F_A = \rho_{Fl} \cdot V \cdot g}$.

Beispiel – Ein Stein mit dem Volumen V von 50 cm³ taucht in Wasser ein. Wie groß ist die auf ihn wirkende Auftriebskraft F_A?

Mit $V = 50\ \text{cm}^3 = 0{,}00005\ \text{m}^3$ und der Dichte des Wassers $\rho_{Fl} = 1\ \frac{\text{g}}{\text{cm}^3} = 1000\ \frac{\text{kg}}{\text{m}^3}$ ergibt sich mit der Gleichung $F_A = \rho_{Fl} \cdot V \cdot g$:
$F_A = 1000\ \frac{\text{kg}}{\text{m}^3} \cdot 0{,}00005\ \text{m}^3 \cdot 9{,}81\ \frac{\text{N}}{\text{kg}} = 0{,}49\ \text{N}$.

> Das Archimedische Prinzip besagt, dass die Auftriebskraft eines Körpers gleich der Gewichtskraft der von ihm verdrängten Flüssigkeit ist.

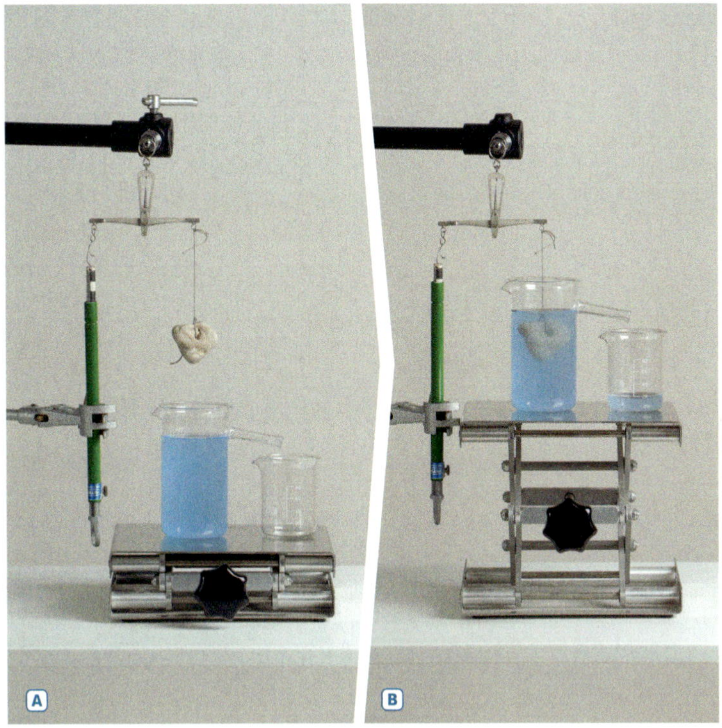

3 Messung der Gewichtskraft. A in Luft; B im Wasser

MATERIAL MIT AUFGABEN

A Auftriebskraft bestimmen

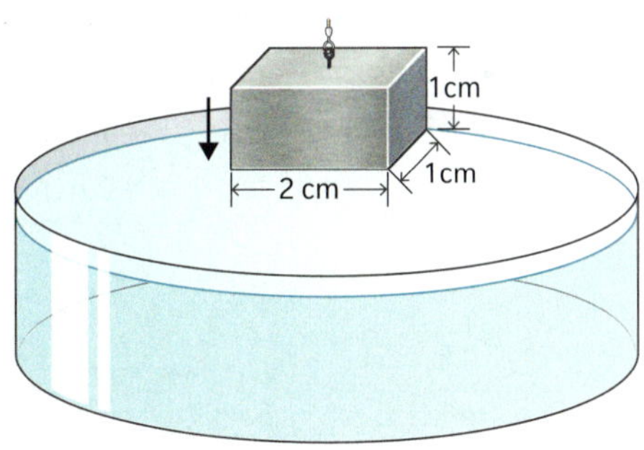

1. Berechne mithilfe des verdrängten Wasservolumens die Auftriebskraft, die auf den Quader im Wasser wirkt, wenn er vollständig ins Wasser eingetaucht wird. ●○○
2. Entscheide und begründe, wie sich die Auftriebskraft ändert, wenn anstelle des Aluminiumquaders ein volumengleicher Messingquader verwendet wird. ●●○
3. Schätze ab, wie groß das Volumen eines 1,70 m großen Schülers ist und berechne damit die Auftriebskraft, die auf ihn im Wasser wirkt. Begründe, warum er im Wasser leicht getragen werden kann. ●●○

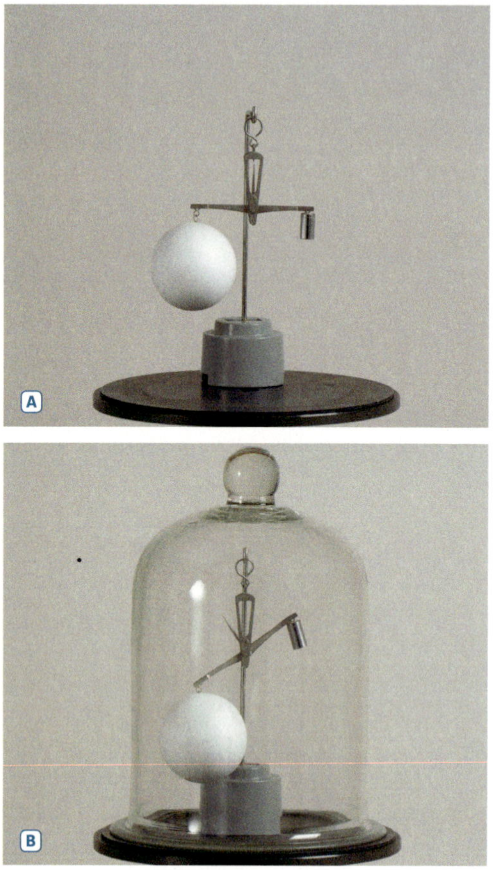

4 A Waage in Luft; B Waage bei geringerem Druck

Auftrieb in Gasen – Die Balkenwaage ist zunächst im Gleichgewicht. Wird die gesamte Anordnung unter eine Glasglocke gestellt und die Luft abgepumpt, senkt sich die Waage auf der Seite des größeren Körpers, obwohl sich beide Massen nicht verändert haben.

Das Archimedische Prinzip gilt auch in Gasen. Der größere Körper verdrängt ein größeres Luftvolumen als der kleinere. Auf ihn wirkt eine größere Auftriebskraft. Folglich hat er eine größere Gewichtskraft, da die Waage zunächst im Gleichgewicht ist. Im Vakuuk entfällt die Auftriebskraft auf beiden Seiten. Deshalb senkt sich die Waage auf der Seite des großen Körpers.

Die Auftriebskraft in Luft ist jedoch viel geringer als in Wasser. Das liegt daran, dass die Dichte von Luft viel kleiner ist als die von Wasser. Die Masse des verdrängten Volumens ist also bei Luft geringer.

Auch in Gasen wirkt auf Körper eine Auftriebskraft. Sie ist jedoch viel kleiner als in Flüssigkeiten.

MATERIAL MIT AUFGABEN

B Bestimmung der Auftriebskraft

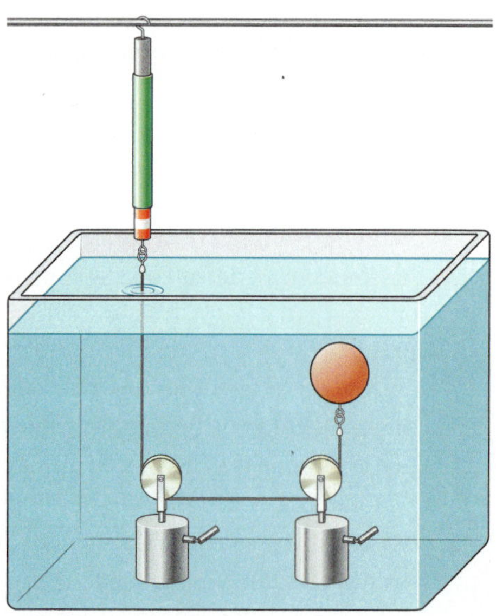

1 Berechne die Auftriebskraft der roten Kugel in Wasser, wenn sie ein Volumen von 54 cm^3 und eine Masse von 12 g besitzt. Die Dichte des Wassers ist $\rho_{Wasser} = 1000 \frac{kg}{m^3}$. ●●○

2 Beschreibe und erkläre, wie durch Messungen mit dieser Anordnung die Auftriebskraft bestimmt werden kann. ●●○

3 Eine andere Kugel hängt an einem Federkraftmesser, der eine Gewichtskraft von 0,45 N anzeigt. Taucht man sie vollständig in das Wasser ein, zeigt der Federkraftmesser nur noch 0,30 N an. Ermittle daraus das Volumen der Kugel. ●●●

Sinken, schweben, steigen – Ein wassergefüllter Luftballon befindet sich in drei verschiedenen Flüssigkeiten. Das Versuchsergebnis ist vollkommen unterschiedlich, obwohl die Gewichtskraft des Ballons immer gleich ist. Aufgrund der verschiedenen Dichten der Flüssigkeiten ist die Gewichtskraft der vom Ballon verdrängten Flüssigkeiten in den Versuchen unterschiedlich. Deshalb ist auch die Auftriebskraft auf den Körper verschieden. Je größer die Dichte der Flüssigkeit, desto größer ist die Auftriebskraft. Das Versuchsergebnis wird von dem Verhältnis zwischen Gewichtskraft und Auftriebskraft bestimmt. Ist die Auftriebskraft größer als die Gewichtskraft, steigt der Körper. Sind beide Kräfte gleich, schwebt er. Der Körper sinkt, wenn seine Gewichtskraft größer als die Auftriebskraft ist.

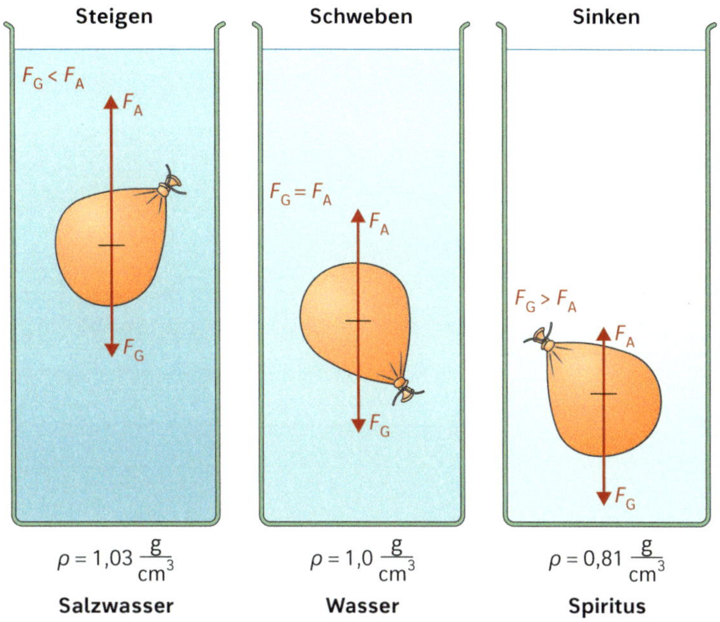

5 Wassergefüllter Luftballon in Flüssigkeiten

Dichte – Um das Versuchsergebnis vorherzusagen, genügt es, die Dichten von Körper und Flüssigkeit zu kennen. Das wird in der rechts abgebildeten Herleitung gezeigt. Ist die Dichte des Körpers kleiner als die der Flüssigkeit, steigt er. Bei Dichtegleichheit schwebt er. Hat der Körper eine größere Dichte als die Flüssigkeit, sinkt er.

Für das Schweben gilt:	$F_A = F_G$
Einsetzen der Kräfte:	$\rho_{Fl} \cdot V \cdot g = m_K \cdot g$
Dividieren durch g:	$\rho_{Fl} \cdot V = m_K$
Für die Masse des Körpers gilt $m_K = \rho_K \cdot V$:	$\rho_{Fl} \cdot V = \rho_K \cdot V$
Dividieren durch V:	$\rho_{Fl} = \rho_K$
Analog für Steigen und Sinken	

6 Herleitung der Dichteabhängigkeit

Eine relativ leichte 1-Cent-Münze mit hoher Dichte sinkt deshalb im Wasser. Ein schweres Holzstück dagegen steigt sofort nach oben, wenn man es unter Wasser drückt, weil es eine geringere Dichte hat. Es kann sogar aus dem Wasser springen. Andererseits ist es auch möglich, dass Hartholz in weniger dichtem Benzin sinkt.

Ob ein Körper in einer Flüssigkeit sinkt, schwebt oder steigt, hängt von dem Verhältnis der Dichten oder vom Verhältnis von Auftriebskraft zu Gewichtskraft ab:

Steigen:	$\rho_{Fl} > \rho_K$;	$F_A > F_G$
Schweben:	$\rho_{Fl} = \rho_K$;	$F_A = F_G$
Sinken:	$\rho_{Fl} < \rho_K$;	$F_A < F_G$

VERSUCH

V1 Ei im Wasser

Materialien:
1 rohes frisches Ei, großes Trinkglas mit warmem Wasser, Speisesalz, Zucker, Löffel

1 Stelle eine Hypothese auf, ob und gegebenenfalls unter welcher Voraussetzung das Ei in Wasser schwimmen kann.
2 Überprüfe deine Hypothese mithilfe der angegebenen Materialien. (Achte darauf, dass du das Ei vorsichtig ins Wasser legst.)
3 Erkläre das Versuchsergebnis.
4 Erläutere, wie man die Dichte des Eis bestimmen kann.

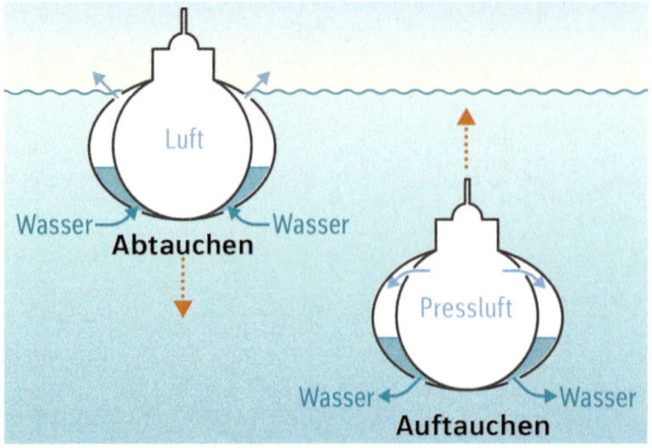

7 Sinken und Steigen beim U-Boot

8 Taucher mit Pressluftflasche

U-Boot – Das Unterseeboot hat eine starre Form und damit ein konstantes Volumen. Deshalb ist die Auftriebskraft im Wasser immer gleich groß. Um es steigen, schweben oder sinken zu lassen, muss die Gewichtskraft verändert werden. Deshalb verfügt das U-Boot über Tanks. Diese Tanks können mit Wasser oder mit Luft gefüllt werden. Wenn sie mit Wasser geflutet sind, ist die Gewichtskraft des U-Boots viel größer, als wenn die Tanks durch Pressluft leergeblasen sind.

Tauchen und Sicherheit – Der Taucher bekommt seine Atemluft aus einer Pressluftflasche. In ihr steht die Luft unter einem erhöhten Druck. Der Taucher muss Luft mit Überdruck einatmen, weil durch den zunehmenden Schweredruck in der Tiefe seine Lunge zusammengepresst wird. Ein Atemregler passt den Druck der Atemluft immer dem Wasserdruck an. Beim Auftauchen muss durch Ausatmen der hohe Druck abgebaut werden. Das muss langsam geschehen, sonst drohen gesundheitliche Schäden.

VERSUCH

V2 Cartesischer Taucher

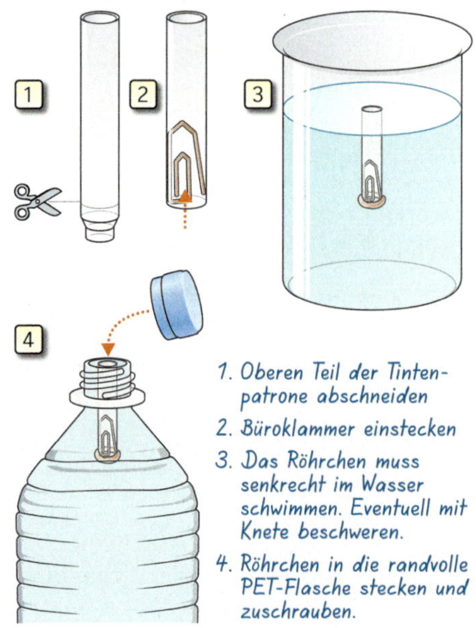

Materialien:
Großer Becher mit Wasser, wassergefüllte PET-Flasche mit Verschluss, eine lange, leere Füllerpatrone, Büroklammer, Knete, Stück einer Apfelsinenschale, große Rosine, stark zusammengepresstes Stück Alufolie

1 Baue nach der Anleitung links einen Kartesischen Taucher.
2 Drücke von außen auf die Flasche. Beschreibe und erkläre das Versuchsergebnis. Beobachte dazu jeweils den Wasserstand in der Patrone.
3 Verwende die anderen angegebenen Materialien statt der Tintenpatrone als weitere Cartesische Taucher und teste sie.

Schwimmen ▬ Ein Holzklotz wird unter Wasser gedrückt und losgelassen. Weil die Auftriebskraft größer als die Gewichtskraft des Holzklotzes ist, steigt er zur Oberfläche. Dort schwimmt er. Es befindet sich nun nicht mehr sein ganzes Volumen unter Wasser, sondern nur noch so viel, dass die Auftriebskraft und seine Gewichtskraft gleich groß sind. Allgemein gilt bei schwimmenden Körpern: Die Masse der verdrängten Flüssigkeit ist genauso groß wie die Masse des Körpers.

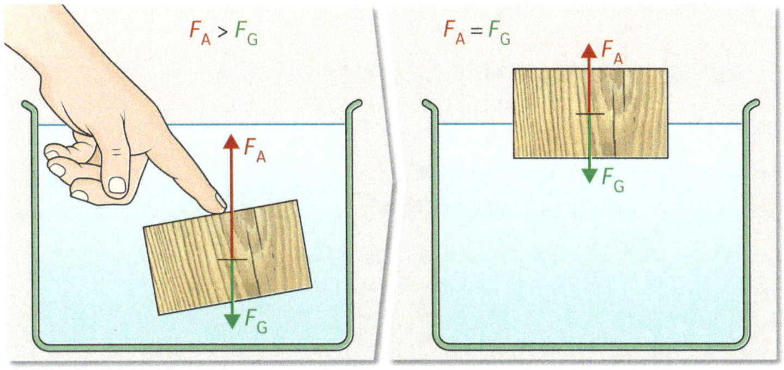

9 Steigen und schwimmen

Schwimmender Stahl ▬ Obwohl große Containerschiffe aus Stahl bestehen, können sie zehntausende schwere Container transportieren ohne zu sinken. Das ist möglich, weil die mittlere Dichte des Schiffes kleiner als die Dichte des Wassers ist. Das Schiff und seine Fracht bestehen nicht nur aus Stahl, sondern aus vielen Stoffen mit unterschiedlichen Dichten. Besonders luftgefüllte Hohlräume im Rumpf des Schiffes und in den Containern senken die mittlere Dichte des Schiffs.

10 Containerschiff

Beim Schwimmen gilt: $F_A = F_G$.
Der Körper taucht so tief ein, bis seine Gewichtskraft genauso groß ist wie seine Auftriebskraft.

MATERIAL MIT AUFGABEN

C Schwimmende Körper

1 Begründe, warum der Mann hier ohne Schwimmbewegungen auf dem Wasser schwimmt und sogar noch lesen kann. Wo könnte das Bild entstanden sein? ●○○
2 Erkläre, warum es einfacher ist, an der Wasseroberfläche zu bleiben, wenn man vorher tief eingeatmet hat. Begründe, warum man dagegen vor dem Tauchen nicht ganz so tief einatmen sollte. ●●○
3 Normalerweise sinkt ein Stück Knete in Wasser. Beschreibe, wie du es formen müsstest, damit es schwimmt. Begründe deine Entscheidung. ●●○

Alles auf einen Blick

1.1 Druck in Gasen und Flüssigkeiten

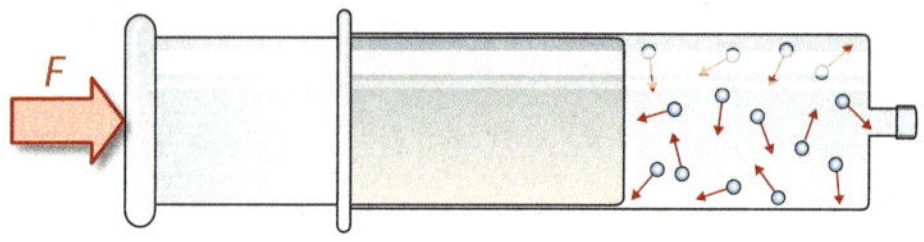

Druck entsteht, wenn eingeschlossene Flüssigkeiten oder Gase Kräfte auf die Gefäßwände ausüben. Flüssigkeiten ändern ihr Volumen bei größerem Druck nicht, Gase können zusammengedrückt werden. Dabei ändert sich ihre Dichte.

1.2 Druck berechnen und messen

Der Druck p ist der Quotient aus der auf eine Fläche senkrecht wirkenden Kraft F und dem Flächeninhalt A. Es gilt: $p = \frac{F}{A}$. Die Einheit von p ist 1 Pa. Druck wird mit einem Manometer gemessen.

1.3 Schweredruck

Der Schweredruck entsteht durch die Gewichtskraft der Flüssigkeit über einem Körper. Der Schweredruck nimmt proportional zur Eintauchtiefe zu. In jeder Tiefe ist er in alle Richtungen gleich groß.
Für den Schweredruck in der Eintauchtiefe h in einer Flüssigkeit mit der Dichte ρ gilt: $p = \rho \cdot g \cdot h$.

1.4 Luftdruck

Der Luftdruck ist der Schweredruck der Luft und entsteht durch die Gewichtskraft der Luft. Der mittlere Luftdruck auf Meereshöhe beträgt ca. 1000 hPa = 1 bar. Mit zunehmender Höhe nimmt der Luftdruck ab. Das Messgerät des Luftdrucks ist das Barometer.

2.1 Auftrieb und Auftriebskraft

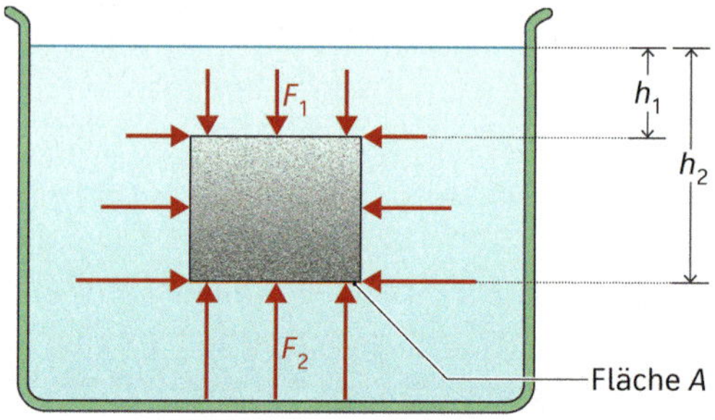

In allen Flüssigkeiten und Gasen wirkt auf eingetauchte Körper eine Auftriebskraft F_A. Sie ist der Gewichtskraft F_G entgegengerichtet. Die Ursache der Auftriebskraft ist die Zunahme des Schweredrucks mit der Tiefe.
Die Auftriebskraft eines Körpers ist gleich der Gewichtskraft der von ihm verdrängten Flüssigkeit.

Ob ein Körper in einer Flüssigkeit sinkt, schwebt oder steigt, hängt von dem Verhältnis der Dichten oder vom Verhältnis von Auftriebskraft zu Gewichtskraft ab:

Steigen:	$\rho_{Fl} > \rho_K$	und	$F_A > F_G$
Schweben:	$\rho_{Fl} = \rho_K$	und	$F_A = F_G$
Sinken:	$\rho_{Fl} < \rho_K$	und	$F_A < F_G$.

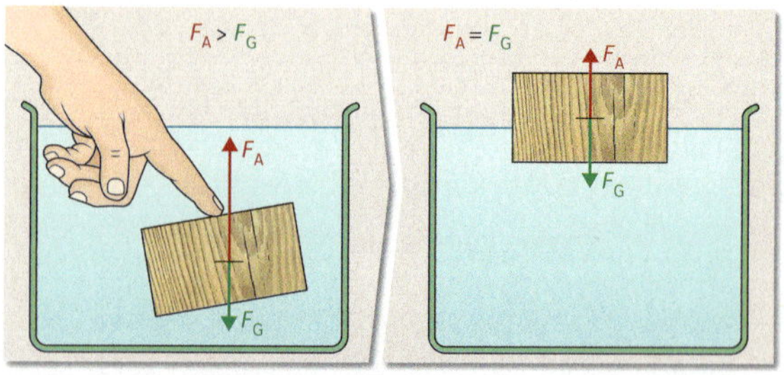

Beim Schwimmen gilt: $F_A = F_G$. Der Körper taucht so tief ein, bis seine Gewichtskraft genauso groß ist wie seine Auftriebskraft.

Teste dich

A Schweredruck

B Auflagedruck

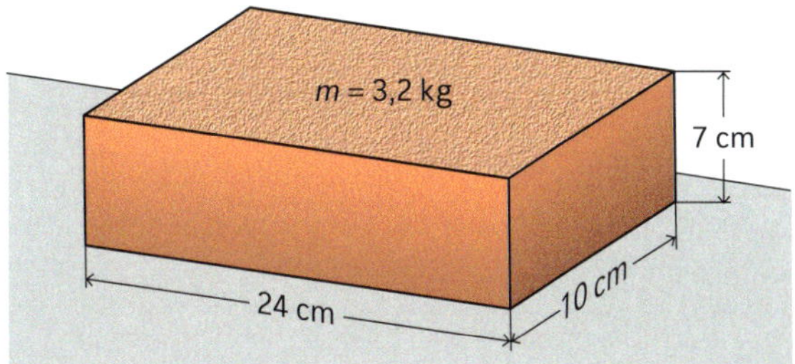

C Luftdruck

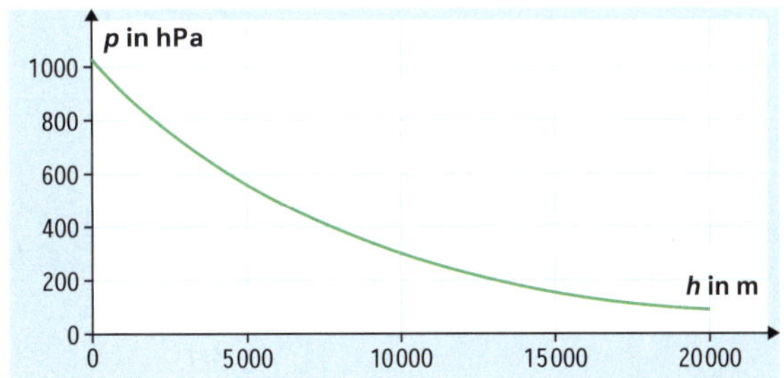

AUFGABEN

Bearbeite die Aufgaben mit Material A

1 Skizziere die Form der Staumauer im Querschnitt und begründe sie mithilfe des Schweredrucks. ●○○

2 Berechne den Schweredruck in einer Wassertiefe von 8,0 m. Gib ohne weitere Rechnung den Schweredruck in 16,0 m Tiefe an und begründe deine Überlegung. ●●○

3 Die Staumauer wird durch einen Taucher untersucht. Seine Druckluftflasche hat eine Masse von 15,0 kg und ein äußeres Volumen von 12,6 l. Entscheide begründet, ob diese Flasche im Stausee sinken würde, wenn der Taucher sie vom Körper löst. ●●●

4 Gib eine Möglichkeit an, dass ein Betonkörper im Wasser schwimmt. ●●○

Bearbeite die Aufgaben mit Material B und C

1 Entscheide und begründe, auf welcher Seitenfläche der Ziegelstein liegen muss, damit der Auflagedruck möglichst groß ist. Berechne den Auflagedruck, wenn der Stein so wie im Material B auf der Unterlage liegt. ●●○

2 Beschreibe den Verlauf des Graphen im Diagramm von Material C. Dabei ist *h* die Höhe über dem Meeresspiegel. Begründe den Verlauf mit dem Teilchenmodell. ●●○

3 Begründe, warum Fenster von Flugzeugen, die eine Reiseflughöhe von 10 km haben, klein sind und dickes Glas haben müssen. Der Druck im Kabineninneren entspricht dem Luftdruck in einer Höhe von 2 km. ●●○

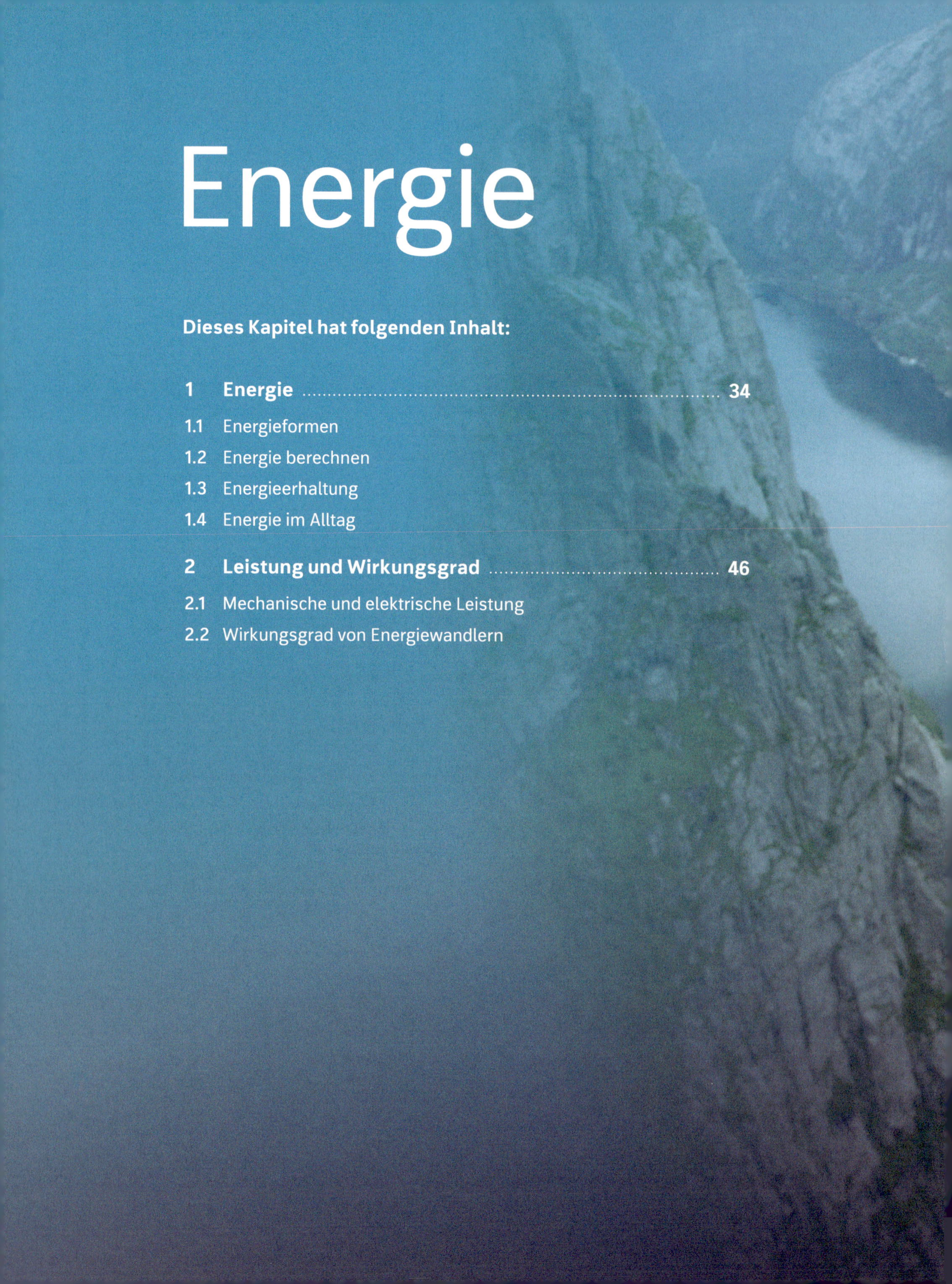

Energie

Dieses Kapitel hat folgenden Inhalt:

Beim Bunjee Jumping sind viele Energieformen beteiligt

1 Ein Ball fällt und springt wieder nach oben

1.1 Energieformen

Ein fallender Ball wird schneller, seine Bewegungsenergie wird größer. Welche Energiewandlung findet beim Fallen statt und welche Energieform liegt vor, wenn der Ball am Boden einen Moment ruht?

Im Versuch ist das Bezugsniveau der Fußboden.

Versuch – Ein Ball wird fallen gelassen und springt vom Boden wieder hoch. Der Vorgang wird gefilmt und danach bei gleichbleibenden Zeitabständen der Bildabfolge analysiert. Die Bewegungsenergie E_B des Balls wird abwärts bis zum Boden größer. Der Ball wird von Position 1 bis 3 schneller. Aufwärts nimmt die Bewegungsenergie ab, der Ball wird von Position 5 bis 7 langsamer. Am Umkehrpunkt 4 ist der Ball verformt und ruht.

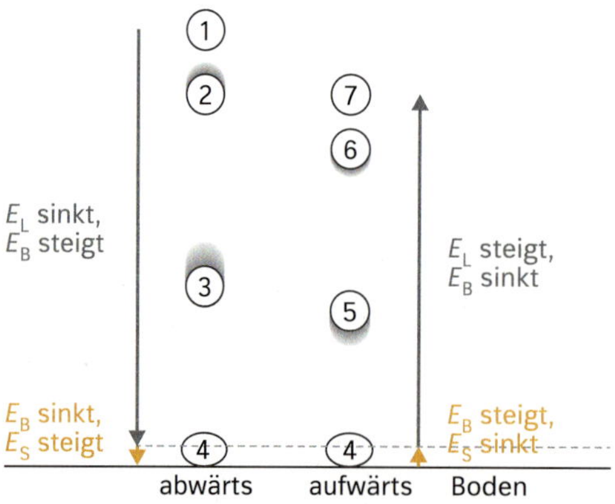

2 Energiewandlung beim springenden Ball

Lageenergie – Energie bewirkt, dass Vorgänge ablaufen. Sie tritt in verschiedenen, wandelbaren Formen auf. Nimmt eine Energieform ab, wird eine andere größer. Energie, die ein Körper aufgrund seiner Höhe über einem Bezugsniveau hat, heißt Lageenergie E_L. Die Bewegungsenergie des fallengelassenen Balls ist zuerst klein und in Bodennähe groß. Beim Fallen wandelt sich immer mehr Lageenergie in Bewegungsenergie um. Aufwärts verläuft die Wandlung umgekehrt.

Spannenergie – Am Boden, in Position 4, hat der Ball keine Lageenergie und keine Bewegungsenergie mehr. Der Ball ist aber deutlich verformt. Die in einem elastisch verformten Körper enthaltene Energie heißt Spannenergie E_S. Sie nimmt mit der Verformung zu. Beim Abprallen des Balls vom Boden wandelt sich die Spannenergie in Bewegungsenergie E_B des Balls zurück.

Elastisch verformte Körper enthalten Spannenergie E_S, angehobene Körper Lageenergie E_L.
Die Lageenergie nimmt mit der Höhe zu, die Spannenergie mit der Verformung eines elastischen Körpers.

Thermische Energie Durch Reibung verlieren Körper Bewegungsenergie und übertragen sie als thermische Energie E_T auf ihre Umgebung. Dort steigt die Temperatur an. Der umgekehrte Vorgang, dass sich eine Umgebung abkühlt und thermische Energie in eine andere Energieform wandelt, kommt in der Natur nicht vor. Deshalb kommt es durch Reibung zum allmählichen Stillstand von Bewegungen, wenn es keine Energiezufuhr von außen gibt.

Energiekonten Mit dem Kontomodell können Energiewandlungen dargestellt werden. Die Beträge der Energieformen erkennt man an der Länge der Balken. Beim springenden Ball wandelt sich abwärts die Lageenergie E_L in Bewegungsenergie E_B, thermische Energie E_T und Spannenergie E_S um. Aufwärts erfolgt die Wandlung umgekehrt, nur die thermische Energie nimmt weiter zu.

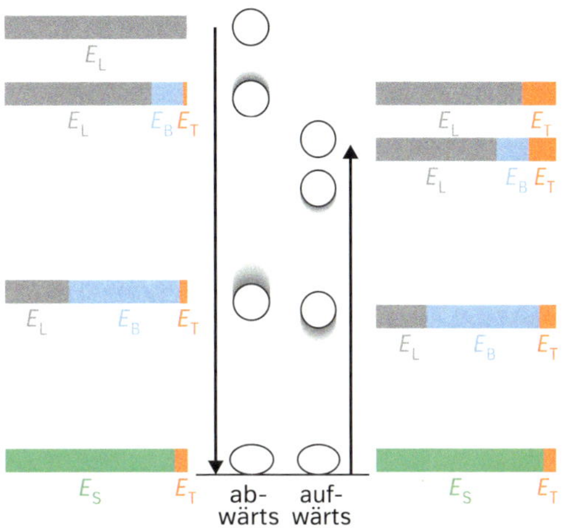

3 Energiekonten zur Ballbewegung

> Reibung erhöht die thermische Energie von Körpern. Wird diese an die Umgebung abgegeben, kann sie nicht weiter gewandelt werden.

MATERIAL MIT AUFGABEN

A Springender Ball

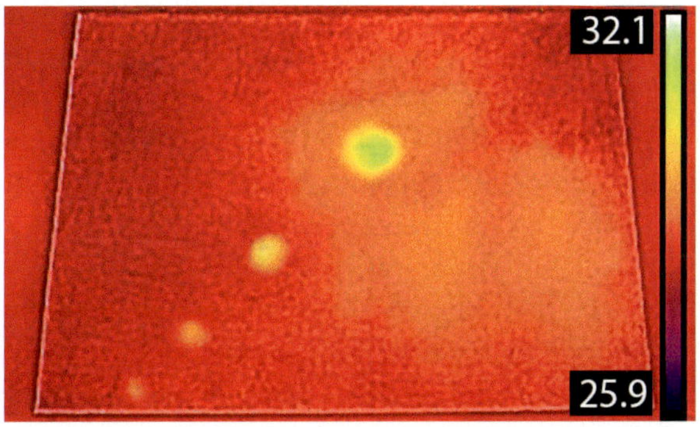

Eine Stahlkugel fiel auf die Unterlage. Das Foto wurde mit eine Wärmebildkamera gemacht.

1 Beschreibe und erkläre die Beobachtung im Bild. ●●○

2 Erkläre die zu erwartenden Änderungen im Bild,
  a) wenn die Kugel aus größerer Höhe auf die Unterlage fallen würde. ●●○
  b) wenn statt der Kugel ein gleich schwerer Flummi aus unveränderter Höhe fällt. ●●●

B Pendel

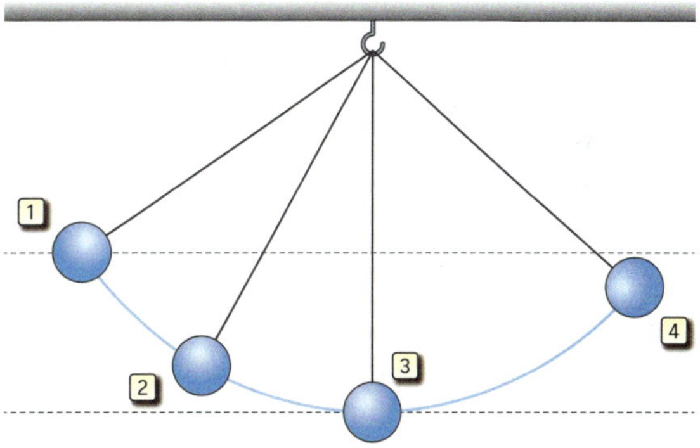

Die Abbildung zeigt die Schwingung eines Pendels in vier Momentbildern bis zum Umkehrpunkt.

1 Benenne die Energieformen, die sich bei dem Vorgang wandeln. ●●○

2 Stelle die Energiewandlung bei der Schwingung mit dem Kontomodell an den vier Positionen dar. ●●○

3 Beschreibe die Energiewandlung beim Vorgang für die Schwingung von 4 in Richtung 1. ●●○

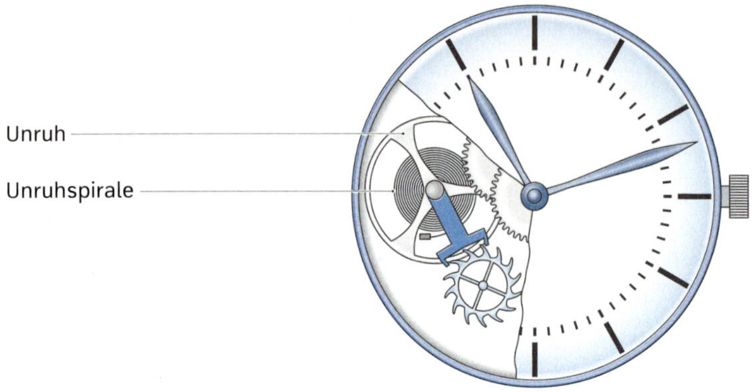

4 Uhr mit Federantrieb

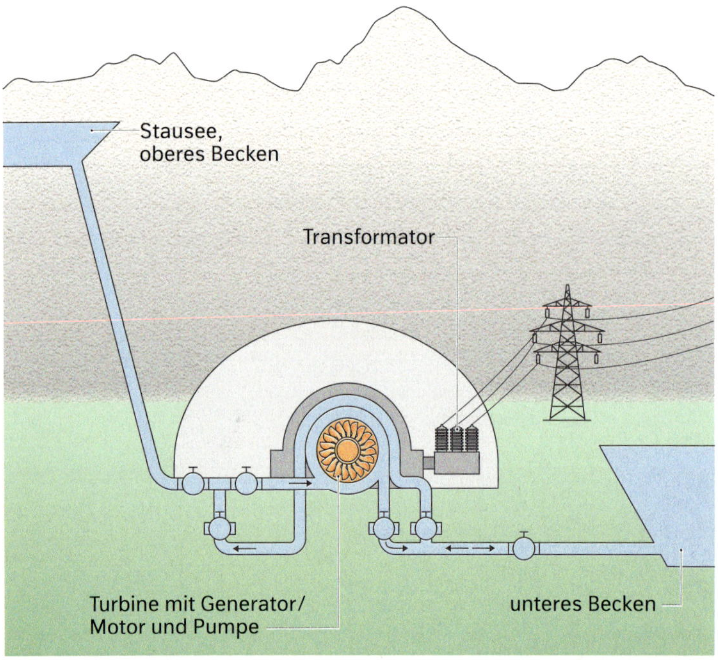

5 Pumpspeicherwerk

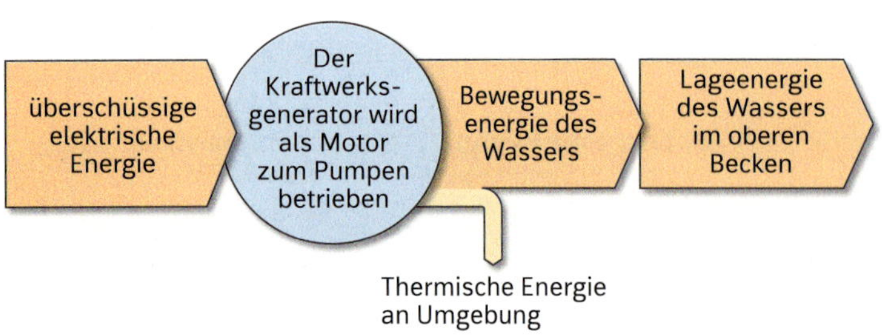

6 Energieflussdiagramm Pumpspeicherwerk

Energie treibt alles an – Eine Bewegung erfordert bei Reibung immer Zufuhr von Energie zum Antrieb, weil die dabei auftretende thermische Energie nicht zurück gewandelt werden kann. Die Energie des Körpers, der den Antrieb liefert, nimmt ab.
In mechanischen Uhren schwingt eine Unruh gleichmäßig als Taktgeber. Die Energie dafür kann auf verschiedene Arten geliefert werden, zum Beispiel mit einer Batterie, mit der Lageenergie von Gewichten oder von einer gespannten Feder, der Unruhspirale.

Energiespeicherung – In Solarzellen wird die Energie des Lichtes, in Kohlekraftwerken die chemische Energie der Kohle in elektrische Energie gewandelt. Windräder nutzen die Bewegungsenergie der Luft, um elektrische Energie zu liefern. Wenn mehr elektrische Energie geliefert als benötigt wird, müssen Windräder häufig stillstehen, da elektrische Energie nur schlecht gespeichert werden kann.

In Pumpspeicherwerken wird überschüssige elektrische Energie genutzt, um Wasser von einem unteren Stausee in einen oberen Stausee zu pumpen. Dadurch wird die Energie als Lageenergie des Wassers gespeichert.
In Zeiten erhöhten Energiebedarfs wird das Wasser abgelassen und treibt Turbinen an. Der Generator speist dann elektrische Energie wieder ins Netz ein.

Energieflussdiagramme – Energiewandlungsketten werden durch Flussdiagramme dargestellt. Kreise benennen dabei die Energiewandler, Pfeile die Energieformen und die Übertragungsrichtungen der Energie. Die Dicke der Pfeile steht für die Größe der Energiebeträge, wenn mehrere Wandlungen zugleich stattfinden.
Das Bild zeigt das Energieflussdiagramm für den Pumpbetrieb des Pumpspeicherwerks zum oberen Stausee. Die Umwandlung von elektrischer Energie in Lageenergie gelingt dabei fast vollständig.

VERSUCH

V1 Pendel

Materialien:
Stativmaterial, Massestück, Faden, Maßstab mit Reiter, Schaukel

1 Stelle eine Hypothese auf, wie du erreichen kannst, dass das Pendel nach 5 Schwingungen wieder die Ausgangshöhe hat. Hänge dann das Massestück am Stativmaterial auf und lenke es bis zu einer markierten Höhe aus. Beschreibe, wie das Vorhaben gelingt.

2 a) Eltern schaukeln ein kleines Kind.
b) Du schaukelst selbst.
Beschreibe die zwei Arten, eine Schaukel in Bewegung zu halten. Beschreibe die jeweilige Energiewandlung.

MATERIAL MIT AUFGABEN

C Auto mit Solarantrieb

Die Solarzelle des Autos wird beleuchtet, und das Auto fährt mit gleichbleibender Geschwindigkeit.

1 Notiere das Energieflussdiagramm für das fahrende Auto. ●○○
2 Das Solarauto könnte auch ohne Akku betrieben werden. Erkläre den Vorteil, den ein Betrieb mit Akku bietet. ●●○
3 Wiederhole Aufgabe 1 für den Fall, dass das Auto gleichmäßig bergan fährt. ●●○

D Auto mit Rückzugmotor

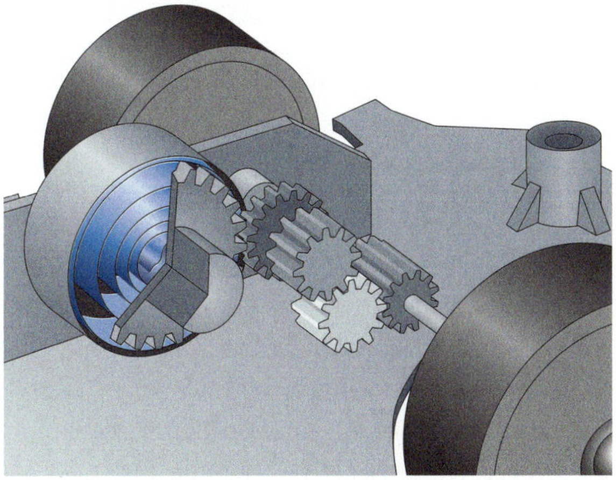

Spielzeugautos mit Rückzugmotor werden mit der Hand zurückgezogen und fahren nach dem Loslassen selbstständig.

1 Erläutere anhand der Abbildung, durch welche Energieform das Auto angetrieben wird. ●●○
2 Beschreibe die Energiewandlung auf einer schrägen Rampe vom Start der Fahrt bis zum Stillstand. Fertige dazu auch eine Zeichnung an. ●●○
3 Autos mit einem Schwungscheibenmotor können in zwei Richtungen angeschoben werden und fahren. Recherchiere, wie sie aufgebaut sind und welche Energieform zum Antrieb dient. ●●○

1 **A** Mooserboden Stausee bei Zell am See; **B** Beim Versuch mit der Kugelschleuder werden Gewichtskräfte und Höhen verglichen

1.2 Energie berechnen

Das Wasser in einem Stausee hat Lageenergie. Fließt es unterhalb der Staumauer durch die Turbinen ab, wird die Lageenergie in elektrische Energie gewandelt. Wie kann man die Lageenergie des Wassers berechnen?

Versuch – Ein Lineal wird als Wippe gelagert. Ein Metallring gibt den aufgelegten Kugeln Halt. Auf die angehobene Seite fällt eine Kugel mit der Gewichtskraft $F_{G1} = 1{,}1$ N aus verschiedenen Höhen h_1. Gemessen werden jeweils die Gewichtskraft F_{G2} der aufgelegten Kugel und die Höhe h_2, die sie beim Hochschleudern erreicht.

Auswertung – Die Produkte $F_{G1} \cdot h_1$ und $F_{G2} \cdot h_2$ sind etwa gleich groß. Durch die Reibung beim Aufprall ist $F_{G2} \cdot h_2$ der geschleuderten Kugel im Versuch etwas kleiner.

h_1 in m	F_{G2} in N	h_2 in m	$F_{G1} \cdot h_1$ in N · m	$F_{G2} \cdot h_2$ in N · m
0,10	1,1	0,09	0,11	0,099
0,07	1,1	0,06	0,077	0,066
0,10	0,3	0,30	0,11	0,9
0,07	0,3	0,22	0,077	0,066

2 Messwerte zum Versuch mit der Wippe

Lageenergie berechnen – Die Lageenergie E_{L1} der fallenden Kugel wird auf die zweite Kugel übertragen. Da die Produkte $F_G \cdot h$ auch bei ungleichen Massen näherungsweise gleich sind, werden diese Produkte Lageenergie E_L genannt. Hat die geschleuderte Kugel eine kleinere Masse, steigt sie höher. In der erreichten Höhe h_2 ist ihre Energie, ohne Reibungsverluste, so groß wie die Lageenergie der schwereren Kugel zuvor. Die Gewichtskraft und damit auch die Lageenergie sind ortsabhängig. Deshalb wird mit F_G und nicht nur mit Massen gerechnet. Mit $F_G = m \cdot g$ folgt $E_L = m \cdot g \cdot h$ und für die Energieeinheit Joule 1 J = 1 N · m. Eine Tafel Schokolade der Gewichtskraft F_G = 1 N hat in 1 m Höhe die Lageenergie $E_L = F_G \cdot h = 1$ J, 1 m³ Wasser mit seiner Masse $m = 1000$ kg dagegen die Lageenergie $E_L = m \cdot g \cdot h = 1000\ \text{kg} \cdot 9{,}81\ \text{N/kg} \cdot 1\ \text{m} = 98\,100\ \text{J} = 98{,}1\ \text{kJ}$.

Die Lageenergie ist $E_L = F_G \cdot h = m \cdot g \cdot h$, ihre Einheit ist 1 J (Joule). Größere Energieeinheiten sind Kilojoule und Megajoule: 1 kJ = 1000 J, 1 MJ = 1000 kJ = 1 000 000 J

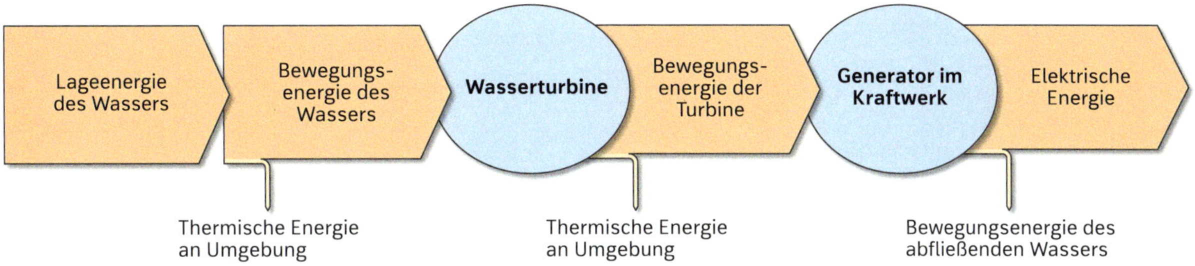

3 Energieflussdiagramm zum Stausee

Energie des Stausees – Durch Öffnen des Abflusses wandelt sich die Lageenergie des Wassers in Bewegungsenergie, die die Turbinen antreibt. Ein Teil verbleibt im abfließenden Wasser oder wird zu thermischer Energie. Zu etwa 90 % wandelt sich die Lageenergie des Wassers in elektrische Energie um. Enthält ein Stausee 50 000 000 m^3 Wasser bei einer mittleren Wasserhöhe von 90 m über den Turbinen, ist nach $E_L = m \cdot g \cdot h$ die Lageenergie des Wassers im Stausee E_L = 50 000 000 000 kg · 9,81 N/kg · 90 m = 44 145 000 000 000 J = 44 145 GJ. Bei 10 % Verlust wird die Lageenergie in etwa 40 000 GJ elektrische Energie gewandelt. Dies entspricht dem durchschnittlichen Jahresbedarf an elektrischer Energie E_E für etwa 4500 Haushalte.

GJ steht für Gigajoule.
1 GJ = 1 000 000 000 J

MATERIAL MIT AUFGABEN

A Energie für ein neues Hausdach

1 Berechne die nötige Energie, um alle Dachpfannen aufs Dach zu bringen. ●○○
2 Erkläre, warum der Einsatz eines Flaschenzuges an der Berechnung in Aufgabe 1 nichts ändert. ●●○
3 Erkläre, warum der Energieaufwand für den Dachdecker höher ist, wenn er die Pfannen über die Leiter hochträgt, anstatt eine feste Rolle zu benutzen. ●●○
4 Berechne die Mehrenergie unter der Annahme, dass der Dachdecker die Masse 70 kg hat und mit 6 Pfannen die Leiter hochsteigt. ●●○
5 Erkläre, wie es mit Rollen möglich wäre, beim Tausch der alten gegen neue Pfannen Lageenergie auszunutzen, um die neuen Pfannen mit weniger Energieaufwand aufs Dach zu heben. ●●○
6 Gib eine Vermutung an, warum deine Idee zu Aufgabe 5 in der heutigen Zeit nicht umgesetzt wird. ●●●

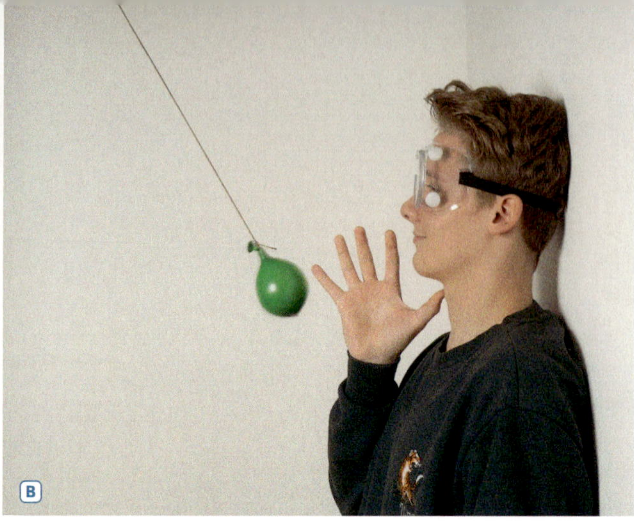

1 **A** Skaterbahn; **B** Mutprobe mit Wasserbombe

1.3 Energieerhaltung

Die Skaterin erreicht auf beiden Seiten der Halfpipe ihre Ausgangshöhe oder springt höher. Ein sich selbst überlassenes Board tut das nicht. Welcher Zusammenhang besteht dabei zwischen den gewandelten Energieformen?

Versuch – Ein wassergefüllter Ballon wird als Pendel aufgehängt. Die Person hält den Ballon mit der Hand vor die Nasenspitze, lässt ihn ohne Anstoß los und darf nicht ausweichen, wenn das Pendel zurückkommt.

Der Ballon erreicht fast wieder die Nasenspitze. Mit jeder Schwingung nimmt die Höhe, die der Ballon erreicht, ein wenig ab. Nur wenn der Ballon beim Loslassen angestoßen wird, erreicht er wieder seine Ursprungshöhe oder bewegt sich sogar noch etwas höher.

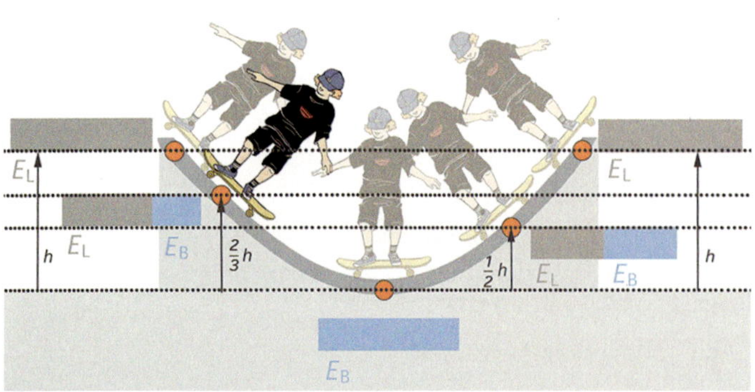

2 Skaterin bei vernachlässigter Reibung im Kontomodell

Energieerhaltung – Die Summe aus Lage-, Bewegungs- und thermischer Energie ist zu jedem Zeitpunkt gleich groß. Letztere steigt durch Reibung an. Deshalb kann die Lageenergie ihren Anfangswert ohne Anstoß nicht mehr erreichen oder übertreffen. Im Versuch wird die Nasenspitze nicht erreicht.

Bleibt beim Skaten die maximale Höhe gleich, wird die Wandlung in thermische Energie durch Energiezufuhr ausgeglichen. In dem Fall bleibt die Summe aus Bewegungsenergie E_B und Lageenergie E_L gleich. Die gleiche Länge der Balken verdeutlicht die Energieerhaltung im Kontenmodell.
Durch Körperverlagerung und Armschwung kann die Skaterin die bremsende Reibung ausgleichen und größere Höhen erreichen.

> **Energieerhaltungssatz**
> Energieformen können sich ohne Energiezufuhr von außen wandeln. Die Summe aller Energien bleibt gleich.

Energie bilanzieren – Sofern sich die Lageenergie eines Körpers nur in eine zweite Energieform wandelt, kann diese mit dem Energieerhaltungssatz berechnet werden. Startet der Skater aus der Ruhe mit der Lageenergie 12 000 J, so ist sie auf halber Höhe mit 6 000 J so groß wie die Bewegungsenergie. In der Höhe $\frac{2}{3}h$ hat er 8 000 J Lageenergie und 4 000 J Bewegungsenergie.

An der festen Rolle in a) herrscht Kräftegleichgewicht. Die Bewegungsenergie beider Massenstücke ändert sich nicht. In jeder Position ist die Summe der Lageenergien beider Körper gleich groß, nämlich 3 J.
Im Fall b) sinkt der Körper 1, Körper 2 steigt. Die Lageenergie von Körper 1 nimmt bis zum Boden um $F_G \cdot h = 3\ N \cdot 3\ m = 9\ J$ ab, die von Körper 2 um $F_G \cdot h = 1\ N \cdot 3\ m = 3\ J$ zu. Die Differenz von 6 J ist die Bewegungsenergie beider Körper.

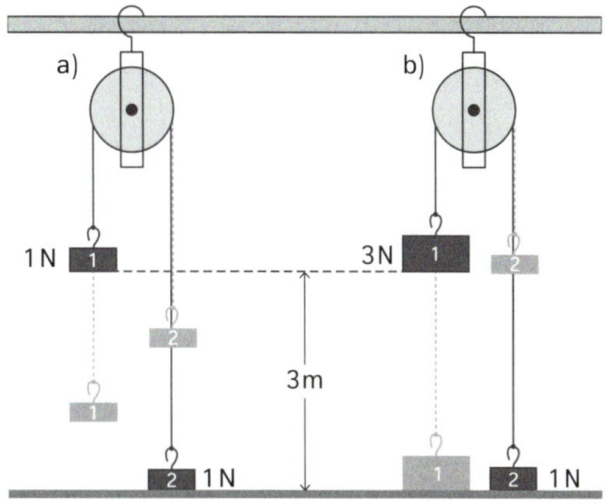

3 Energiebilanzen bei Rollen

Einfache Maschinen – Die bei Seilmaschinen und der schiefen Ebene gefundene goldene Regel $F_G \cdot h = F \cdot s$ ist eine spezielle Formulierung des Energieerhaltungssatzes. Beide Produkte ergeben die gleiche Energie, die durch Kraftwirkung entlang einer Wegstrecke übertragen wird.

> Aus Lageenergie können andere Energieformen durch Energiebilanzen berechnet werden.

> Die goldene Regel der Mechanik ist eine spezielle Formulierung des Energieerhaltungssatzes.

MATERIAL MIT AUFGABEN

A Kraft und Energie unterscheiden

Das Hebelgesetz gilt auch beim Heben eines Wassereimers mithilfe der abgebildeten Kurbel. Der Radius der Seilwalze beträgt 5 cm, der der Kurbelbahn 15 cm.

1 Berechne die nötige Kraft für das direkte Heben des Eimers ohne Hilfsmittel und beim Kurbeln. ●●○

2 Berechne die nötige Energie, um den Eimer aus 8 m Tiefe hoch zu ziehen sowie die Seillänge, die dabei aufgewickelt werden muss. ●●○

3 Berechne für den Fall, dass das Seil nach 6 m Heben reißt, die Bewegungsenergie des Eimers beim Aufprall. ●●○

4 Entscheide begründet, ob es aus energetischen Gründen eine Rolle spielt, ob ein Kinderwagen eine kurze steile, oder eine lange flache schiefe Ebene hinaufgeschoben wird, wenn dabei dieselbe Höhe überwunden wird. ●●○

1 **A** Angabe zum Energiegehalt und zu Inhaltsstoffen; **B** Kniebeuge

1.4 Energie im Alltag

Zur gesunden Ernährung gehören Eiweiße, Kohlenhydrate, Vitamine, Mineralstoffe und Fett in ausgewogenem Verhältnis. Welche Rolle spielt der Energiegehalt der Nahrung?

Versuch – Der Ruhepuls einer Person wird gemessen. Nach zehn und nach 30 Kniebeugen wird die Messung wiederholt. Der Puls ist nach den Kniebeugen jeweils gestiegen.

Energiebedarf – Bei körperlicher Anstrengung müssen unsere Muskeln mit mehr chemischer Energie versorgt werden. Blut transportiert chemische Energie in Form von Nährstoffen zu den Muskeln. Damit das Blut schneller fließt, muss das Herz schneller schlagen.

PAL steht für englisch Physikal Activity Level

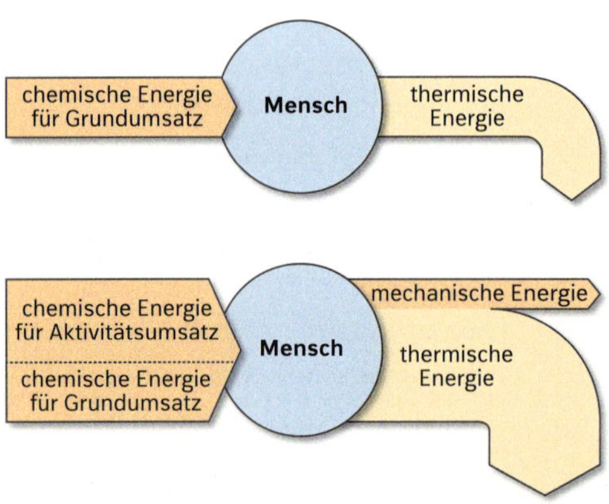

2 Grund- und Aktivitätsumsatz mit PAL-Faktor 2,4

Auch wenn wir ruhen, benötigen wir Energie. Wir müssen unsere Körpertemperatur bei 36,5 °C und die Atmung und den Blutkreislauf in Gang halten. Dieser **Grundumsatz** hängt von Alter und Geschlecht ab. Er steigt außerdem mit der Körper- und Muskelmasse.
Angaben zum Grundumsatz beziehen sich immer auf einen ganzen Tag. Bei weiblichen Jugendlichen beträgt der Grundumsatz bei 55 kg Masse etwa 5 900 kJ, bei männlichen mit 60 kg Masse etwa 6 900 kJ.

Unser täglicher Energiebedarf ist die Summe aus dem Grundumsatz und dem **Aktivitätsumsatz**. Dieser Gesamtbedarf wird, je nach Tätigkeit, aus dem Grundumsatz durch Multiplikation mit einer Zahl zwischen 1 und 2,4, dem PAL-Faktor berechnet. Kurzfristig kann er aber auch viel größer sein. Bei körperlicher Tätigkeit kann die zusätzlich benötigte Energie von den Muskeln etwa zu einem Drittel als mechanische Energie genutzt werden.

Energiequelle Nahrung – Unser Körper speichert die durch Kohlenhydrate zugeführte Energie als Fett und Glykogen. Bei Bedarf kann sie in thermische und mechanische Energie gewandelt werden. Fett enthält mehr Energie als Glykogen, kann aber nicht kurzfristig genutzt werden. Deshalb ist Fett eher ein Vorrat für Mangelzeiten. Im Mittel muss die Energiezufuhr durch Nahrung unseren Energiebedarf genau decken, sonst nehmen wir durch Bildung oder Abbau von Fettzellen zu oder ab. Beides ist auf Dauer ungesund.

Bei Lebensmitteln wird der Energiegehalt oft auf 100 g oder 100 ml bezogen und in der veralteten Einheit Kilokalorie (kcal) angegeben. Es gilt die Umrechnung 1 kcal = 4 187 J = 4,187 kJ.

Unser Körper kann Energie als Fett und Glykogen speichern. Nur wenn die Energieaufnahme und der Energiebedarf ausgeglichen sind, ändert sich unser Körpergewicht nicht.

MATERIAL MIT AUFGABEN

A Energiegehalt der Nahrungsmittel

Nahrungsmittel	Energiegehalt
Butter	3 100 kJ
Schokolade, Chips	2 200 kJ
Blätterteig	1 722 kJ
Camembert Käse	1 400 kJ
Frikadelle	1 180 kJ
Kartoffeln	300 kJ
Apfelsaft	200 kJ
Tomaten	80 kJ

Die Tabelle gibt den Energieinhalt einiger Nahrungsmittel für 100g Masse an.

1 Berechne für drei Nahrungsmittel der Tabelle jeweils die Masse, die einen Grundbedarf von 5 500 kJ deckt. ●○○

2 Erkläre, warum es nicht sinnvoll ist, den Energiebedarf so zu decken, wie in Aufgabe 1 berechnet. ●○○

3 Berechne für eine Person der Masse 70 kg die nötige Energie, um 20 m hochzuklettern. Gib an, wieviel Gramm Schokolade denselben Energiegehalt haben. Erkläre, warum zum Energieausgleich erheblich mehr Nahrung aufgenommen werden müsste. ●●○

B Energiebedarf beim Menschen

Beruf oder Tätigkeit	PAL-Faktor
nur liegend oder sitzend	1,2
Büroarbeit	1,4
Schüler, Schülerinnen	1,6
handwerkliche Tätigkeit	1,8
Landwirtschaft	2,0
Waldarbeiten	2,2
Leistungssport	2,4

Der PAL-Faktor ist auf den ganzen Tag bezogen und berücksichtigt Schlaf und normale Freizeitaktivitäten. Damit ermittelte Energiebedarfe sind ungefähre Werte.

1 Berechne den täglichen Energiebedarf einer Person, die Büroarbeiten tätigt, bei einem Grundumsatz von 6 000 kJ. ●○○

2 Berechne für einen Landwirt mit dem Grundumsatz 7 200 kJ die in einer Stunde umgewandelte Energie. ●●○

3 Zeichne analog zu Bild 2 das Energieflussdiagramm beim PAL-Faktor 1,8. ●●○

4 Erkläre, warum der gesamte tägliche Energiebedarf je nach Geschlecht, Alter und Tätigkeit verschieden groß ist. ●●○

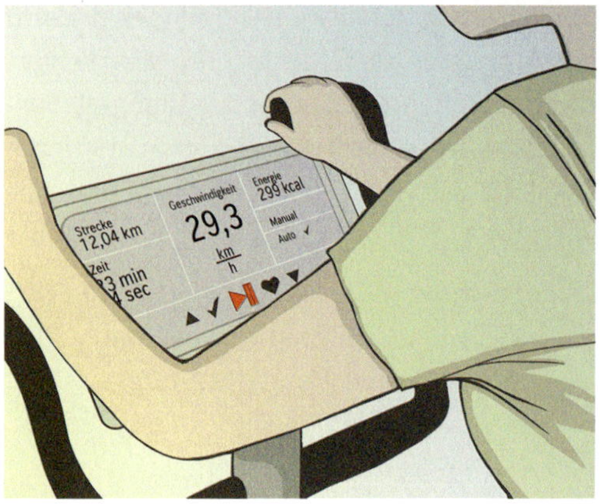

3 Fahrradergometer

4 Ergometer als Generator für elektrische Energie

5 Digitaler Energiezähler für Strom

Die Kilowattstunde ist eine Energieeinheit wie Joule. Sie wird oft für große Energiemengen benutzt.

Energie messen – Mit Energie haben wir täglich, nicht nur in Form von Nahrung, zu tun. Eine zentrale Rolle spielt die elektrische Energie. Staubsauger, Waschmaschine, Computer und Fernsehgerät sind aus unserem Leben nicht mehr wegzudenken. Deren Energieumsatz kann mit Steckdosenzählern gemessen werden.

Beim Fahrradergometer kann die mechanische Energie berechnet werden, indem das Produkt aus der einstellbaren Reibungskraft und der Wegstrecke der Pedale gebildet wird. Bei bekanntem Grund- und Aktivitätsumsatz kann daraus die vom Körper umgesetzte chemische Energie berechnet und angezeigt werden. Die angezeigte Energie ist bei großem Kraftaufwand und kleinem Weg der Pedale genauso groß wie umgekehrt. Analog verhält es sich beim Radfahren mit unterschiedlichen Gängen. Die Gültigkeit der goldenen Regel ist dabei körperlich spürbar.

Ergometer können auch einen Generator und damit elektrische Geräte betreiben. Je mehr Geräte angeschlossen sind, desto schwerer wird es zu treten, da zusätzliche Energie in elektrische Energie gewandelt wird. So können wir unseren Gesamtbedarf an elektrischer Energie aber nicht decken und erhalten diese deshalb von einem Energieversorger.

Diese bezogene elektrische Energie wird vom **Energiezähler,** umgangssprachlich auch Stromzähler genannt, erfasst. Der Zähler summiert die zum Haus- oder Wohnungsanschluss gelieferte Energie auf. Sie wird in der Einheit Kilowattstunde (kWh) gemessen. Es gilt 1 kWh = 3 600 kJ. Neben einer Grundgebühr für den Stromanschluss muss für jede Kilowattstunde ein Arbeitspreis bezahlt werden.

> Energiezähler messen die an den Haushalt gelieferte elektrische Energie in Kilowattstunden (kWh).
> Es gilt: 1 kWh = 3 600 000 J = 3 600 kJ.

Energiespeicherung – Für einen längeren Ausflug greifen wir gerne auf gespeicherte Energie zu. Diese kann für uns in Form von Nahrung vorliegen, oder für die Versorgung unserer elektrischen Geräte durch Powerpacks, die Akkus enthalten.
Batterien und Akkus speichern Ladungen. Je mehr getrennte Ladungen sie enthalten, desto mehr elektrische Energie können sie abgeben. Die Beschriftung von Akkus gibt die maximal gespeicherte Ladungsmenge und die Anschlussspannung an. Batterien speichern bei gleicher Größe mehr Ladungen, können aber nicht nachgeladen werden. Deshalb ist ihr Einsatz in vielen Fällen weniger nachhaltig.

VERSUCH

V1 Energiemessung im Haushalt

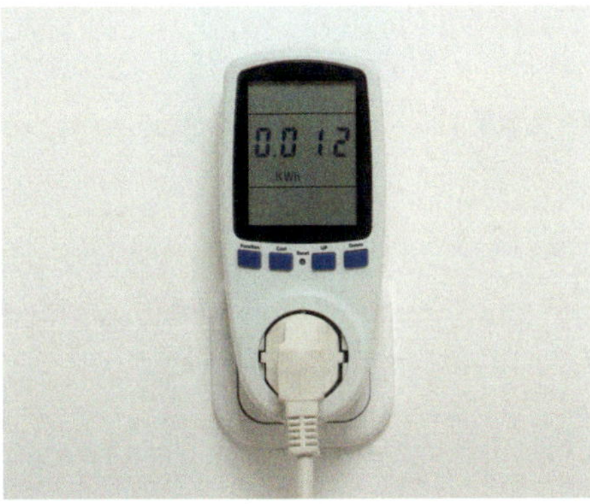

Materialien:
Uhr, Steckdosenzähler auf Energiemessung gestellt, Mehrfachsteckdose mit Schalter, elektrische Geräte.

1 Schalte Geräte für Erwärmung, Beleuchtung, Schallerzeugung und den Elektromotor einzeln jeweils für drei Minuten ein und notiere die angezeigte Energie. Schätze ab, wie viele Minuten im Jahr die Geräte jeweils eingeschaltet sind.
2 Schließe drei Geräte gleichzeitig an die Mehrfachsteckdose an. Miss die Energie, die sie zusammen in drei Minuten wandeln und gib den Zusammenhang mit der Messung zuvor an. Schätze ab, wie viele kWh mit den drei Geräten im Jahr zusammenkommen.

MATERIAL MIT AUFGABEN

C Energieabrechnung für Strom

Zeitraum		Zählerstände in kWh	
von	bis	Anfang	Ende
01.01.21	02.08.21	100 988	101 980
03.08.21	31.12.21	101 980	102 690
Kosten für die elektrische Energie: 0,35 € pro kWh			
Grundpreis monatlich 9 €			
Stromanbieter-Wechselbonus 123 €			

1 Berechne die im Jahr 2021 gelieferte Energie in kWh und den Jahrespreis laut der Endabrechnung beim nebenstehenden Singlehaushalt. ●●○
2 Schätze begründet ab, wieviel elektrische Energie ein 2- und ein 4-Personenhaushalt beziehen und recherchiere dann die Werte. ●●○
3 Recherchiere den Begriff „Netzentgelt“ für Strom. Beschreibe, wann und warum es eingeführt wurde und wer es an wen bezahlen muss. ●●○

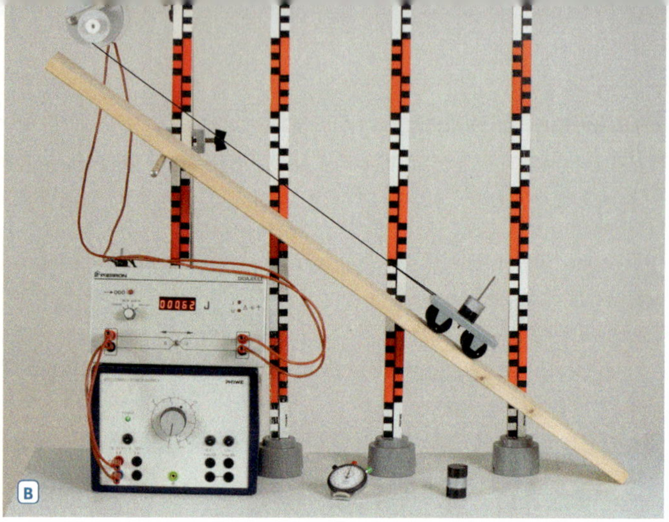

1 **A** Treppenlauf; **B** Leistungsmessung beim Elektromotor

2.1 Mechanische und elektrische Leistung

Jeder will den Treppenlauf gewinnen. Wer zuerst oben ist, hat nicht immer die größte physikalische Leistung erzielt. Was ist in der Physik Leistung und wie wird sie berechnet?

Versuch – Ein Elektromotor mit angeschlossenem Energiemessgerät zieht einen Wagen der Masse 150 g eine schiefe Ebene hoch. Die zum Erreichen der Höhen *h* benötigten Zeiten *t* und die angezeigten Energien *E* werden notiert. Der Versuch wird mit einem Wagen der Masse 300 g wiederholt. Die Spannung, mit der der Motor betrieben wird, wird dazu so verstellt, dass beide Wagen gleiche Höhen in gleichen Zeiten erreichen. Die Messwerte sind in der Tabelle dargestellt.

Der Buchstabe P für die Leistung leitet sich vom englischen Wort power ab.

		m = 150 g		*m* = 300 g	
h in m	*t* in s	*E* in J	$\frac{E}{t}$ in $\frac{J}{s}$	*E* in J	$\frac{E}{t}$ in $\frac{J}{s}$
0,10	0,8	0,31	0,388	0,61	0,763
0,20	1,6	0,62	0,388	1,22	0,763
0,30	2,4	0,91	0,379	1,80	0,750
0,40	3,2	1,19	0,372	2,42	0,756
0,50	4,0	1,50	0,375	3,00	0,750

2 Messungen zu verschiedenen Motorleistungen

Die gewandelte Energie steigt während der Fahrt gleichmäßig an. Der Quotient $\frac{E}{t}$ ist jeweils für einen Wagen konstant. Bei der doppelten Masse ist er aber doppelt so groß.

Leistung – Im zweiten Versuchsteil wird die doppelte Masse in gleicher Zeit in die Höhe gehoben. Wird die doppelte Energie in der gleichen Zeit gewandelt, wird doppelt so viel geleistet. Man nennt den Quotienten aus der gewandelten Energie und der Zeit **Leistung *P*.**
Es gilt $P = \frac{E}{t}$. Die Leistung wird in der Einheit $\frac{1\,J}{1\,s} = 1\,W$ (Watt) angegeben.

Ähnlich wie bei den Wagen ist es bei den Treppenläufern. Ihre physikalische Leistung hängt nicht nur von der Zeit, sondern auch von ihrer Masse ab.

> Die physikalische Leistung ist der Quotient aus der gewandelten Energie und der dafür benötigten Zeit.
> Das Formelzeichen ist *P*.
> Die Einheit ist $1\,\frac{J}{s} = 1\,W$ (Watt).
> Es gilt: $P = \frac{E}{t}$.

Menschliche Leistungswerte Aus dem Grundumsatz an Energie ergibt sich bei jungen Frauen und Männern eine Leistung von etwa 70 W bis 85 W für die elementaren Körperfunktionen. Mit einem Aktivitätsumsatz für anstrengende Arbeit verdoppelt sich der Wert ungefähr.
Kurzfristig kann unsere Leistung aber viel höher sein. Wenn beim Gewichtheben eine Langhantel der Masse 100 kg in der Zeit 3 s um 2 m gehoben wird, ist die Leistung

$$P = \frac{E_L}{t} = \frac{m \cdot g \cdot h}{t} = \frac{100\,\text{kg} \cdot 9{,}81\,\frac{\text{N}}{\text{kg}} \cdot 2\,\text{m}}{3\,\text{s}} = 654\,\text{W}.$$

3 Gewichtheben

VERSUCH

V1 Leistungsmessung

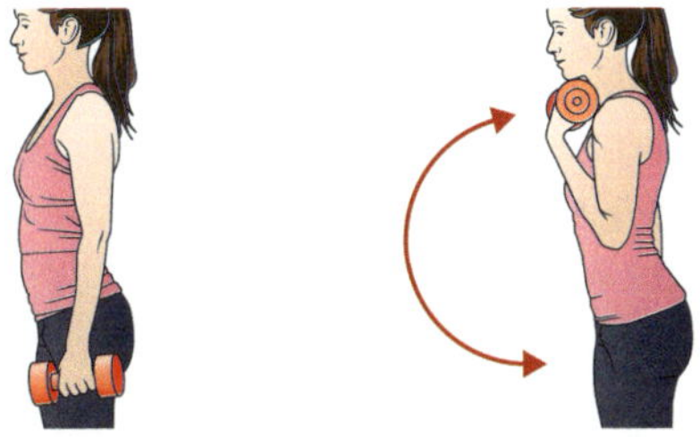

Materialien:
Waage, Treppe, Stoppuhr, Maßstab, Hantel

1 Bestimme deine Masse und die der Hantel. Bestimme die Höhe h, um die die Hantel angehoben wird, wenn sie mit dem zuvor herabhängenden Arm an die Schulter gehoben wird.
2 Hebe und senke die Hantel dreißigmal an die Schulter und miss die benötigte Zeit. Berechne aus den Messwerten deine Leistung beim Hanteltraining. Beachte, dass mit Unterarm und Hand etwa 3 % deiner Körpermasse mit angehoben werden.
3 Laufe eine Treppe hinauf und stoppe die benötigte Zeit. Miss die Anzahl und Höhe der Stufen. Berechne daraus deine mechanische Leistung beim Treppenlauf.

MATERIAL MIT AUFGABEN

A Fahrradergometer

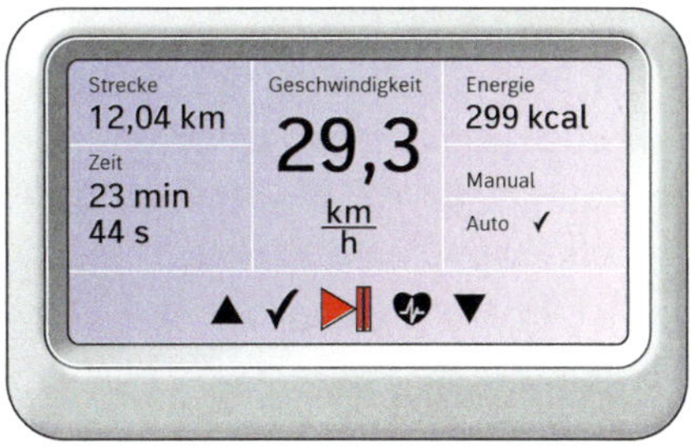

Das Display zeigt die Werte eines Sportlers nach dem Training an.

1 Rechne die Displayangaben in die Grundeinheiten Meter, Sekunde, Meter pro Sekunde und Joule um. Hinweis: 1 kcal = 4187 J.
2 Zeige durch eine Rechnung mit den Werten aus Aufgabe 1, dass die körperliche Gesamtleistung des Sportlers etwa 880 W betrug.
3 Der Anteil der rein mechanischen Leistung des Sportlers betrug nur 265 W. Gib die in einer Sekunde gewandelte mechanische Energie E an, sowie die Strecke s, die der Sportler in einer Sekunde auf der Straße zurückgelegt hätte. Nutze dann die Formel $E = F \cdot s$, um die eingestellte Bremskraft F zu berechnen.

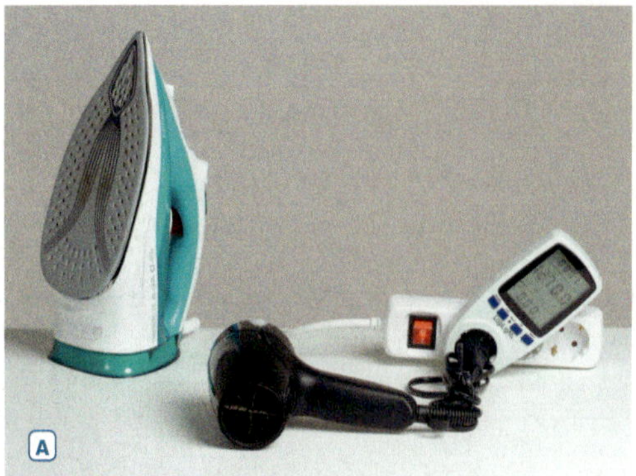

Gerät	U in V	I in A	$U \cdot I$ in V · A	P in W
Lampe	230	0,262	60,3	62
Toaster	230	3,91	899	902
Handmixer	230	1,51	347	350
Eierkocher	232	1,70	394	387
Bügeleisen	229	13,0	2977	2989
B Föhn	229	5,52	1264	1270

4 Messungen zur elektrischen Leistung. **A** Versuch; **B** Messwerte

Elektrische Leistung – In elektrischen Geräten wird Energie gewandelt. Genauso wie für Menschen beim Treppenlauf kann für elektrische Geräte die Leistung bestimmt werden. Auch für die elektrische Leistung gilt $P = \frac{E}{t}$.

Mit dem Steckdosenzähler lässt sich nicht nur die Energie E messen, sondern auch die elektrische Leistung P, die Stromstärke I und die Spannung U. Die Tabelle zeigt Messwerte für verschiedene Haushaltsgeräte. Der Vergleich von $U \cdot I$ mit dem Messwert von P zeigt, dass die Gleichung $P = U \cdot I$ gilt.

Elektrische Energie – Wenn man $P = \frac{E}{t}$ zu $E = P \cdot t$ umstellt und P durch $P = U \cdot I$ ersetzt, folgt $E = U \cdot I \cdot t$. Mit $E = P \cdot t$ wird auch die Einheit Kilowattstunde verständlich: Ein Gerät der Leistung 1 kW wandelt in der Zeit 1 h die Energie $E = P \cdot t = 1\,\text{kW} \cdot 1\,\text{h} = 1\,\text{kWh}$. In der bekannten Einheit J sind das $1\,\text{kW} \cdot 1\,\text{h} = 1000\,\text{W} \cdot 3600\,\text{s} = 3\,600\,000\,\text{J}$.

Die Rechnung in Kilowattstunden ist vor allem für Zeitangaben in Stunden einfach. Aus einer Leistung von 500 W ergibt sich in drei Stunden die Energie $E = P \cdot t = 0{,}5\,\text{kW} \cdot 3\,\text{h} = 1{,}5\,\text{kWh}$.

> Für elektrische Leistung P und elektrische Energie E gelten die Formeln $P = U \cdot I$ und $E = U \cdot I \cdot t$.
> Eine Energie von 1 kWh wird gewandelt, wenn ein Gerät mit der Leistung 1 kW eine Stunde lang betrieben wird.

MATERIAL MIT AUFGABEN

B Kühlbox

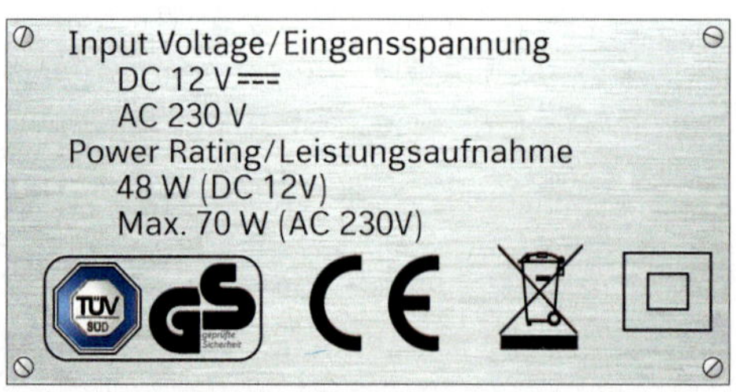

Das Typenschild gehört zu einer mobilen Kühlbox. Sie kann im Auto an der 12 V-Batterie oder im Haus an einer 230 V-Steckdose betrieben werden.

1 Recherchiere die Bedeutung der Zeichen in der unteren Zeile und der englischen Abkürzungen AC und DC. ●●○

2 Berechne die Stromstärken für beide Betriebsarten der Kühlbox. ●○○

3 Erkläre, warum bei DC trotz kleinerer Leistung eine größere Stromstärke vorliegt. ●●○

4 Berechne die maximale Betriebszeit der Box beim Parken. Die Autobatterie enthält etwa 0,6 kWh Energie. ●●○

5 Beispiele für Standby-Geräte

Standby – Im Bereitschaftsmodus, englisch Standby-Modus, sind Geräte mit Fernbedienung nie ganz stromlos. Auch Anzeigen durch LEDs oder Displays sowie Netzteile in Steckdosen wandeln ständig etwas elektrische Energie. Durch EU-Verordnung ist die zulässige Standby-Wandlung seit 2014 für Neugeräte je nach Gerätetyp auf höchstens 0,5 W bis 1 W begrenzt worden. Ältere Geräte haben teilweise mehr als 5 W Standby-Leistung.
Geht man von sechs Geräten mit einer Standby-Leistung von 0,3 W und zwei älteren mit 3 W im Haushalt aus, sind es zusammen $P = 6 \cdot 0{,}3\ \mathrm{W} + 2 \cdot 3\ \mathrm{W} = 7{,}8\ \mathrm{W}$. Werden die Geräte jeweils nur zwei Stunden täglich genutzt, stehen sie im Jahr $(24-2)\ \frac{\mathrm{h}}{\mathrm{d}} \cdot 365\ \mathrm{d} = 8030$ Stunden bereit. Dafür ist die Energie $E = P \cdot t = 7{,}8\ \mathrm{W} \cdot 8030\ \mathrm{h} = 62\,634\ \mathrm{Wh} \approx 62{,}6\ \mathrm{kWh}$ gewandelt worden. Das belastet unnötig die Umwelt und kostet Geld. Geräte, die nicht ständig in Bereitschaft sein müssen, kann man mit schaltbaren Steckdosenleisten bei Nichtgebrauch ganz abschalten.

Maximalleistung – Die zu Energiewandlern angegebenen Leistungen sind immer Maximalwerte. Viele Geräte lassen sich auf kleinere Leistungen einstellen, zum Beispiel Staubsauger. Andere schalten sich automatisch ein oder aus, etwa Bewegungsmelder oder Warmhalteplatten von neueren Kaffeemaschinen. So wird der Leistungsbedarf anpasst und nicht notwendige Energiewandlung vermieden.

MATERIAL MIT AUFGABEN

C Standby

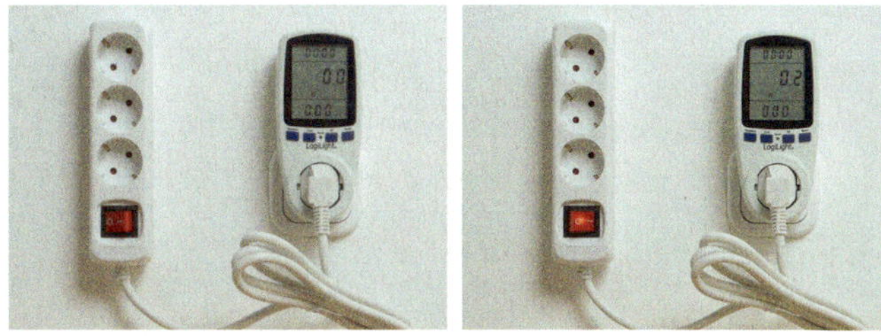

1 Gib die im Display sichtbaren Größen an und beschreibe sie in Worten. Vergleiche die beiden Bilder und erkläre den Unterschied. ●○○

2 Berechne die erforderliche Leistung und die jährliche Wandlung an elektrischer Energie, wenn in 41 500 000 Haushalten durchschnittlich immer zwei Steckdosenleisten ohne betriebene Geräte eingeschaltet sind. ●●○

3 Vergleiche die Leistung aus Aufgabe 2 mit der durchschnittlichen Maximalleistung von 3 MW eines Windrads und diskutiere das Ergebnis. ●●○

4 Gib jeweils zwei Geräte aus dem Haushalt und aus der Schule an, bei denen eine ständige Bereitschaft nötig oder sinnvoll ist und begründe deine Aussage. ●●○

VERSUCH

V2 Leistung bei mehreren Wandlern

Materialien:
Steckdosenleiste mit Schalter, drei Geräte wie aus Tabelle 4B, Steckdosenmessgerät, Bügeleisen

1 Schließe die drei Geräte einzeln an die Steckdosenleiste an. Miss jeweils die Stromstärke, die Spannung und die angezeigte Leistung. Vergleiche die Leistung auf dem Typenschild mit der nach $P = U \cdot I$ berechneten Leistung.

2 Wiederhole den Versuch zweimal mit zwei angeschlossenen Geräten. Beschreibe in Worten den Zusammenhang zwischen den Leistungen und den Stromstärken.

3 Wiederhole Versuch 1 mit dem aufgestellten Bügeleisen, einmal bei minimaler, einmal bei maximaler eingestellter Bügeltemperatur im Zeitraum von jeweils zwei Minuten. Notiere und erkläre die Beobachtungen im Vergleich zu Versuch 1.

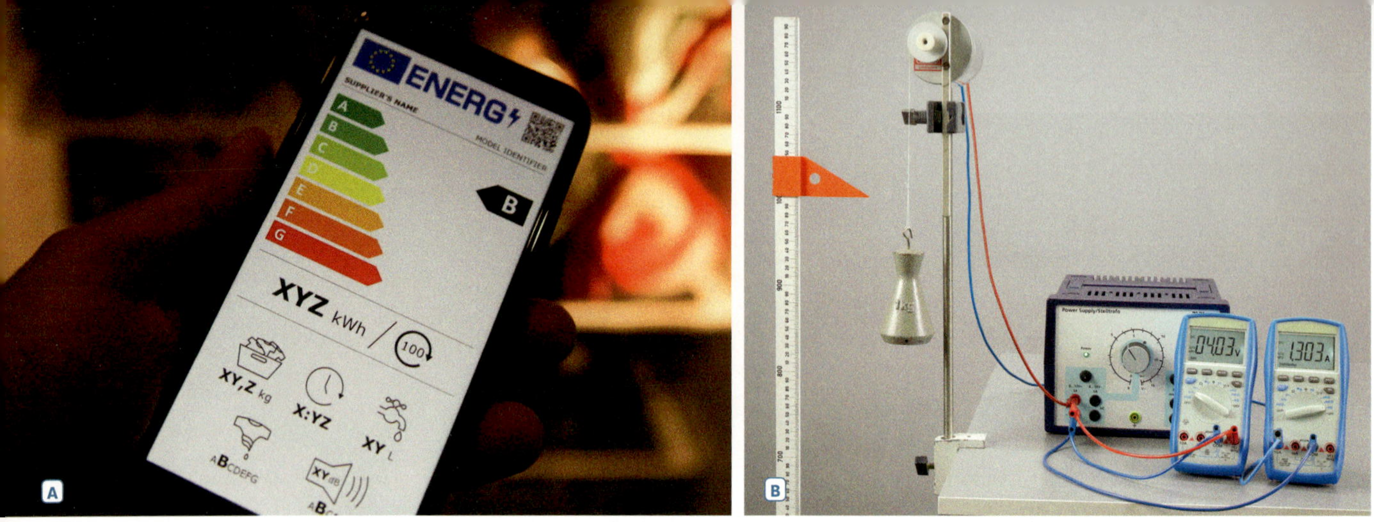

1 **A** Energielabel; **B** Heben eines Massestücks mit Elektromotor

2.2 Wirkungsgrad von Energiewandlern

Der griechische Buchstabe η (eta) ist das Symbol für den Wirkungsgrad.

Energielabel geben Informationen zur Energieeffizienz von elektrischen Geräten. Sie sollen beim Kauf unterstützen. Wie wird die Energieeffizienz bestimmt?

Versuch – Ein Elektromotor hebt einen Körper der Masse 1 kg um die Höhe $h = 1$ m an. Die Spannung U, die Stromstärke I und die Zeitspanne t für das Heben werden bei laufendem Motor gemessen. Der Versuch wird mit anderen Spannungen wiederholt. Die zugeführte Energie E_Z ist die elektrische Energie. Die nutzbare Energie E_N ist die Lageenergie. Es zeigt sich, dass die nutzbare Energie von $E_N = E_L = m \cdot g \cdot h = 9{,}81$ J immer kleiner ist als die zugeführte Energie $E_Z = E_E = U \cdot I \cdot t$.

U in V	I in A	t in s	E_Z in J	$\frac{E_N}{E_Z}$
4,0	1,3	5,5	28,6	0,343
6,0	1,2	3,5	25,2	0,389
7,6	1,2	2,5	22,8	0,430
9,0	1,8	2	32,4	0,303

2 Messwerte zum Wirkungsgrad des Elektromotors

Wirkungsgrad – Je größer die nutzbare Energie im Vergleich zur zugeführten Energie ist, desto effizienter nutzt das Gerät die Energie aus. Man spricht von einem hohen Wirkungsgrad η. Für den Wirkungsgrad gilt $\eta = \frac{E_N}{E_Z}$. Er gibt an, welcher Anteil der zugeführten Energie genutzt werden kann.

Den Anteil an Energie, der nicht in eine gewünschte Energieform gewandelt wird, nennt man **entwertet**. Im Versuch ist der Wirkungsgrad bei $U = 7{,}6$ V mit $\eta = 0{,}43$ am größten. Das bedeutet, dass 43 % der zugeführten Energie als Lageenergie genutzt werden können und 57 % der Energie entwertet werden. Viele Geräte wandeln die zugeführte Energie direkt ohne Zwischenspeicher. Dann entspricht der Quotient der Energien nach $E_N = P_N \cdot t$ und $E_Z = P_Z \cdot t$ dem der Leistungen.

Es gilt $\eta = \frac{E_N}{E_Z} = \frac{P_N \cdot t}{P_Z \cdot t} = \frac{P_N}{P_Z}$.

> Der Wirkungsgrad $\eta = \frac{E_N}{E_Z}$ beschreibt die Effizienz einer Energiewandlung. Der nicht nutzbare Anteil wird dabei entwertet.

Label – Energielabel veranschaulichen die Wirkungsgrade einer Geräteart, etwa die von Staubsaugern oder Lampen. Grüne Farbe, kurze Pfeile und die Buchstaben A und B stehen für hohe Effizienz. Zusätzliche Angaben können im Label stehen, etwa zu Geräuschpegel oder Fassungsvermögen.

Gesamtwirkungsgrad – Bei mehreren Energiewandlungen nacheinander kann man in Energieflussdiagrammen den Wirkungsgrad an den Pfeildicken ablesen.
Um den Gesamtwirkungsgrad für die Erwärmung von Wasser im Topf auf einem Elektroherd zu bestimmen, muss man den Wirkungsgrad der Stromerzeugung kennen. Bei einem Kohlekraftwerk ist dieser etwa $\eta_K = 0{,}4$. Deshalb ist der obere austretende Pfeil im Diagramm ist nur 0,4-mal so breit wie der eintretende.

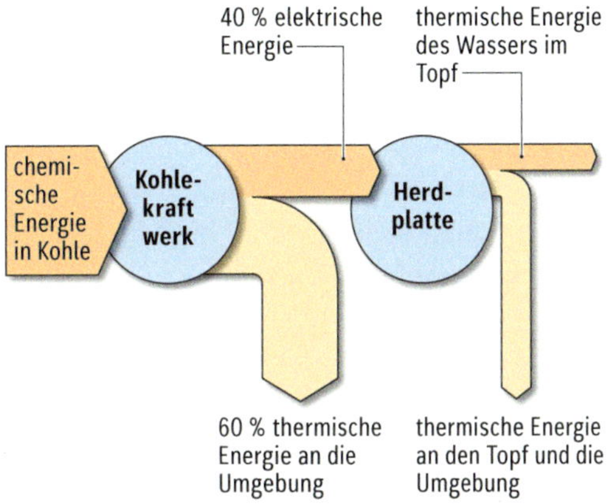

3 Wirkungsgrad bei zwei Energiewandlungen

Von der elektrischen Energie wird von der Herdplatte nur die Hälfte an das Wasser weitergegeben. Diesmal ist der austretende Pfeil nur halb so breit wie der eintretende. Insgesamt ist der Wirkungsgrad in diesem Fall etwa $\eta = 0{,}4 \cdot 0{,}5 = 0{,}2$.

MATERIAL MIT AUFGABEN

A Wirkungsgrade von Energiewandlern

Gerät	η
Glühlampe	0,05
LED-Lampe	0,2
Wasserturbine als Generator	0,9
Benzinmotor	0,35
Benzin-Notstromaggregat	0,25

1 Berechne für die Geräte aus der Tabelle die nutzbare Energie, wenn 100 kJ zugeführt werden. ●○○
2 Berechne die zuzuführende Energie für den Fall, dass 100 kJ genutzt werden sollen. ●●○
3 Eine der Lampen soll mit der Turbine bzw. dem Notstromaggregat betrieben werden. Gib die Kombination mit dem kleinsten und dem größten Wirkungsgrad an und begründe deine Angabe. ●●○
4 Zeichne ein Energieflussdiagramm zu der Kombination aus Aufgabe 3, die den höchsten Wirkungsgrad hat. ●●○

B Energielabel

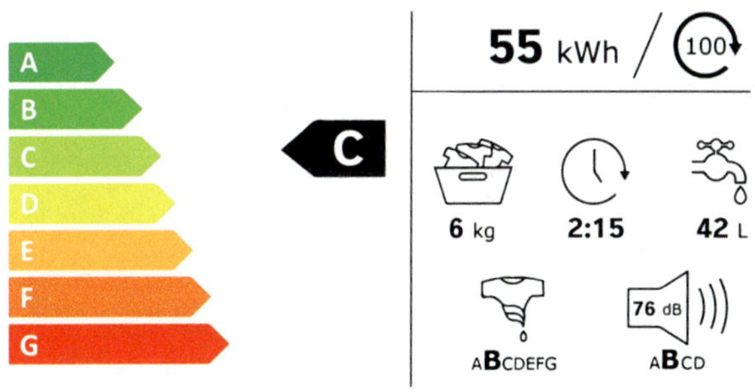

Das Bild zeigt das Label eines Haushaltsgeräts.

1 Stelle begründet eine Vermutung auf, um welche Geräteart es sich handelt. ●○○
2 Recherchiere die Bedeutung der Symbole der rechten Bildseite. ●●○
3 Recherchiere jeweils ein Energielabel für einen Kühlschrank und ein TV-Gerät und beschreibe, was darauf dargestellt ist. Nimm am Beispiel dieser Geräte begründet Stellung zu folgender Aussage: Die Effizienzklasse kann man nur bei gleichartigen Geräten vergleichen. ●●○

Energieeffizienz im Haushalt – Die Effizienz der Energiewandlung, der Einfluss auf die Umwelt und die Energiekosten werden durch unser Handeln mitbestimmt. Wenn energetische Zusammenhänge berücksichtigt werden, verringert sich die Energieentwertung und die Energiekosten werden verringert.

Am meisten Energie wird im Haushalt für Erwärmung und Kühlung gewandelt. Um 1 kg Wasser um nur 1 °C zu erwärmen oder zu kühlen, müssen etwa 4,2 kJ an Energie übertragen werden. Mit der gleich großen Energie könnte 1 kg Wasser 427 m gehoben werden. Deshalb ist es beim Erwärmen und Kühlen so wichtig, effizient zu handeln. Das Beispiel tiefgekühlter Suppe soll das verdeutlichen. Taut man die Suppe mit der Mikrowelle auf, ist dazu elektrische Energie erforderlich. Das Auftauen der Suppe in der warmen Küche entzieht dem Raum thermische Energie. Im Sommer ist das ein angenehmer Nebeneffekt, im Winter ist zusätzliche Energie zum Heizen nötig. Taut die Suppe dagegen im Kühlschrank auf, entzieht sie seinem Innenraum thermische Energie. Das Auftauen dauert dann länger, spart aber elektrische Energie. Der Kühlschrank muss dann weniger kühlen.

> Mit unserem Verhalten können wir die Energieentwertung verringern, die Umwelt schonen und Energiekosten senken.

MATERIAL MIT AUFGABEN

C Energieeffizienz zu Hause

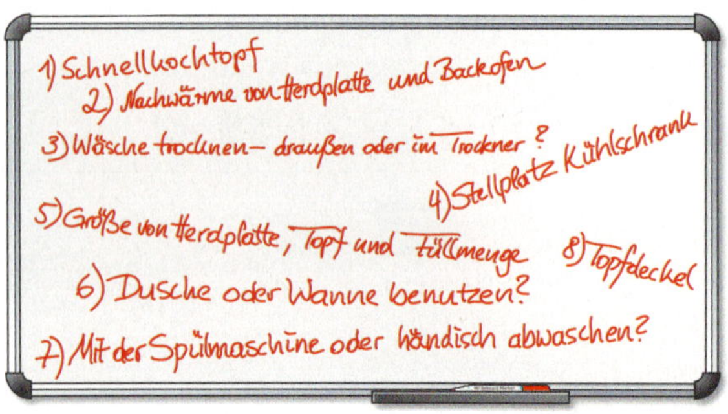

Auf der Tafel sind Stichpunkte und Fragen zu Energieeinsparmöglichkeiten im Haushalt festgehalten.

1 Beschreibe und erkläre für vier Stichpunkte des Tafelbildes, wie energieeffizient gehandelt werden kann. ●●○

2 Gib die drei Punkte an, bei denen du das größte Potential zur Energieeinsparung vermutest und begründe deine Meinung. ●●○

3 Erkläre, warum man aus energetischen Gründen warme Speisen nicht in den Kühlschrank stellen soll. ●●○

4 Recherchiere und erkläre, was Verbraucherzentralen zum Heizen und Lüften raten. ●●○

D Erwärmung von Wasser

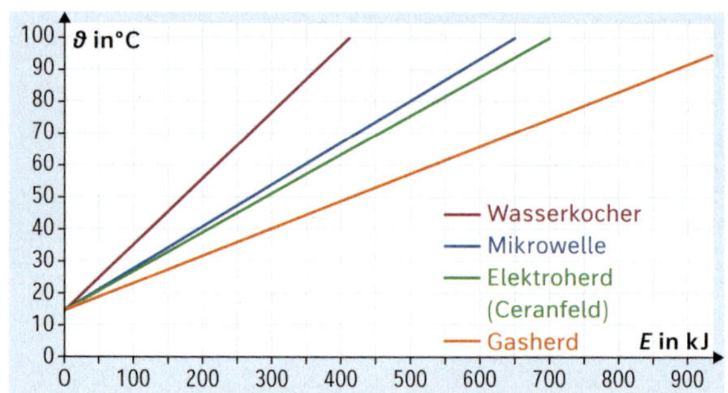

Ein Liter 15 °C kaltes Wasser wird unterschiedlich erwärmt. Die Graphen zeigen jeweils, wie sich die Temperatur mit der zugeführten Energie erhöht.

1 Begründe durch Vergleich der Graphen, mit welchem Gerät der Wirkungsgrad besonders groß beziehungsweise klein ist. ●●○

2 Gib begründet mögliche Ursachen dafür an, dass die Wirkungsgrade im Vergleich klein oder groß sind. ●●○

3 Erkläre an zwei Beispielen, wie im Haushalt eine Verschwendung von warmem Wasser vermieden, also wie eine ungenutzte Erwärmung von Wasser verringert werden kann. ●●○

Indirekter Energiebedarf – Zur energetischen Gesamtbilanz von Gebrauchswaren und Lebensmitteln gehört die Energie, die zur Herstellung, zum Transport und zur Entsorgung gewandelt wird. Zu diesem indirekten Energiebedarf zählt auch die Bereitstellung von Vorprodukten und Rohstoffen.

Bei technischen Geräten kommt der direkte Energiebedarf während der Nutzungsdauer dazu. Bedingt durch den indirekten Energiebedarf bei der Herstellung ist es nicht immer sinnvoll, ältere Geräte durch effizientere neue Geräte zu ersetzen.
Kurze Transportwege für Waren und Lebensmittel, sowie die Beschränkung beim Konsum auf Notwendigkeiten hilft, indirekten Energiebedarf zu vermeiden.

Der Wert von Energie – Eine Energieform ist wertvoll, wenn sie für viele Zwecke eingesetzt werden kann. Elektrische Energie erfüllt diese Voraussetzung. Fast genauso wertvoll ist die mechanische Energie, weil sie effizient in elektrische Energie gewandelt werden kann. Thermische Energie von Körpern kann nur dann effizient in mechanische Energie gewandelt werden, wenn der Temperaturunterschied zur Umgebung groß ist. Immer geht ein Teil der thermischen Energie als Abwärme in die Umgebung über und wird dabei entwertet.

> Energie ist besonders wertvoll, wenn sie effizient in viele Energieformen wandelbar ist.

MATERIAL MIT AUFGABEN

E indirekte Energie in Konsumgütern

Ware	Energie in kWh	
1 T-Shirt	Baumwolle	20
1 Paar Schuhe		8
2,5 kg Papier	neu	41
2,5 kg Papier	recycelt	28
0,5 kg Spargel	regional	3
0,5 kg Spargel	Übersee	49
Smartphone		200
Kühlschrank		600

1 Vergleiche jeweils die zwei Werte für den indirekten Energiebedarf von Papier und von Spargel und erkläre die Unterschiede. ●●○
2 Vergleiche die Werte für Kleidung mit denen für technische Geräte und erkläre die Unterschiede. ●●○
3 Vergleiche beim Smartphone und beim Kühlschrank die indirekten Energien mit ihren jährlichen Energieumsätzen von 10 kWh beziehungsweise 200 kWh. ●●○

F Der Wert von Energieformen

Im Bild sind Energieformen nach ihrem Wert geordnet.

1 Erkläre, warum elektrische Energie für uns am wertvollsten ist. ●○○
2 Erläutere an Beispielen, dass die thermische Energie mit wachsender Temperatur wertvoller wird. ●●○
3 Erkläre, warum eine elektrische Raumbeheizung in der Regel nicht nachhaltig ist. Nenne auch eine Situation, in der es anders sein kann. ●●○
4 Erläutere, warum Energieformen wertvoller sind, wenn sie mit hohem Wirkungsgrad in andere Energieformen gewandelt werden können. ●●○

Alles auf einen Blick

1.1 Energieformen

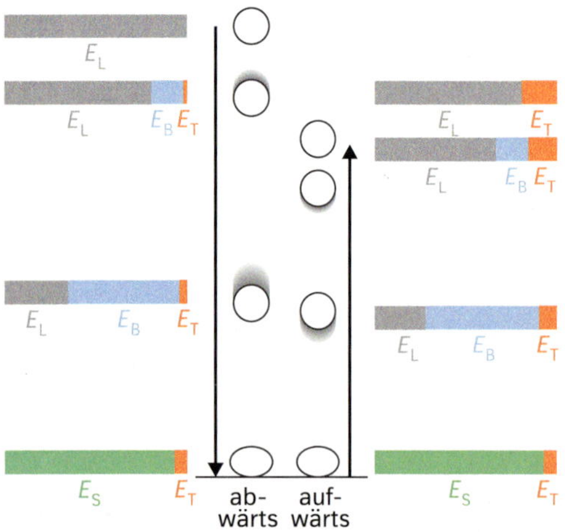

Elastisch verformte Körper enthalten Spannenergie E_S, angehobene Körper Lageenergie E_L. Die Lageenergie nimmt mit der Höhe zu, die Spannenergie mit der Verformung eines elastischen Körpers. Reibung erhöht die thermische Energie E_T von Körpern. Wird diese an die Umgebung abgegeben, kann sie nicht weiter gewandelt werden.

1.2-1.3 Energie berechnen, Energieerhaltung

Die Lageenergie wird mit der Formel $E_L = F_G \cdot h = m \cdot g \cdot h$ berechnet. Ihre Einheit ist 1 J (Joule). Energieformen können ineinander gewandelt werden. Die Summe aller Energien bleibt gleich. Mithilfe von Energiebilanzen kann die Energie in unterschiedlichen Energieformen berechnet werden.

1.4 Energie im Alltag

Unser Körper braucht täglich chemische Energie in Form von Nahrung für seinen Grundbedarf und für seinen Aktivitätsumsatz. Er kann Energie als Fett und Glykogen speichern. Nur wenn die Energieaufnahme und der Energiebedarf ausgeglichen sind, ändert sich unser Körpergewicht nicht.
Im Haushalt gewandelte elektrische Energie wird mit Energiezählern in Kilowattstunden (kWh) gemessen. Es gilt: 1 kWh = 3 600 000 J = 3 600 kJ

2.1 Mechanische und elektrische Leistung

Die physikalische Leistung ist der Quotient aus der gewandelten Energie und der dafür benötigten Zeit. Das Formelzeichen ist P. Die Einheit ist $1\,\frac{\text{J}}{\text{s}} = 1\,\text{W}$ (Watt). Es gilt: $P = \frac{E}{t}$. Für elektrische Leistung P und elektrische Energie E gelten zusätzlich die Formeln $P = U \cdot I$ und $E = U \cdot I \cdot t$. Eine Energie von 1 kWh wird gewandelt, wenn ein Gerät mit der Leistung 1 kW eine Stunde lang betrieben wird.

2.2 Wirkungsgrad von Energiewandlern

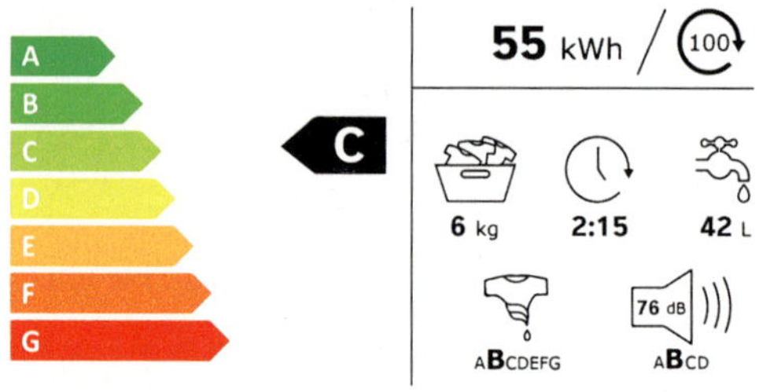

Der Wirkungsgrad $\eta = \frac{E_N}{E_Z}$ beschreibt die Effizienz einer Energiewandlung. Der nicht nutzbare Anteil wird dabei entwertet. Der Gesamtwirkungsgrad einer Energiewandlung berücksichtigt auch die Effizienz der Erzeugung elektrischer Energie.
Mit unserem Verhalten können wir die Energieentwertung verringern, die Umwelt schonen und Energiekosten senken. Energielabel helfen, die Energieeffizienz verschiedener Geräte zu vergleichen.

Verschiedene Energieformen sind unterschiedlich gut nutzbar. Energie, die effizient in viele Energieformen wandelbar ist, ist besonders wertvoll.

Teste dich

A Energie bei Wasserkreisläufen

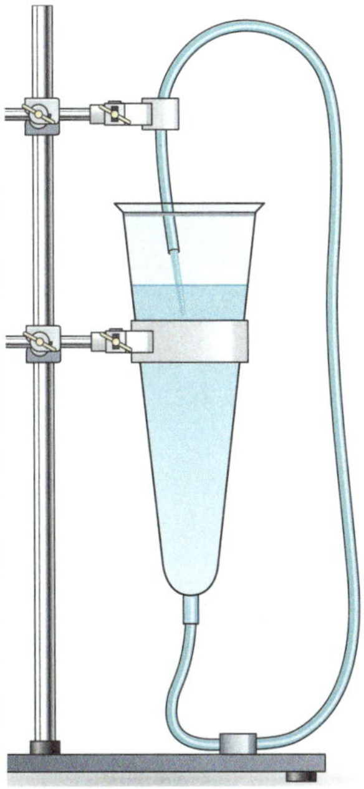

B Energieträger und Energieformen

Energieträger	Energiegehalt
Gespannte Armbrust, 5 kg	0,1 kJ
PKW bei 50 $\frac{km}{h}$, 1200 kg	115 741 kJ
Wasser um 30 °C erwärmt, 50 kg	1 500 kcal
Batterie PKW, 23,5 kg	0,88 kWh
Handyakku, 130 g	0,00 722 kWh
AA-Batterie, 25 g	11 kJ
E-Bike Akku, 2,9 kg	0,5 kWh
Brot, 1 kg	2200 kcal
trockenes Holz, 1 kg	4 kWh
Heizöl oder Diesel, 1 kg	11,8 kWh
Körperfett, 100 g	700 kcal

Es gelten die Umrechnungen: 1 kcal = 4,187 kJ; 1 kWh = 3600 kJ

AUFGABEN

Bearbeite die Aufgaben mit Material A

1 Beschreibe die Energiewandlungen, die beim Betrieb der Fontäne auftreten. ●●○

2 Die Pumpen für die Fontäne haben eine Leistung von 1000 kW. Pro Sekunde übertragen sie 772 kJ Bewegungsenergie auf 500 Liter Wasser. Berechne den Wirkungsgrad der Pumpen. ●●○

3 Berechne mit einer Energiebilanz die Höhe, auf die die 500 Liter Wasser steigen könnten. Tatsächlich sind es nur 140 m. Erkläre. ●●○

4 An Sommertagen ist die Fontäne von 9 Uhr bis 23.15 Uhr in Betrieb. Berechne die während des Betriebs gewandelte Energie in kWh und J. ●●○

5 Beschreibe, was mit der rechten Abbildung dargestellt werden soll. Erkläre, warum ein solcher Wasserkreislauf ohne versteckten Antrieb nicht möglich ist. ●●○

Bearbeite die Aufgaben mit Material B

1 Rechne alle Energieangaben, soweit nicht schon so angegeben, in Kilojoule (kJ) um. ●○○

2 Ordne alle Werte in einer neuen Tabelle nach ansteigendem Energiegehalt. Ergänze eine Spalte mit dem Namen der gespeicherten Energieform. ●●○

3 Gib drei Energieträger der Tabelle an, bei denen die Energiewandlung schnell erfolgt, sowie drei, bei denen sie nur langsam erfolgen kann. ●○○

4 Benenne jeweils drei Energieträger, deren Energie mit hohen und mit geringem Wirkungsgrad gewandelt werden kann.

5 Gib eine Vermutung an, wonach die Energieträger im Material B geordnet sind. Bestätige die Vermutung für drei untereinanderstehende Energieträger. ●●●

Ionisierende Strahlung und Kernenergie

Dieses Kapitel hat folgenden Inhalt:

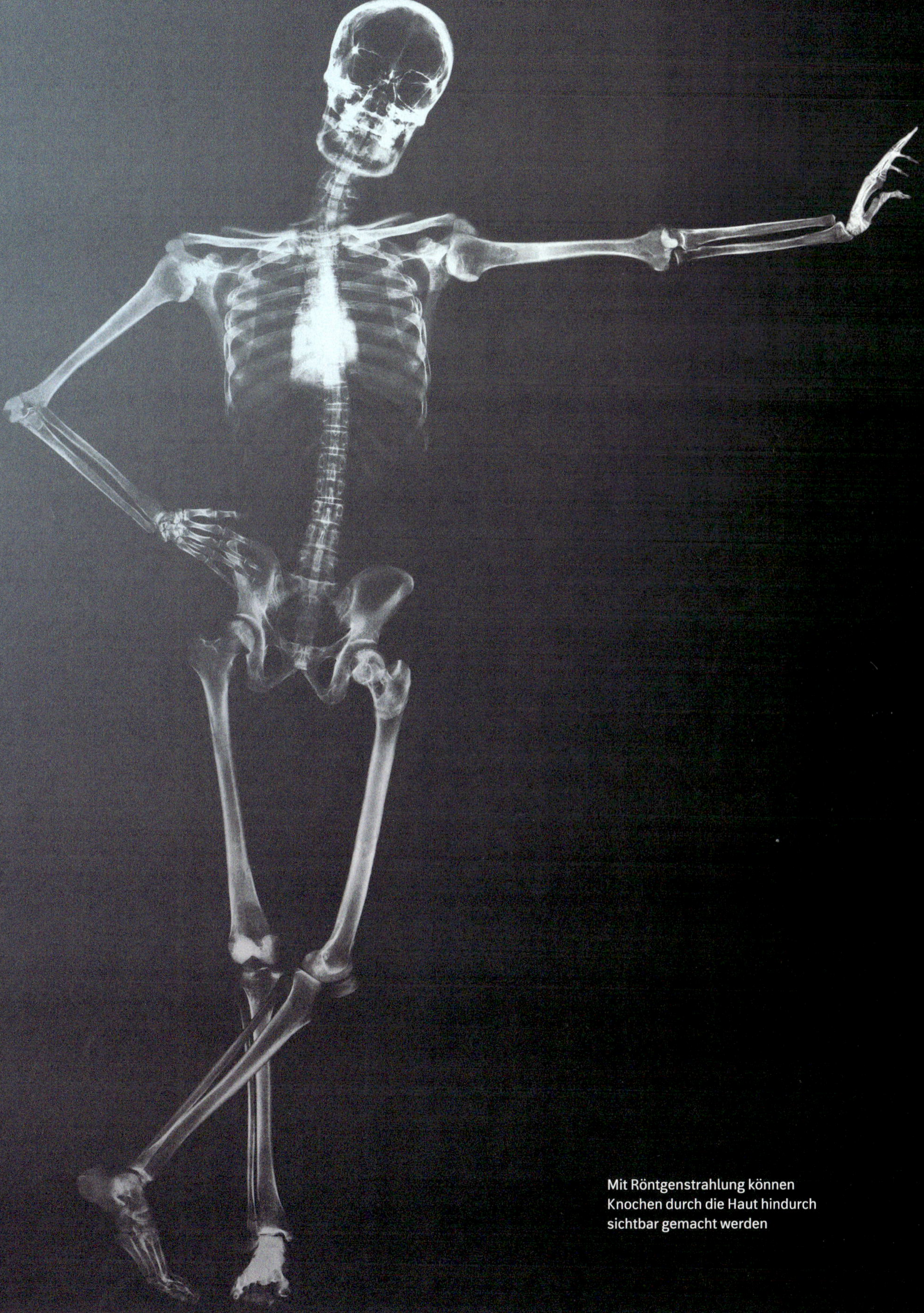

Mit Röntgenstrahlung können Knochen durch die Haut hindurch sichtbar gemacht werden

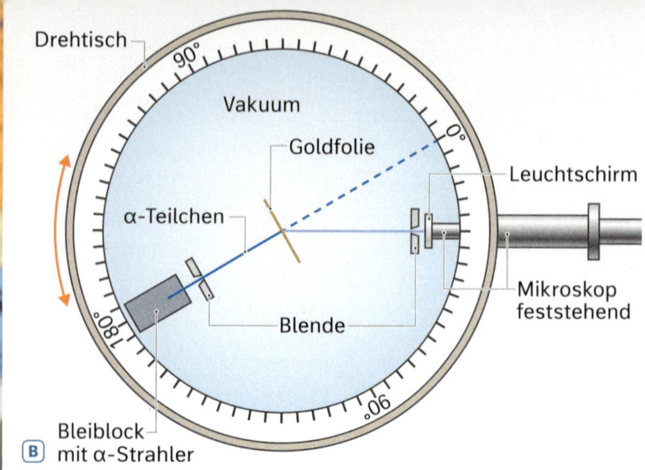

1 **A** Periodensystem der Elemente; **B** Streuversuch nach Rutherford

1.1 Struktur der Atome

Stoffe, die mit chemischen Methoden nicht weiter zerlegt werden können, sind nach ihren chemischen Eigenschaften geordnet im Periodensystem der Elemente dargestellt. Welche Erkenntnisse führten zu genaueren Vorstellungen vom Aufbau der Atome?

Versuch – Eine sehr dünne Goldfolie wird mit α-Teilchen bestrahlt. Das sind kleine, positiv geladene Teilchen. Es wird untersucht, unter welchen Winkeln die α-Teilchen dabei aus der Einfallsrichtung abgelenkt werden. Im Originalversuch von Ernest RUTHERFORD (1871–1937) im Jahr 1909 trafen die α-Teilchen auf einen Leuchtschirm. Die erzeugten Lichtblitze wurden mit einem Mikroskop beobachtet.

Der Radius des Atomkerns beträgt nur etwa $\frac{1}{100000}$ des Atomradius.

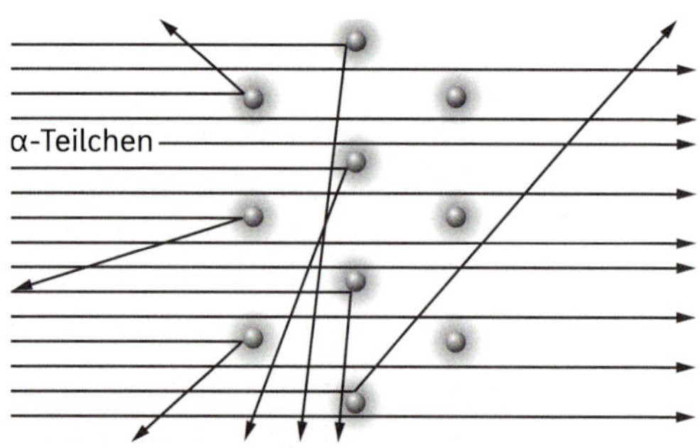

2 Streuung von α-Teilchen an Atomen (schematisch)

Kern-Hülle-Modell – Anfang des 20. Jahrhunderts wurden Atome als positiv geladene Kugeln angesehen, in die die negativ geladenen Elektronen gleichmäßig verteilt eingebettet sind. Streuversuche mit Elektronen an Metallfolien legten aber die Vermutung nahe, dass der größte Teil eines Atoms leer sein muss.

RUTHERFORDS Streuversuch ergab, dass die meisten α-Teilchen geradlinig durch die Goldfolie flogen. Allerdings konnten unter jedem Winkel gestreute α-Teilchen beobachtet werden. Einige α-Teilchen wurden sogar direkt zurück gestreut.

Durch Rechnungen folgerte RUTHERFORD, dass die gesamte positive Ladung und nahezu die gesamte Masse eines Atoms in einem winzigen **Atomkern** konzentriert ist. Die Elektronen des Atoms umgeben den Atomkern in einem viel größeren Raumbereich und bilden die **Atomhülle**.

Die positive Ladung und fast die gesamte Masse eines Atoms sind in seinem winzigen Atomkern konzentriert. Negativ geladene Elektronen bilden die Atomhülle.

Aufbau des Atomkerns – Die Ladung des Atomkerns ist nicht homogen verteilt. Auch diese Erkenntnis geht auf Ernest RUTHERFORD zurück. Er entdeckte 1919, dass im Atomkern des Stickstoffs Atomkerne des Wasserstoffs vorhanden sind und entwickelte daraus die Idee, dass alle Atomkerne aus Wasserstoffkernen aufgebaut sind. Er gab dem Wasserstoffkern den Namen **Proton**.

Da jedes Atom nach außen hin neutral ist, muss die Protonenanzahl mit der Anzahl der Elektronen übereinstimmen. Um auch die schon bekannten Massen der Atome zu erklären, nahm RUTHERFORD an, dass im Atomkern weitere, neutrale Teilchen vorhanden sind: die **Neutronen**. Neutronen haben etwa die gleiche Masse wie Protonen, aber keine Ladung. Sie wurden 1932 von James CHADWICK, einem Mitarbeiter RUTHERFORDS, nachgewiesen. Protonen und Neutronen heißen auch **Nukleonen.** Der Atomkern wird als **Nuklid** bezeichnet.

Kernkraft – Kerne bestehen aus positiv geladenen Protonen und ungeladenen Neutronen. Doch eigentlich dürften sie wegen der abstoßenden elektrischen Kraft zwischen den Protonen nicht zusammenhalten. Es muss eine weitere Kraft existieren, die

- eine sehr geringe Reichweite hat, gerade bis zum nächsten Nukleon;
- deutlich stärker ist als die abstoßende elektrische Kraft;
- auch zwischen Neutronen untereinander und zwischen Neutronen und Protonen wirkt.

Diese Kraft zwischen den Nukleonen wird als Kernkraft bezeichnet.

Die Ladungen von Protonen und Elektronen sind entgegengesetzt und gleich groß.

Atomkerne bestehen aus Protonen und Neutronen. Die Protonenzahl des Kerns entspricht der Elektronenzahl des Atoms. Neutronen und Protonen werden durch die Kernkraft zusammengehalten.

lateinisch nucleus: Kern

MATERIAL MIT AUFGABEN

A Streuversuch an Goldfolie

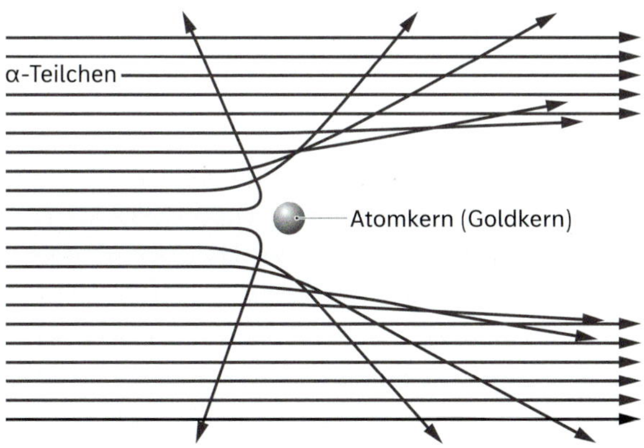

1 Beschreibe und erkläre das Versuchsergebnis RUTHERFORDS anhand der Grafik. ●●○

2 In der Grafik fehlt die Flugbahn eines α-Teilchens, das direkt am Atomkern zurückgestreut wird. Fertige eine entsprechende Zeichnung an und erläutere sie. ●●○

3 Begründe, warum die Goldfolie in RUTHERFORDS Streuversuch sehr dünn sein muss. ●○○

4 Von RUTHERFORD stammt der Ausspruch: „Es war bestimmt das unglaublichste Erlebnis, das mir je in meinem Leben widerfuhr. Es war fast so unglaublich, als wenn einer eine 15-Zoll-Granate auf ein Stück Seidenpapier abgefeuert hätte und diese zurückgekommen wäre und ihn getroffen hätte."
Erläutere diese Aussage im Zusammenhang mit den Beobachtungen des Streuversuchs. ●●○

5 In Bild 2 auf der linken Seite ist die Streuung von α-Teilchen schematisch dargestellt, aber nicht maßstabsgetreu. Angenommen, der Durchmesser eines Goldkerns wird 2 mm groß gezeichnet. Gib an, wie groß der Durchmesser des Atoms dann in Metern sein müsste. ●●○
Beurteile damit die Darstellung in Bild 2. ●●●

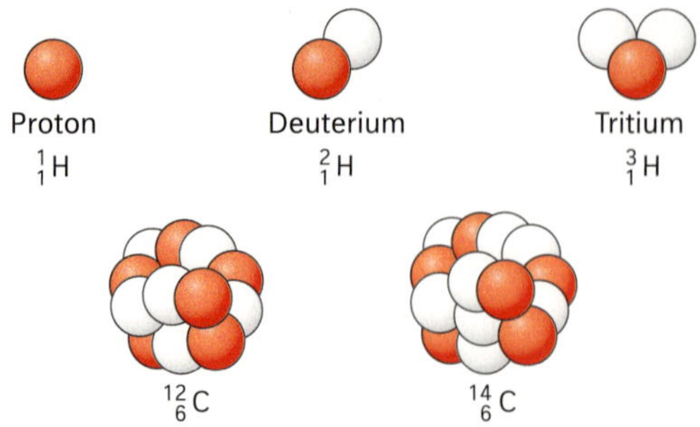

3 Isotope von Wasserstoff bzw. Kohlenstoff

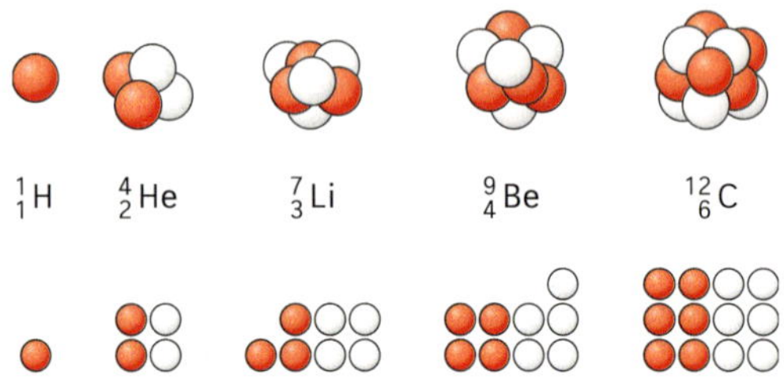

4 Beispiele für Nuklide

Isotope – Atomkerne bestehen aus Protonen und Neutronen. Die Anzahl der Protonen bestimmt die Ordnungszahl und damit das chemische Element. Die Anzahl der Neutronen kann bei Kernen des gleichen chemischen Elements unterschiedlich sein. Beispielsweise haben Kohlenstoffkerne am häufigsten sechs Protonen und sechs Neutronen. Es gibt aber auch Kohlenstoffkerne mit sechs Protonen und acht Neutronen. Atomarten, deren Atomkerne gleich viele Protonen, aber unterschiedlich viele Neutronen besitzen, heißen Isotope. Isotope gibt es bei allen chemischen Elementen. Man kann sie mithilfe von Massenspektrometern identifizieren. Isotope unterscheiden sich nicht in ihren chemischen Eigenschaften, aber in ihren physikalischen Eigenschaften.

Schreibweisen – Mithilfe der Kernladungszahl *Z* und der Massenzahl *A* können Isotope eines Elements eindeutig beschrieben werden:

- Die **Kernladungszahl *Z*** gibt die Anzahl der Protonen im Kern an. Sie entspricht der Ordnungszahl im Periodensystem und der Anzahl der Elektronen in der Hülle des neutralen Atoms.
- Die **Massenzahl *A*** ist die Summe aus der Protonen- und der Neutronenzahl.

Die Massenzahl *A* wird oben links, die Kernladungszahl *Z* unten links neben das Elementsymbol geschrieben.

$^{238}_{92}U$ beschreibt ein Uran-Isotop. Der Kern dieses Isotops besitzt 92 Protonen und 146 Neutronen, zusammen also 238 Nukleonen. Häufig wird auch die folgende Kurzschreibweise benutzt: U 238.

Die Neutronenzahl wird mit *N* abgekürzt. Diese Zahl ist durch *Z* und *A* eindeutig bestimmt.

> Isotope sind Atome gleicher Kernladungszahl *Z*, die sich aber in ihrer Massenzahl *A* unterscheiden.

MATERIAL MIT AUFGABEN

B Isotope

Isotop	Element	*Z*	*A*	*N*
$^{238}_{92}U$	Uran	92	238	146
$^{3}_{1}H$				
	Sauerstoff		16	
		26	56	
	Blei			124

1 Vervollständige die Tabelle mithilfe des Periodensystems.

2 Erläutere am Beispiel Co 60, dass auch die Kurzschreibweise ein Isotop eindeutig kennzeichnet.

3 Im Periodensystem der Elemente steht als Atommasse eines Elements der durchschnittliche Wert der Atommassen aller natürlich vorkommenden Isotope des Elements. Chlor hat zwei natürlich vorkommende Isotope mit den Massenzahlen 35 (75,5 %) und 37 (24,5 %). Ermittle damit die durchschnittliche Atommasse von Chlor. (Anmerkung: Die Masse eines Nukleons entspricht näherungsweise der atomaren Masseneinheit.)

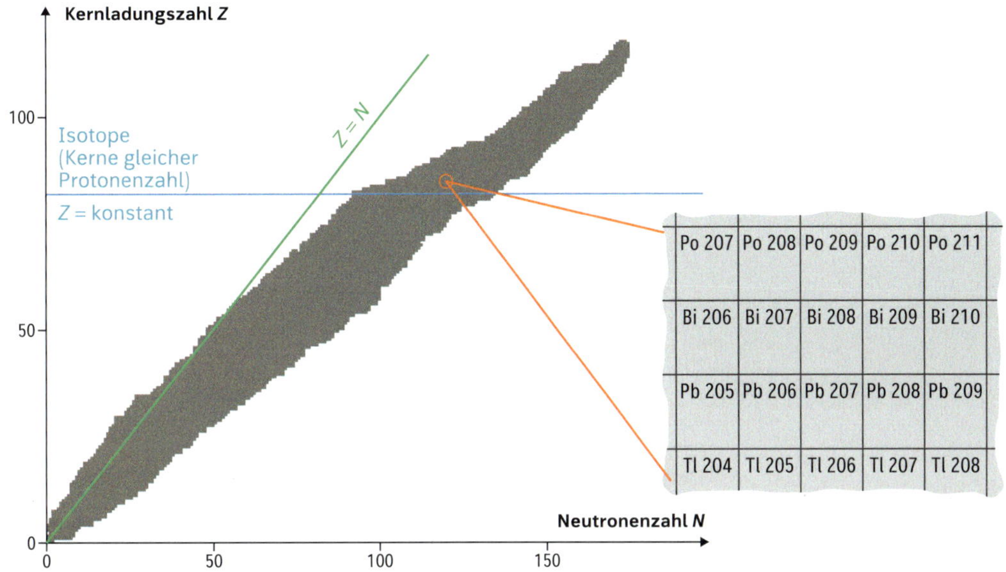

5 Nuklidkarte

Nuklidkarte – In der Chemie gibt es als Ordnungsschema das Periodensystem der Elemente. Die Nuklidkarte ist die Entsprechung in der Kernphysik. Sie ist aufgebaut wie ein Koordinatensystem, bei dem entlang der Rechtsachse die Neutronenzahl *N* und auf der Hochachse die Kernladungszahl *Z* aufgetragen sind. Alle Kerne in einer Zeile gehören zum gleichen Element, da sie die gleiche Protonenzahl haben. Werden alle Kerne in die Karte eingetragen, so fällt auf, dass sie sich nicht entlang der Linie $Z = N$ gruppieren, sondern mit schwerer werdenden Kernen deutlich darunter. Bei schwereren Kernen überwiegt also die Anzahl der Neutronen deutlich. Der vergrößerte Ausschnitt zeigt verschiedene Isotope der Elemente Polonium, Blei, Bismut und Thallium.

STREIFZUG

Quarks und der Aufbau der Materie

Zu Beginn des 20. Jahrhunderts glaubten die Physiker, dass es nur einige wenige Teilchen gibt, die nicht aus anderen Teilchen zusammengesetzt sind. Sie wurden **Elementarteilchen** genannt. Schon bald zeigte sich, dass sich auch Protonen und Neutronen aus noch kleineren Bestandteilen zusammensetzen. Demnach besteht ein Proton aus drei **Quarks** – zwei up-Quarks und einem down-Quark. Das Neutron dagegen ist aus einem up-Quark und zwei down-Quarks zusammengesetzt. Nach dem aktuellen Forschungsstand gibt es sechs verschiedene Quarks.

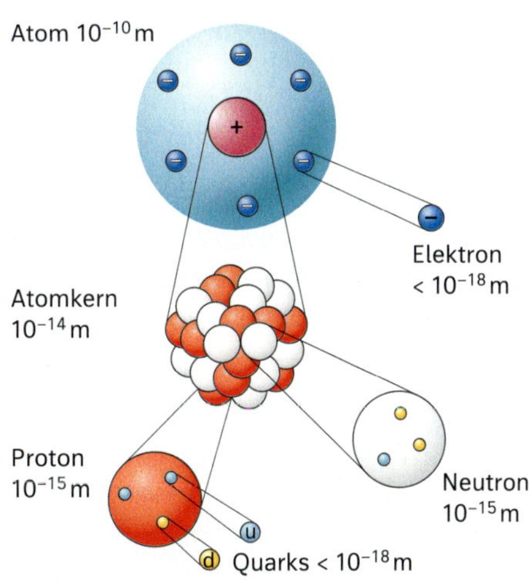

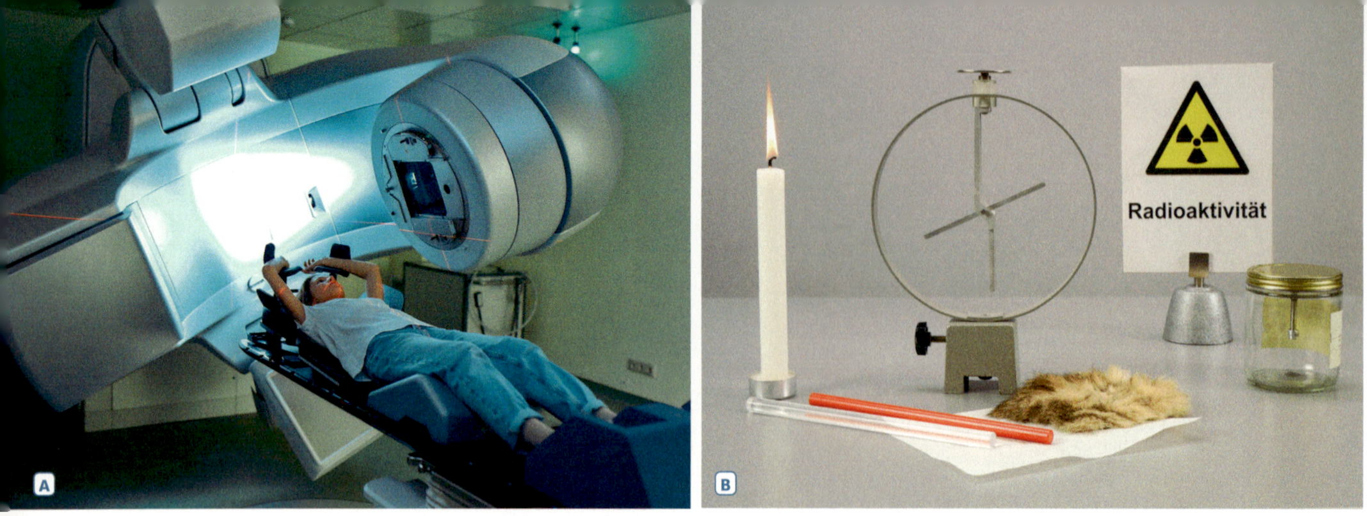

1 A Strahlentherapie; B Ionisation von Luft durch Kerzenflamme

1.2 Ionisierende Strahlung

Strahlentherapie ist ein gängiges Verfahren zur Bekämpfung von Tumoren. Je nach Art der Erkrankung werden verschiedene Strahlungsarten eingesetzt. Welche Strahlungsarten gibt es, und wie lassen sie sich unterscheiden?

lateinisch
radiare: strahlen
activus: tätig

Versuch – Ein Elektroskop wird negativ aufgeladen. Wird anschließend die Flamme einer Kerze in die Nähe des Plättchens des Elektroskops gebracht, entlädt sich das Elektroskop rasch. Anschließend wird das Elektroskop positiv aufgeladen. Auch jetzt entlädt sich das Elektroskop sehr schnell, wenn die Kerzenflamme in die Nähe des Plättchens gebracht wird.

Ionisation – Da das Elektroskop sowohl bei positiver als auch bei negativer Aufladung entladen wurde, müssen durch die Kerzenflamme sowohl frei bewegliche positive als auch negative Ladungen entstehen. In der heißen Kerzenflamme bewegen sich die Atome der Luft und der Verbrennungsgase mit sehr hoher Geschwindigkeit. Dabei treffen sie auf andere Atome und schlagen aus ihnen Elektronen heraus. Das bedeutet, dass Atome ionisiert werden. Ist das Elektroskop positiv aufgeladen, werden die negativen Elektronen von der Platte des Elektroskops angezogen. Bei negativer Aufladung werden die positiven Ionen angezogen. Dadurch wird das Elektroskop in beiden Fällen entladen.

Der Begriff Atom wird hier auch stellvertretend für Molekül benutzt.

Radioaktivität – Wird dem Plättchen des Elektroskops das stark radioaktive Americium-241-Präparat genähert, wird das Elektroskop ebenfalls entladen. Die ionisierende Wirkung der Strahlung zeigt auch der Versuch in Bild 2. Ein dünner Metalldraht ist in wenigen Millimetern Abstand parallel zu einer Metallplatte gespannt. Zwischen Draht und Platte liegt eine Hochspannung von etwa 5 kV. Wird dem Draht von oben das Am 241- oder ein Radium-226-Präparat genähert, so sind bei geringem Abstand unregelmäßig Funken zwischen Draht und Platte zu beobachten. Die Funken sind ein Indiz für einen Ladungsfluss zwischen Draht und Platte.

> Die Strahlung radioaktiver Substanzen ionisiert Luft. Das bedeutet, dass aus Atomen Elektronen herausgeschlagen werden.

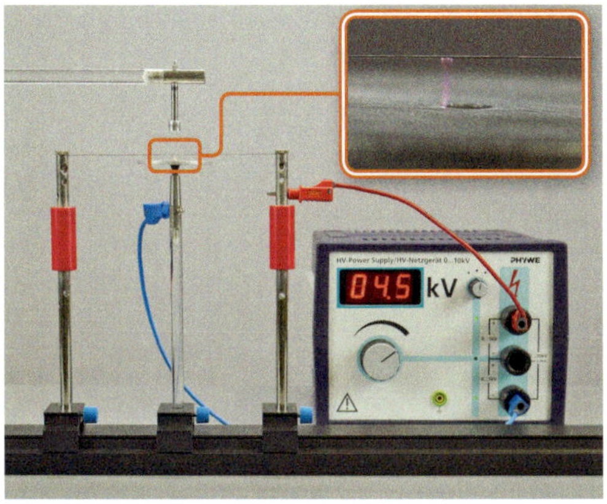

2 Ionisation von Luft durch ein radioaktives Präparat

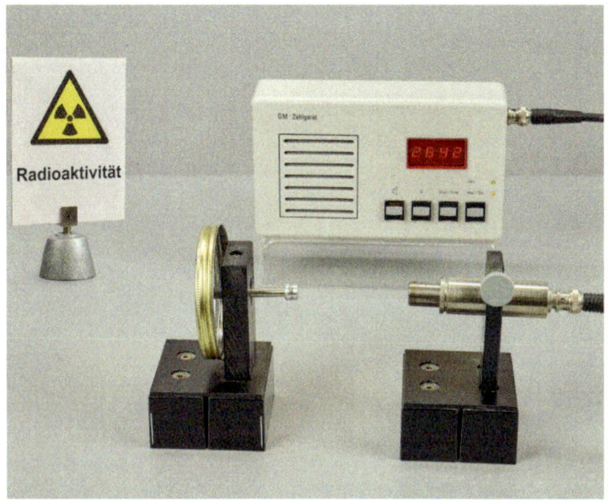

3 Nachweis der Strahlung mit einem Zählrohr

Nachweis der Strahlung – Die Verbrennungsgefahr durch eine heiße Flamme ist uns Menschen bewusst. Außerdem spüren wir die Wärmewirkung bereits in ausreichender Entfernung. Ob das Präparat in den vorhergehenden Versuchen wirklich radioaktive Substanzen enthält, können wir aber selbst nicht wahrnehmen. Wir sind dazu auf Nachweisgeräte angewiesen.
Die ionisierende Wirkung der Strahlung ist das Grundprinzip vieler Nachweisgeräte. Ein wichtiges Nachweisgerät ist das **Zählrohr**.

Wird in Bild 2 ein Stück Papier zwischen Präparat und Draht geschoben, so sind keine Funken mehr zu beobachten. Dies gilt auch für einen größeren Abstand zwischen Präparat und Draht. Misst man die Strahlung des Präparats jedoch mit einem Zählrohr, so registriert es auch dann noch viel Strahlung, wenn der Abstand zum Präparat groß ist oder Papier eingefügt wird. Das Präparat emittiert neben der nur kurzreichweitigen und durch Papier absorbierbaren **α-Strahlung** noch mindestens eine weitere Strahlungsart.

Diese α-Strahlung besteht aus den von RUTHERFORD verwendeten α-Teilchen.

MATERIAL MIT AUFGABEN

A Ladungen unterscheiden – Ionisation

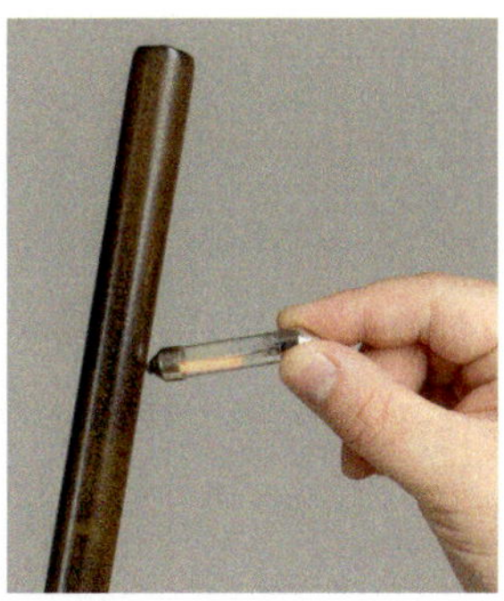

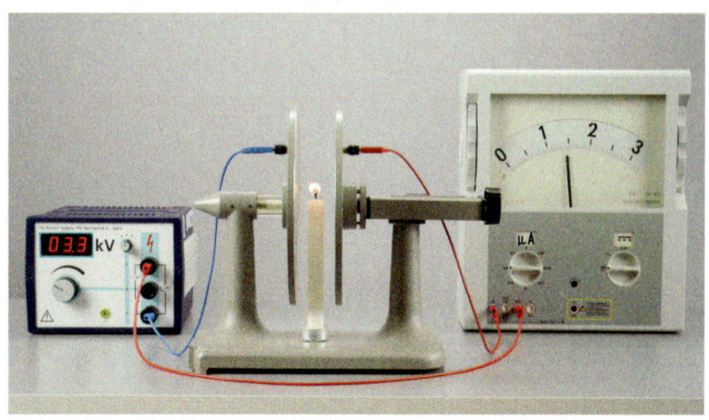

1 Erkläre, weshalb man Ladungen nicht mit einem Elektroskop, aber mit einer Glimmlampe unterscheiden kann. ●○○

2 Ein positiv geladenes Elektroskop wird durch eine Flamme entladen. Erkläre die dabei ablaufenden Vorgänge im Detail. ●●○

3 Ohne Kerzenflamme zeigt das empfindliche Stromstärkemessgerät oben 0 A an, mit Flamme einen konstanten Wert. Erkläre. ●○○

4 Funken sind ein Indiz für kurzzeitigen Stromfluss. Stelle eine Hypothese auf, weshalb im Versuch in Bild 2 nicht kontinuierlich Strom fließt. ●●●

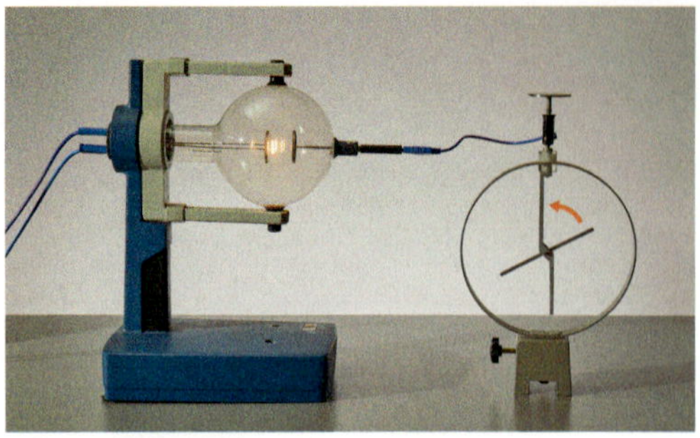

4 Glühelektrischer Effekt

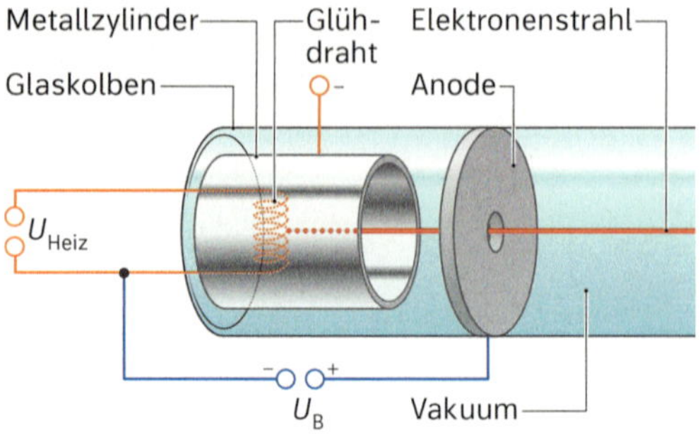

5 Emission und Beschleunigung von Elektronen

Historie – Die Entdeckung der Radioaktivität 1896 durch Henri BECQUEREL (1852–1908) und ihre intensive Erforschung durch Marie (1867–1934) und Pierre CURIE (1859–1906) sowie Ernest RUTHERFORD ist eng verbunden mit der Erforschung von Elektronenstrahlen und der Entdeckung der Röntgenstrahlung.

Erzeugung freier Elektronen – In einem luftleer gepumpten Glaskolben befindet sich ein Metalldraht. Die dem Draht gegenüber liegende Metallplatte ist mit dem Plättchen eines Elektroskops verbunden. Das Elektroskop wird positiv geladen. Dann wird der Draht mit einer elektrischen Quelle verbunden und glüht. Mit dem Glühen des Drahtes geht die Anzeige des Elektroskops zurück. Wenn das Elektroskop stattdessen negativ aufgeladen wird, bleibt der Zeigerausschlag bei glühendem Draht erhalten.

Die Energie der Elektronen im glühenden Draht ist so groß, dass einige Elektronen das Metall verlassen können. Sie werden von der positiv geladenen Platte angezogen und entladen so die Platte und das Elektroskop. Bei negativer Aufladung des Elektroskops und der Platte werden die Elektronen von dieser abgestoßen. Folglich bleibt auch die Aufladung des Elektroskops erhalten.
Dieser **glühelektrische Effekt** wird in Elektronenstrahlröhren genutzt. Dort werden die freien Elektronen zum Strahl gebündelt und beschleunigt.

Aus stromdurchflossenen, glühenden Metalldrähten treten Elektronen aus. Dies wird in Elektronenstrahlröhren zur Erzeugung freier, energiereicher Elektronen genutzt.

MATERIAL MIT AUFGABEN

B Elektronenstrahlröhre

A Dabei werden sie durch den .... geladenen Metallzylinder gebündelt.
B Schließlich treten die Elektronen durch die ....
C Die Spannung U_B .... die Elektronen zur .... geladenen Anode.
D Durch die Spannung U_{Heiz} wird der .... so heiß, dass ....

1 Betrachte Bild 5. Beschreibe die Vorgänge in einer Elektronenstrahlröhre, indem du die Sätze A bis D in die richtige Reihenfolge bringst und sinnvoll vervollständigst.

2 Recherchiere, inwiefern die Elektronenstrahlröhre wesentlich für die Erfindung des ersten Fernsehgerätes war.

Ablenkung in Feldern In einer Elektronenstrahlröhre trifft der Elektronenstrahl meist auf einen Leuchtschirm und erzeugt dort einen Leuchtfleck. Durch ein Gas im Inneren der Röhre kann die gesamte Bahn der Elektronen sichtbar gemacht werden.

Der Elektronenstrahl kann zum einen im elektrischen Feld zweier entgegengesetzt geladener Metallplatten abgelenkt werden. Die Ablenkung erfolgt dabei in Richtung der positiv geladenen Platte.

Die Ablenkung der Elektronen kann zum anderen auch durch ein Magnetfeld, zum Beispiel das eines Stabmagneten, erfolgen. Die Richtung der Ablenkung der Elektronen im Magnetfeld ergibt sich stets durch die nebenstehende **Linke-Hand-Regel.**

Weitere Experimente zeigen, dass auch bewegte positive Ladungen, etwa Protonen, im Magnetfeld abgelenkt werden. Für die Ermittlung der Ablenkungsrichtung benutzt man dann die rechte Hand. Die Kraft, die auf eine bewegte Ladung im Magnetfeld wirkt, heißt **Lorentzkraft.**

> Bewegte Ladungen werden in Magnetfeldern abgelenkt. Die ablenkende Kraft heißt Lorentzkraft.

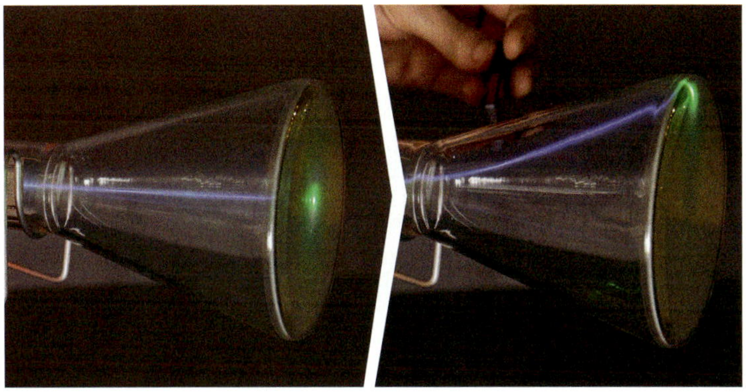

6 Ablenkung von Elektronen im Magnetfeld

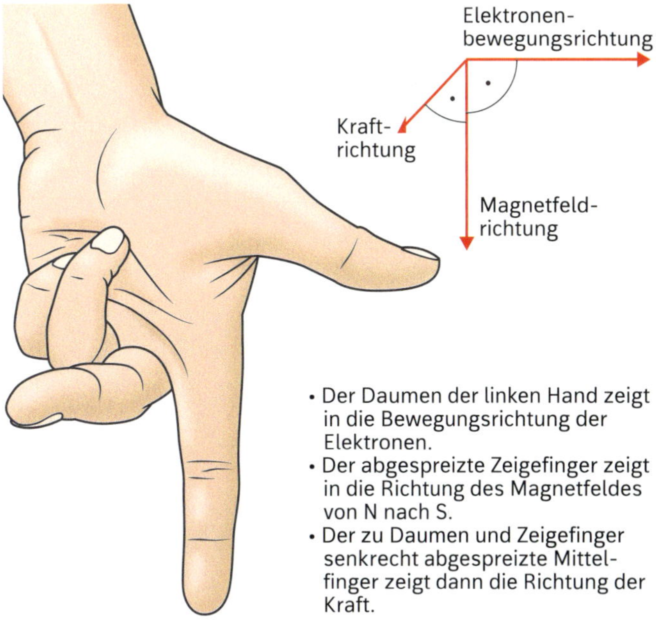

- Der Daumen der linken Hand zeigt in die Bewegungsrichtung der Elektronen.
- Der abgespreizte Zeigefinger zeigt in die Richtung des Magnetfeldes von N nach S.
- Der zu Daumen und Zeigefinger senkrecht abgespreizte Mittelfinger zeigt dann die Richtung der Kraft.

7 Linke-Hand-Regel

MATERIAL MIT AUFGABEN

C Bewegte Ladungen im Magnetfeld

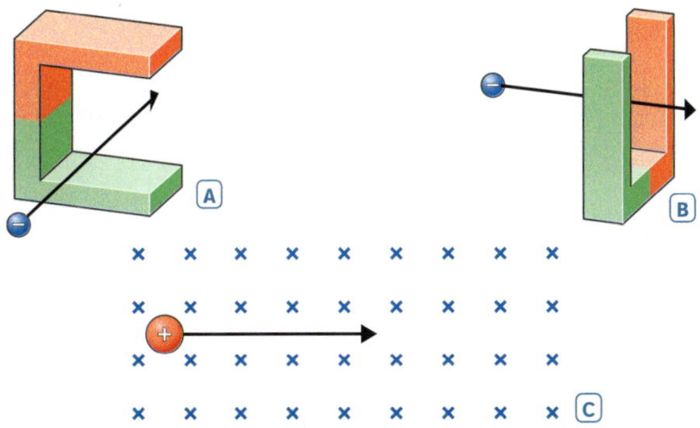

1 Ermittle mithilfe der Linke-Hand-Regel die Richtung der Lorentzkraft auf das Elektron in den Bildern A und B. Zeichne auch die entsprechenden Pfeile wie in Bild 7. ●●○

2 Erläutere, wie in Bild 6 der Stabmagnet gehalten werden muss, damit die Ablenkung wie zu sehen nach oben erfolgt. Zeichne auch die Pfeile. ●●○

3 Die Kreuze in Bild C kennzeichnen ein Magnetfeld, das in die Papierebene hinein zeigt. Erläutere, wie sich das Proton in diesem Feld bewegt. ●●○

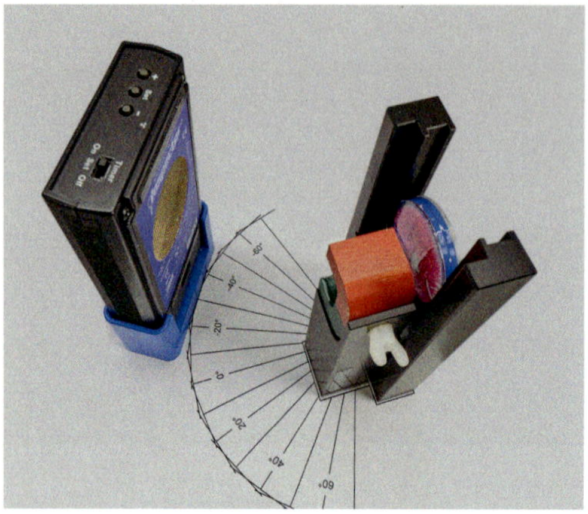

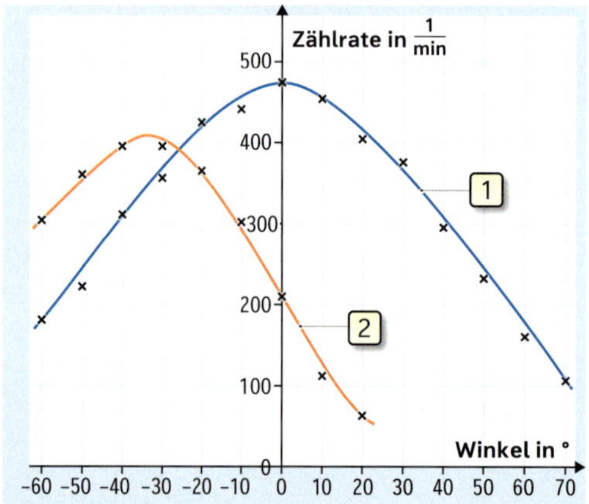

8 A Versuch zur Ablenkung radioaktiver Strahlung; B Messergebnisse mit und ohne Magnet

Bei künstlich hergestellten Isotopen treten noch weitere Zerfallsarten auf.

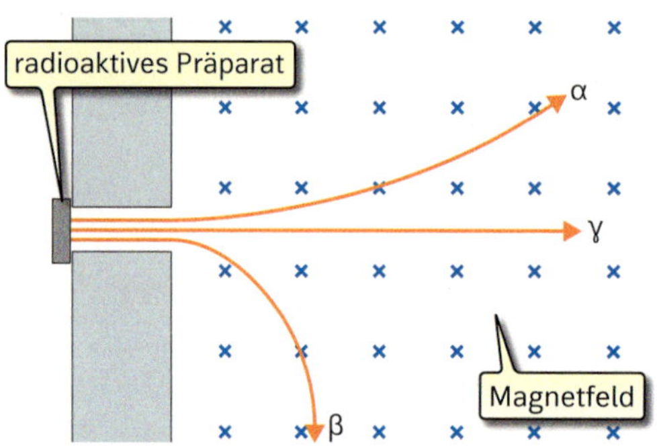

9 Ablenkung ionisierender Strahlung im Magnetfeld

x bedeutet: Das Magnetfeld zeigt in die Zeichenebene hinein

Strahlung im Magnetfeld – Schon 1899 wurde nachgewiesen, dass sich radioaktive Strahlung in starken Magnetfeldern ablenken lässt. Als Nachweisgeräte dienten Fotoplatten.

Im Versuch wird die Strahlung eines Präparates mit einem Zählrohr gemessen. Zur Ablenkung dient ein Hufeisenmagnet. Für die Messung ohne Magnet zeigt Graph 1, dass die Strahlung in einem großen Winkelbereich vom Präparat ausgeht. Nach Einbringen des Magneten verlagert sich das Maximum des Graphen deutlich nach links. Graph 2 zeigt deshalb, dass die registrierte Strahlung gemäß der Linke-Hand-Regel abgelenkt wird. Die Strahlung enthält somit negativ geladene Teilchen. Diese Strahlung wird **β-Strahlung** genannt. Weitere Forschungen zeigten, dass β-Strahlung aus sehr schnellen Elektronen besteht.

α-Strahlung wird im Magnetfeld in die andere Richtung abgelenkt. Es handelt sich also um positive Teilchen. RUTHERFORD konnte nachweisen, dass es sich um Heliumkerne handelt. Schließlich gibt es noch eine dritte Strahlungsart, die **γ-Strahlung** genannt wird. Es ist eine reine Energiestrahlung wie Licht und UV-Licht. Sie lässt sich durch Magnetfelder nicht ablenken.

α-Strahlung besteht aus Heliumkernen, β-Strahlung aus sehr schnellen Elektronen, γ-Strahlung ist eine reine Energiestrahlung. α- und β-Teilchen lassen sich im Magnetfeld ablenken, γ-Strahlung nicht.

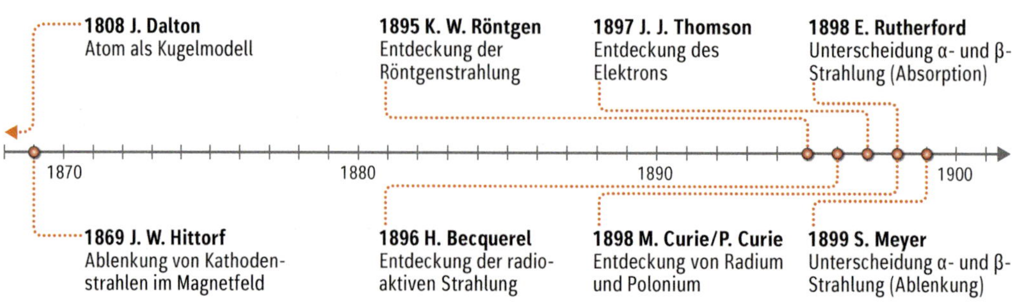

10 Zeitliche Darstellung wichtiger Entdeckungen und experimenteller Nachweise

Röntgenstrahlung – Nahezu zeitgleich mit der Radioaktivität durch BECQUEREL wurde 1895 von Wilhelm Conrad RÖNTGEN (1845–1923) die Röntgenstrahlung entdeckt. Eine Röntgenröhre besteht aus einem luftleer gepumpten Glaskolben mit einer geheizten Kathode und einer Anode. Die aus der Kathode austretenden Elektronen werden mit einer sehr hohen Spannung von mehr als 10 kV beschleunigt und treffen mit sehr großer Geschwindigkeit auf die Anode. Diese besteht aus massivem Metall.
Die Bewegungsenergie der Elektronen wird beim Aufprall auf die Anode zum Teil in Röntgenstrahlung gewandelt. Der Rest führt zu einer starken Erwärmung der Anode, die deshalb gekühlt werden muss.

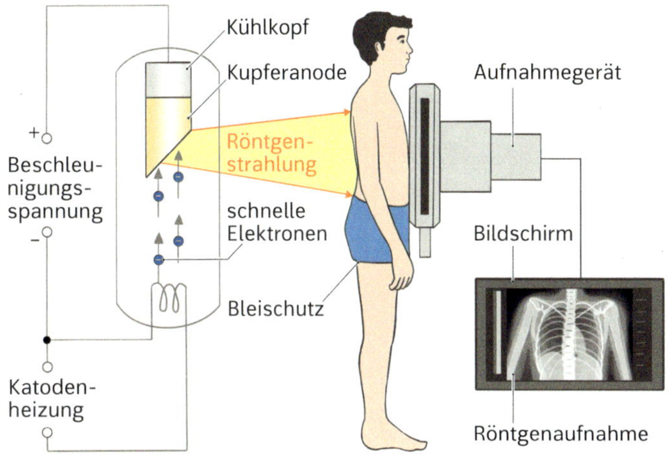

11 Aufbau einer Röntgenröhre

Röntgenstrahlung kann vom Menschen nicht wahrgenommen werden. Sie schwärzt aber Fotopapier oder Filme und lässt einen geeignet beschichteten Schirm leuchten. Sie kann auch mit einem Zählrohr nachgewiesen werden. Röntgenstrahlung besitzt wie radioaktive Strahlung ionisierende Wirkung. Als reine Energiestrahlung lässt sie sich in Magnetfeldern nicht ablenken. Mit dem Abschalten der Beschleunigungsspannung ist auch die Röntgenstrahlung verschwunden.

> Röntgenstrahlung ist Strahlung, die von stark beschleunigten Elektronen beim Auftreffen auf eine Anode erzeugt wird. Röntgenstrahlung ist wie γ-Strahlung eine reine Energiestrahlung und besitzt ionisierende Wirkung.

MATERIAL MIT AUFGABEN

D Röntgenstrahlung

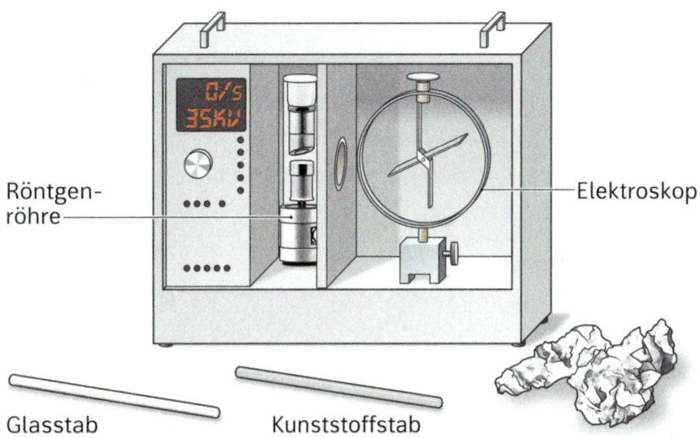

1 Beschreibe einen Versuch, mit dem mithilfe der abgebildeten Schulröntgenröhre nachgewiesen werden kann, dass Röntgenstrahlung Luft ionisiert. ●●○

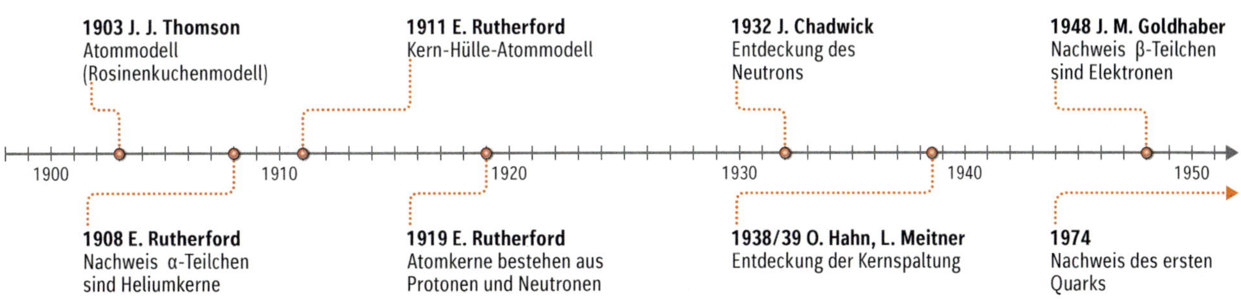

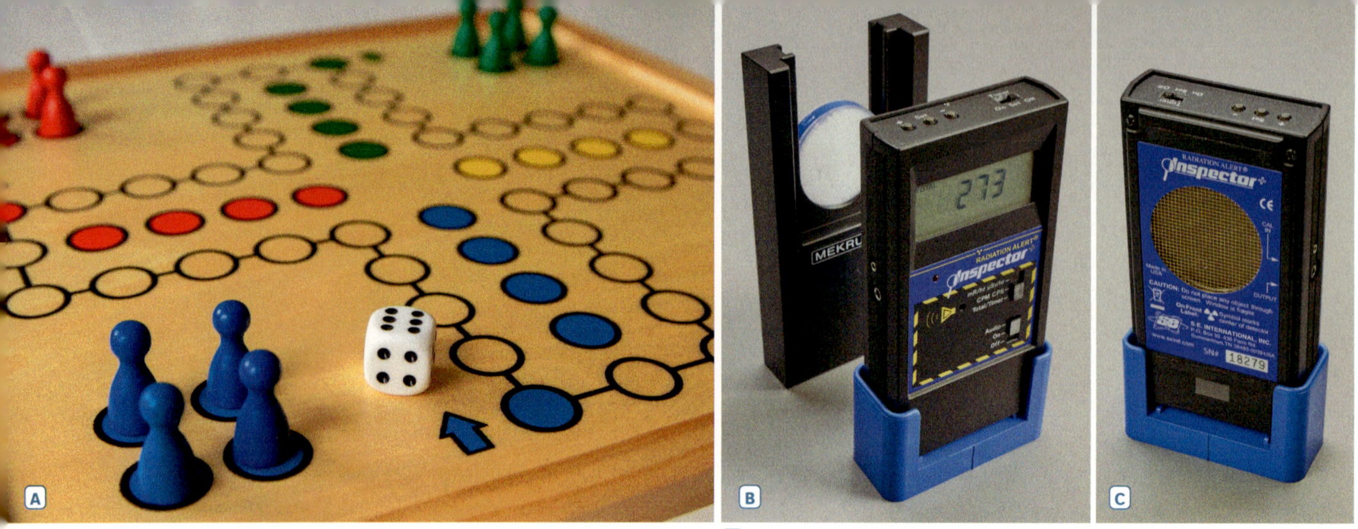

1 A Das Warten auf eine Sechs beim Würfeln; B Messungen mit einem Strahlungsmessgerät; C Rückseite des Strahlungsmessgeräts

1.3 Radioaktiver Zerfall

Das Würfeln der erforderlichen Sechs zum Raussetzen bleibt dem Zufall überlassen. Der nächste Wurf ist nicht vorhersagbar. Das Knacken eines Zählrohres ist ähnlich unregelmäßig. Was passiert in einem Zählrohr? Wie entstehen α-, β- und γ-Strahlung?

Versuch – Das benutzte Strahlungsmessgerät enthält das Zählrohr inklusive elektrischer Beschaltung und Anzeige für die registrierten Impulse. Das kreisförmige Eintrittsfenster des Zählrohrs befindet sich auf der Geräterückseite.
Zunächst wird mehrfach nacheinander für jeweils zwei Minuten die Anzahl der Impulse gemessen, ohne dass ein radioaktives Präparat im Raum ist. Dann wird vor das Zählrohr eine Dose mit Kaliumchlorid positioniert und die Impulszahl wieder mehrfach für jeweils zwei Minuten gemessen. Zugleich wird stets auf die akustische Anzeige geachtet.

Unregelmäßigkeit als Prinzip – Die erste Messreihe zeigt, dass das Strahlungsmessgerät auch ohne radioaktives Präparat eine deutlich von Null verschiedene Impulszahl anzeigt. Das Piepen des Lautsprechers erfolgt dabei sehr unregelmäßig. Hier wird die natürlich vorhandene ionisierende Strahlung aus der Umwelt gemessen. Dieser **Nulleffekt** ist ständig vorhanden.
Vom Kaliumchlorid geht eine deutlich erhöhte Radioaktivität aus. Die Impulszahl schwankt erheblich, genauso wie die Anzahl der Sechsen beim Würfeln. Der nächste Messwert ist, egal ob mit oder ohne radioaktive Substanz, grundsätzlich nicht vorhersagbar.

Strahlung wird unregelmäßig ausgesendet. Auch ohne radioaktives Material registriert ein Zählrohr Impulse. Dies wird als Nulleffekt bezeichnet.

Messung Nr	1	2	3	4
Impulse in 2 min	57	49	74	66

2 Messreihe ohne radioaktive Substanz

Messung Nr	1	2	3	4
Impulse in 2 min	282	264	273	252

3 Messreihe mit Kaliumchlorid (KCl)

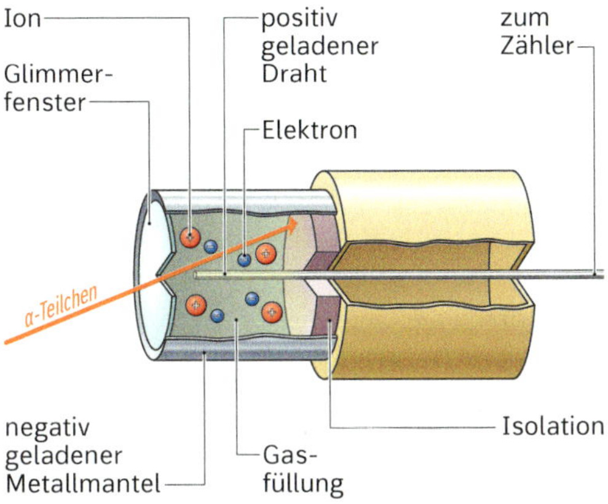

4 Aufbau eines Zählrohrs

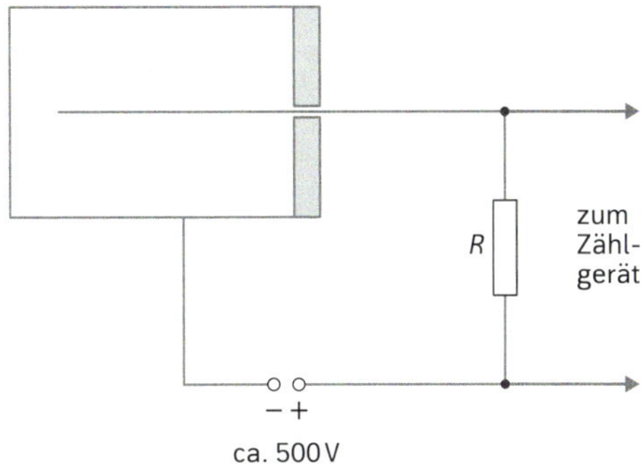

5 Vereinfachter Schaltplan zum Zählrohr

Zählrohr Das Zählrohr besteht aus einem Metallzylinder mit einem Draht im Inneren, der vom Metallmantel elektrisch isoliert ist. Zwischen Draht und Metallmantel liegt eine Spannung von einigen 100 V. Das Zählrohr ist mit einem Edelgas geringen Drucks gefüllt und wird auf der einen Seite durch ein dünnes Glimmerfenster abgeschlossen.
Das sehr empfindliche Zählrohr im Messgerät im Versuch links hat die Form einer flachen Dose mit großem Eintrittsfenster.

Gelangt zum Beispiel ein α-Teilchen durch das Glimmerfenster in das Zählrohr, ionisiert es Gasatome. Die freigesetzten Elektronen werden zum positiv geladenen Draht hin beschleunigt, die positiven Ionen zum negativ geladenen Metallmantel. Durch die hohe Spannung ist die Beschleunigung der Elektronen so stark, dass durch Stöße lawinenartig weitere Gasatome ionisiert werden. Es kommt zur **Stoßionisation.** Der nun fließende Strom I durch den Hochohmwiderstand R verursacht eine hohe Teilspannung $U_R = R \cdot I$ am Widerstand. Dadurch wird die Spannung zwischen Draht und Metallmantel so stark reduziert, dass im Zählrohr keine Stoßionisation mehr möglich ist. Das Gas leitet nicht mehr und ein neu einfallendes Teilchen kann registriert werden. Die kurzen Stromstöße, die durch den Widerstand fließen, werden verstärkt. Sie erzeugen in einem Lautsprecher ein Geräusch und werden von einer Elektronik gezählt.

Zählraten Jeder Stromstoß ist ein Impuls, der gezählt wird. Die Anzahl der Impulse, die in einer bestimmten Zeiteinheit mit einem Zählrohr gemessen wird, ist die **Zählrate Z.** Die Zählrate wird in der Einheit $\frac{1}{s}$ angegeben, häufig auch in der Einheit $\frac{1}{min}$.
Die auf den Nulleffekt zurückzuführende Zählrate heißt **Nullrate Z_0.** Die um die Nullrate reduzierte Zählrate, die **bereinigte Zählrate,** ist ein Maß für die Intensität der Strahlung einer radioaktiven Substanz.

Glimmer ist ein Mineral, das sich in hauchdünne Schichten spalten lässt.

Häufig wird die bereinigte Zählrate kurz als Zählrate bezeichnet.

MATERIAL MIT AUFGABEN

A Zählraten

Strahler	Radium-stift	Uran-glas	Dose mit KCl	alte Fliese
Messzeit	10 s	2 min	4 min	60 s
Impulse	1 797	4 112	518	371
Z in $\frac{1}{min}$				
Z–Z_0 in $\frac{1}{min}$				

Ohne Strahler wurden in 15 Minuten 510 Impulse gemessen.

1 Begründe die lange Messdauer von 15 Minuten für den Nulleffekt. Berechne die Nullrate Z_0 in der Einheit $\frac{1}{min}$. ●○○

2 Übertrage die Tabelle ins Heft und vervollständige sie. Erläutere, welche Informationen den Zahlen der letzten Zeile zu entnehmen sind. ●●○

3 Alle Messungen werden einen Tag später wiederholt. Gib an und begründe, welche Ergebnisse du erwartest. ●○○

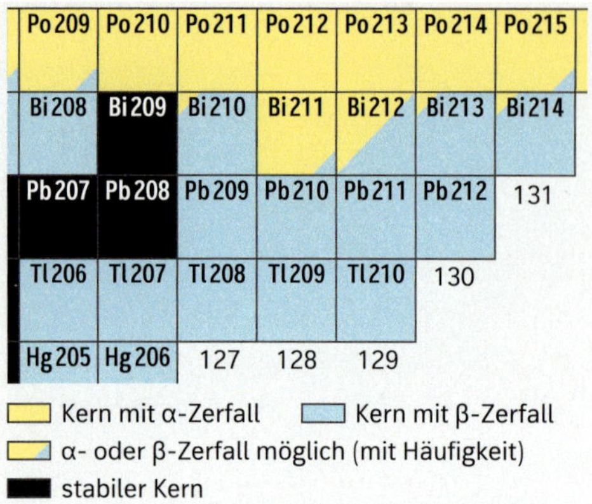

6 Kennzeichnung der Zerfälle in der Nuklidkarte

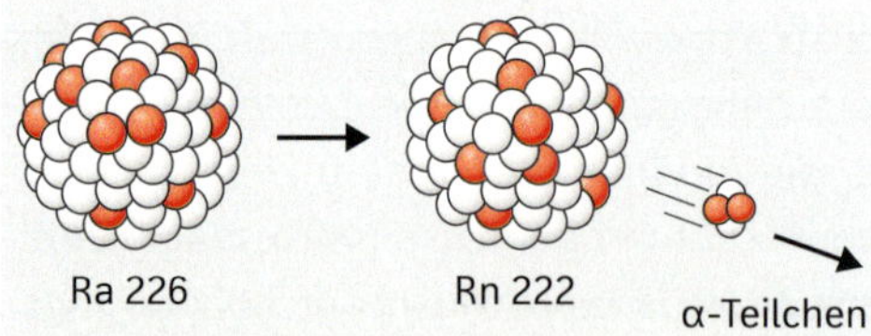

Zerfallsgleichung: $^{226}_{88}\text{Ra} \rightarrow {}^{222}_{86}\text{Rn} + {}^{4}_{2}\text{He}$

kurz: $^{226}_{88}\text{Ra} \underset{\alpha}{\rightarrow} {}^{222}_{86}\text{Rn}$

allgemein: $^{A}_{Z}\text{X} \rightarrow {}^{A-4}_{Z-2}\text{Y} + {}^{4}_{2}\text{He}$

7 α-Zerfall

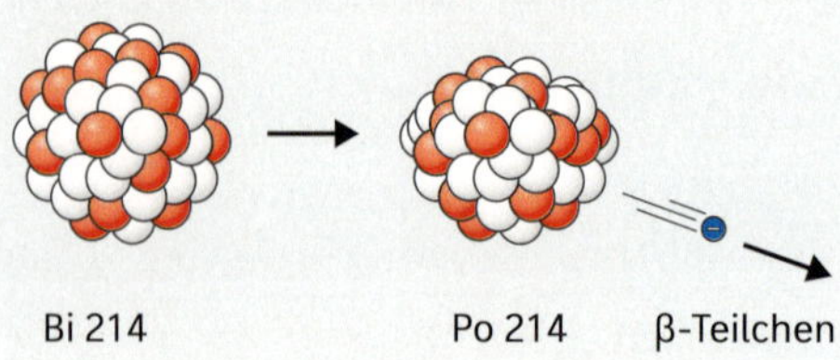

Zerfallsgleichung: $^{214}_{83}\text{Bi} \rightarrow {}^{214}_{84}\text{Po} + {}^{0}_{-1}\text{e}$

kurz: $^{214}_{83}\text{Bi} \underset{\beta}{\rightarrow} {}^{214}_{84}\text{Po}$

allgemein: $^{A}_{Z}\text{X} \rightarrow {}^{A}_{Z+1}\text{Y} + {}^{0}_{-1}\text{e}$

Zerfall eines Neutrons

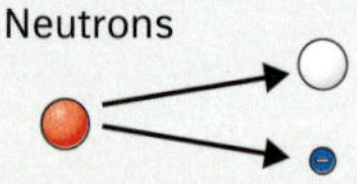

Zerfallsgleichung: $^{1}_{0}n \rightarrow {}^{1}_{1}p + {}^{0}_{-1}e$

8 β-Zerfall

$^{0}_{-1}e$ ist die Schreibweise für ein Elektron

Kernzerfälle – Schon bald nach der Entdeckung der Radioaktivität fanden Marie und Pierre Curie im Uranerz bis dahin unbekannte Elemente, die viel stärker strahlten als das Uran selbst. Noch bevor der Atomkern bekannt war, wurde die Idee entwickelt, dass die Strahlung radioaktiver Substanzen einhergeht mit der Umwandlung von Elementen. Heute weiß man, dass insbesondere sehr schwere Atomkerne instabil sind und auf unterschiedliche Weisen zerfallen können. Die verschiedenen Zerfälle sind in der Nuklidkarte farbig gekennzeichnet.

α-Zerfall – α-Teilchen sind Heliumkerne, die aus 2 Protonen und 2 Neutronen bestehen. Durch das Aussenden eines He-Kerns ist die Massenzahl A des Restkerns um 4 und die Kernladungszahl Z um 2 geringer als die des Ausgangskerns. Damit gehört der Restkern zu einem anderen chemischen Element. Im Beispiel zerfällt ein Radiumkern in einen Radonkern.

β-Zerfall – β-Teilchen sind Elektronen, die mit sehr großer Geschwindigkeit den Atomkern verlassen. Beim β-Zerfall zerfällt ein Neutron des Kerns in ein Proton und ein Elektron. Das Elektron wird aus dem Kern herausgeschleudert. Zurück bleibt ein Kern mit gleicher Massenzahl A, aber einer um 1 größeren Kernladungszahl Z, da sich die Anzahl der Protonen um 1 erhöht hat. Im Beispiel wandelt sich ein Bismutkern in einen Poloniumkern.

γ-Strahlung – Bei einem α- oder β-Zerfall kann es vorkommen, dass nach Aussendung des Heliumkerns oder Elektrons der Restkern noch überschüssige Energie besitzt. Diese gibt der Kern nach sehr kurzer Zeit ab. Damit ist γ-Strahlung eine reine Energiestrahlung wie Licht und keine Teilchenstrahlung wie α- und β-Strahlung. Die Anzahl der Protonen und die Anzahl der Neutronen bleibt gleich und damit auch das chemische Element.

B Zerfallsarten

Gleichung	vollständige Gleichung	Zerfallsart	chemische Elemente
${}^{240}_{?}Pu \rightarrow {}^{236}_{92}U + ?$			
${}^{214}_{84}? \rightarrow {}^{?}_{?}? + {}^{4}_{2}He$			
${}^{234}_{?}Th \rightarrow {}^{?}_{?}? + ?$		β-Zerfall	
${}^{40}_{19}K \rightarrow {}^{?}_{?}Ca + ?$			

1 Nenne Gemeinsamkeiten und Unterschiede von α- und β-Zerfällen. ●○○

2 In der Tabelle sind mögliche radioaktive Zerfälle unvollständig dargestellt.
Notiere mithilfe eines Periodensystems die vollständigen Zerfallsgleichungen.
Nenne die Zerfallsarten und die beteiligten chemischen Elemente. ●●○

3 Neben dem α- und β-Zerfall gibt es – künstlich erzeugt – noch eine weitere Zerfallsart wie bei ${}^{22}_{11}Na \rightarrow {}^{22}_{10}Ne + \square$. Beschreibe den dargestellten Zerfall und gib eine begründete Vermutung bezüglich des dabei emittierten Teilchens an. ●●●

4 Ein Kernzerfall erfolgt zufällig. Sein Zeitpunkt kann nicht vorhergesagt werden. Erläutere, was das für die Emission der Strahlung bedeutet. ●●○

C Zerfallsreihen und Nuklidkarte

$${}^{238}_{92}U \xrightarrow[\alpha]{} {}^{234}_{90}Th \xrightarrow[\alpha]{} {}^{230}_{88}Ra \xrightarrow[\beta]{} {}^{230}_{89}Ac \rightarrow \ldots \quad \ldots \rightarrow {}^{222}_{86}Rn \rightarrow \ldots \quad \ldots \rightarrow {}^{206}_{82}Pb$$

Uran-238 kommt überall im Gestein in der Erdkruste vor. Es zerfällt in mehreren Schritten zunächst in das radioaktive Radon-Isotop Rn 222 und schließlich in das stabile Blei-Isotop Pb 206.

1 Vervollständige die Zerfallsreihe in der angegebenen Weise mithilfe der Nuklidkarte im hinteren Buchdeckel. Hinweis: Betrachte jeweils nur die Hauptzerfallsart. ●○○

2 Rn 222 ist gasförmig. Erläutere seinen Einfluss auf den Nulleffekt. ●●○

3 Recherchiere, wo es in Deutschland besonders große Uranvorkommen gab oder gibt. ●○○

4 Wird U 238 mit einem Neutron beschossen, so wird das Neutron in den Kern eingebaut und es entsteht das Isotop U 239. Zeige, dass schließlich ein Isotop des Elements Plutonium entsteht. ●●○

5 U 238 und Th 232 sind in der Nuklidkarte halb schwarz, halb gelb eingezeichnet. Erläutere, welchen Sinn diese Markierung hat.
Notiere die Zerfallsreihe von Th 232. ●○○

6 Betrachte die Nuklidkarte im Bereich leichter Kerne (H bis Na). Erläutere, welche gemeinsame Eigenschaft diejenigen Kerne haben, die β- (genauer β^--) Strahler sind. ●●●

1 A Pfifferlinge wachsen im Waldboden; B Simulation des Kernzerfalls mit vielen Würfeln

1.4 Halbwertszeit – Zerfallsgesetz

Auch Jahrzehnte nach dem Reaktorunglück in Tschernobyl sind Waldpilze immer noch radioaktiv belastet – insbesondere dort, wo die radioaktiven Wolken abregneten, wie in Bayern. Welche Gesetzmäßigkeiten gelten beim radioaktiven Zerfall? Gibt es Unterschiede bei den Elementen?

Versuch – Radioaktiver Zerfall ist ein zufälliger Prozess. Der Zeitpunkt des Zerfalls eines Kerns lässt sich nicht vorhersagen. Mit Würfeln soll der Zerfall simuliert werden.
Die Würfel stellen Atomkerne dar. Das Auftreten einer Sechs wird interpretiert als Zerfall des Kerns. 50 Würfel werden geworfen. Die Würfel, die eine Sechs zeigen, werden gezählt und entfernt. Mit dem Rest wird weiter gewürfelt. Wieder werden die Sechsen gezählt und entfernt. Das Verfahren wird fortgeführt, bis fast alle „Kerne" zerfallen sind.

Zerfallsrate – Da von Wurf zu Wurf Würfel entfernt werden, zeigen immer weniger Würfel eine Sechs. Es zerfallen also immer weniger Kerne. Die Zerfallsrate sinkt mit zunehmender Zeit beziehungsweise mit zunehmender Wurfzahl. Die Ursache dafür ist, dass die Wahrscheinlichkeit für den Wurf einer Sechs in jedem Schritt für jeden Würfel gleich bleibt. Sie beträgt immer $\frac{1}{6}$.
Wird der Versuch mit Münzen durchgeführt, wobei „Kopf" den Kernzerfall darstellt, ergibt sich ein ähnlicher Verlauf, wobei allerdings schneller der Zustand erreicht wird, dass alle Kerne zerfallen sind. Das ist auch nicht verwunderlich, da die Wahrscheinlichkeit für einen Zerfall $\frac{1}{2}$ beträgt, also größer ist.

Beim Kernzerfall sinkt die Zerfallsrate mit zunehmender Zeit.

Wurfnummer	0	1	2	3	4	5	6	7	8	9	10	11	12	13	14	15	16	17
Würfel mit 6	0	8	8	5	3	1	2	4	3	2	1	2	2	0	3	1	0	0
restliche Würfel	50	42	34	29	26	25	23	19	16	14	13	11	9	9	6	5	4	4

2 Simulationsversuch zum Kernzerfall mit Würfeln

Halbwertszeit – In der grafischen Darstellung der Messwerte des Würfelversuchs wurde per Hand eine Ausgleichskurve gezeichnet, die die Streuung der Messwerte aufgrund des zufälligen Prozesses mittelt. Es wird deutlich, dass sich nach immer gleichen Wurfzahlen die Zahl der noch vorhandenen Würfel halbiert.

Übertragen auf Atomkerne heißt das: Nach immer gleichen Zeiten ist die Hälfte der ursprünglich vorhandenen Kerne zerfallen. Diese Zeit heißt **Halbwertszeit t_H.**

Ein Versuch mit einer Flüssigkeit, die radioaktives Barium enthält, bestätigt diese Aussage. Zu jedem Impuls, den das Zählrohr registriert, gehört ein Kernzerfall. Die gemessene Zählrate ist deshalb ein Maß für die Zerfallsrate der radioaktiven Kerne in der Flüssigkeit. Dem Diagramm ist zu entnehmen, dass sich immer nach etwa 2,7 min die Zählrate halbiert. Die Halbwertszeit des Barium-Isotops beträgt damit $t_H \approx 2{,}7$ min.

Die Halbwertszeit t_H eines radioaktiven Isotops gibt an, nach welcher Zeit jeweils die Hälfte der zuvor vorhandenen Kerne zerfallen bzw. die Zählrate halbiert ist. Die Halbwertszeit ist unabhängig von der Anzahl der Kerne und bleibt für ein Isotop immer gleich.

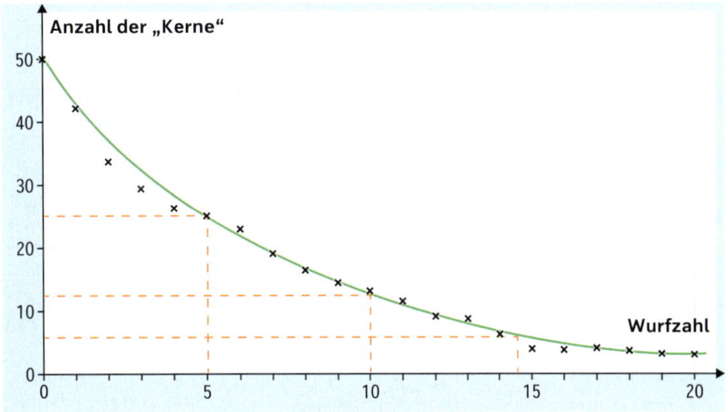

3 Grafische Darstellung der Messwerte des Würfelversuchs

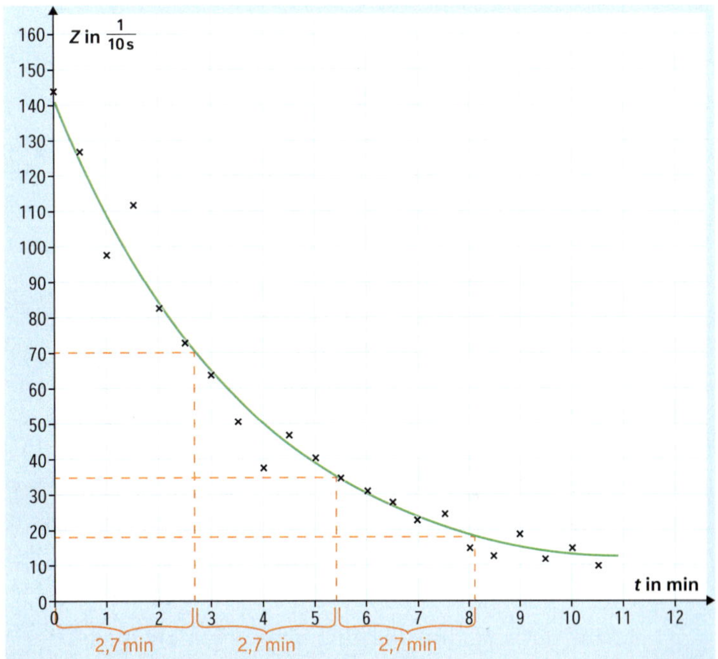

4 Radioaktiver Zerfall einer Flüssigkeit mit Barium

MATERIAL MIT AUFGABEN

A Halbwertszeit

Isotop	Cs 137	Sr 90	Kr 85	J 131
Halbwertszeit	30 a	29 a	11 a	8 d

Durch das Reaktorunglück von Tschernobyl wurden 1986 unter anderem die aufgeführten Kernarten mit Wind und Wolken über Europa verteilt.

1 Erstelle für Cs 137 eine Tabelle, aus der hervorgeht, wie viele von ursprünglich 400 000 Kernen nach 1, 2, 3, 4 und 5 Halbwertszeiten noch vorhanden sind. ●○○

2 Beurteile den möglichen Einfluss der vier Kernarten auf die radioaktive Belastung von Pilzen in Bayern. ●●○

Zeit t in Tagen	Halbwertszeiten $\frac{t}{t_H}$	Zahl N noch nicht zerfallener Kerne	Bruchteil von ursprünglicher Anzahl
0	0	1 000 000	$1 = \left(\frac{1}{2}\right)^0$
8	1	500 000	$\frac{1}{2} = \left(\frac{1}{2}\right)^1$
16	2	250 000	$\frac{1}{4} = \left(\frac{1}{2}\right)^2$
24	3	125 000	$\frac{1}{8} = \left(\frac{1}{2}\right)^3$
32	4	62 500	$\frac{1}{16} = \left(\frac{1}{2}\right)^4$

5 Zerfall von Jod-131, Halbwertzeit 8 Tage

Ein Ra 226-Präparat, t_H = 1600 a, wurde vor 30 Jahren mit einer Aktivität von 5 kBq gekauft. Berechne, um wie viel Prozent die Aktivität seit dem Kauf abgenommen hat.

Lösung:

$$A(t) = A_0 \cdot \left(\frac{1}{2}\right)^{\frac{t}{t_H}} = 5000\ \text{Bq} \cdot \left(\frac{1}{2}\right)^{\frac{30\,a}{1600\,a}} = 5000\ \text{Bq} \cdot 0{,}987$$

$$\approx 4935\ \text{Bq} \approx 4{,}9\ \text{kBq}$$

$$1 - 0{,}987 = 0{,}013 = 1{,}3\ \%$$

Die Aktivität des Präparates hat seit dem Kauf lediglich um 1,3 % abgenommen.

6 Beispiel

MATERIAL MIT AUFGABEN

B Natürliche Radioaktivität bei Lebensmitteln

1 g Kalium hat aufgrund des natürlich vorkommenden Anteils des radioaktiven Isotops K 40 eine Aktivität von 31,6 Bq. Mit einem Zählrohr werden verschiedene Lebensmittel untersucht, die besonders viel Kalium enthalten. Ohne Lebensmittel wurden in 10 Minuten 351 Impulse registriert.

	Kaliumgehalt je 100 g	Impulse in 10 min für 20 g-Probe
Getrocknete Aprikosen	1,37 g	403
Schokolade (85% Kakao)	0,95 g	389
Mandeln	0,73 g	366

1 Bestimme anhand der Messwerte unter Berücksichtigung des Nulleffekts die bereinigte Zählrate (in $\frac{1}{s}$) der drei untersuchten Lebensmittel. ••○

2 Vergleiche die Ergebnisse aus 1 mit den zu erwartenden Aktivitäten. Erkläre die deutlichen Abweichungen. •••

Zerfallsgesetz – Die Tabelle zeigt den Zerfall von ursprünglich 1 000 000 Jod-131 Kernen. Dadurch, dass die Kerne zufällig zerfallen, sind die Angaben für die Zahl nicht zerfallener Kerne keine genauen Zahlen, aber gute Schätzwerte. Anhand der Tabelle lässt sich folgern, dass für die Zahl $N(t)$ der zum Zeitpunkt t noch nicht zerfallenen Kerne gilt:

$$N(t) = 1\,000\,000 \cdot \left(\frac{1}{2}\right)^{\frac{t}{t_H}}$$

beziehungsweise

$$N(t) = N_0 \cdot \left(\frac{1}{2}\right)^{\frac{t}{t_H}},$$

wobei t_H die Halbwertszeit angibt und N_0 die Anzahl der ursprünglich vorhandenen Kerne.

Beim radioaktiven Zerfall sind von ursprünglich N_0 vorhandenen Kernen nach der Zeit t etwa $N(t) = N_0 \cdot \left(\frac{1}{2}\right)^{\frac{t}{t_H}}$ noch nicht zerfallen, wobei t_H die Halbwertszeit angibt.

Aktivität – Die mit einem Zählrohr bestimmte Zählrate Z ist stets kleiner als die tatsächliche Anzahl der in einem Präparat zerfallenden Kerne. Das liegt unter anderem daran, dass die Strahlung in alle Richtungen ausgesandt wird, das Zählrohr aber nur in einer Richtung misst.

Die Zahl der tatsächlich pro Sekunde zerfallenden Kerne in einem Präparat wird **Aktivität A** oder Zerfallsrate genannt. Ihre Einheit ist 1 Becquerel (1 Bq).

Je weniger Kerne vorhanden sind, desto geringer ist auch die Anzahl der Zerfälle. Die Aktivität ändert sich deshalb genauso wie die Zahl der Kerne. Es gilt:

$$A(t) = A_0 \cdot \left(\frac{1}{2}\right)^{\frac{t}{t_H}},$$

wobei A_0 die Anfangsaktivität ist.

Die Aktivität A einer radioaktiven Substanz ist die Anzahl der Zerfälle pro Sekunde. Die Einheit ist $1\,\frac{1}{s} = 1$ Bq.

Altersbestimmung organischer Substanzen mithilfe der C 14-Methode

Aufgrund der kosmischen Strahlung entsteht in der Atmosphäre ständig das radioaktive Isotop Kohlenstoff-14, kurz C 14, welches mit einer Halbwertszeit von 5730 Jahren wieder zerfällt. Dieser Vorgang ist seit vielen Jahrtausenden gleichbleibend. Dadurch hat sich ein stabiles Mengenverhältnis von $10^{12} : 1$ zwischen C 12- und C 14-Atomen eingestellt. C 14 verbindet sich genauso wie C 12 mit Sauerstoff zu CO_2, welches von den Pflanzen aufgenommen wird. Über die Nahrungskette gelangt C 14 in alle Organismen. Für alle lebenden organischen Substanzen gilt, dass 1 g Kohlenstoff so viel C 14 enthält, dass eine Zählrate von $14 \frac{1}{\text{min}}$ gemessen wird.
Nach dem Absterben einer organischen Substanz findet kein Luftaustausch mit der Umgebung mehr statt. Deshalb nimmt der C 14-Gehalt der toten Substanz nach den Gesetzen des radioaktiven Zerfalls ab. Das bedeutet, dass 5730 Jahre nach dem Absterben nur noch eine Zählrate von $7 \frac{1}{\text{min}}$ gemessen wird. Wird bei einem Knochen zum Beispiel die Zählrate $8{,}0 \frac{1}{\text{min}}$ für 1 g Kohlenstoff festgestellt, so ergibt sich aus dem Diagramm: Das Lebewesen, zu dem der Knochen gehört hat, ist vor etwa 4500 Jahren gestorben.
Die C 14-Methode ist allerdings nur geeignet für Datierungen, die maximal 60 000 Jahre zurückreichen.

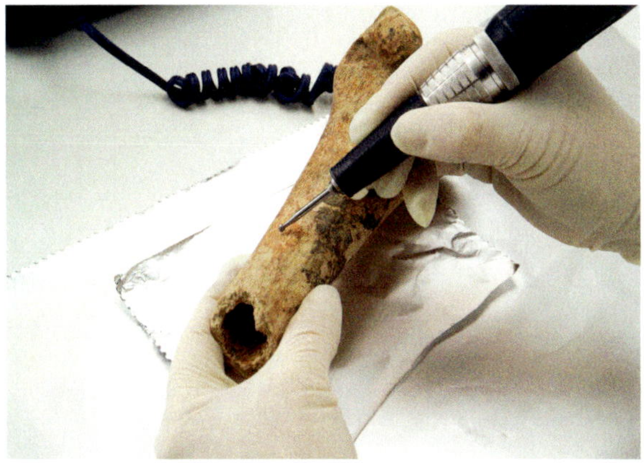

Entnahme einer Materialprobe aus einem Knochen

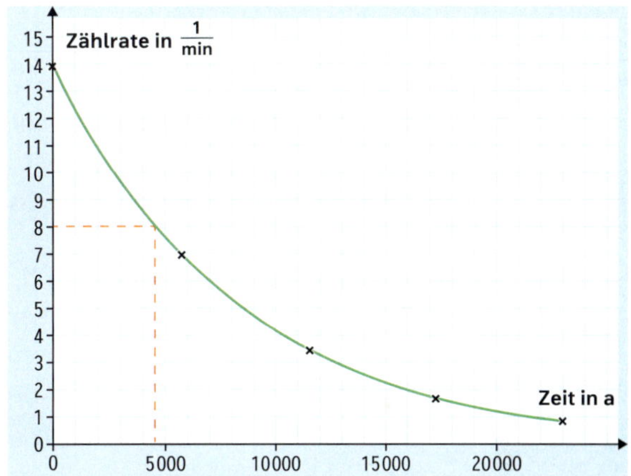

AUFGABEN

1 Das Alter der Höhlenmalereien in Altamira in Spanien wurde mit der C 14-Methode auf 10 000 Jahre bestimmt. Bestimme sowohl mithilfe des Graphen oben als auch durch Rechnen, wie groß die gemessene Zählrate pro 1 g Kohlenstoff war.

2 In einer Höhle wurden Bärenknochen gefunden, deren C 14-Gehalt im Vergleich zu lebendem Gewebe noch 12,5 % betrug. Ermittle, wann der Bär gelebt hat.

3 Für die Materialprobe eines Bibeltextes wurde eine Zählrate vom $11{,}1 \frac{1}{\text{min}}$ pro 1 g gemessen. Erkläre, wie mithilfe eines CAS ermittelt werden kann, wann der Bibeltext geschrieben wurde.

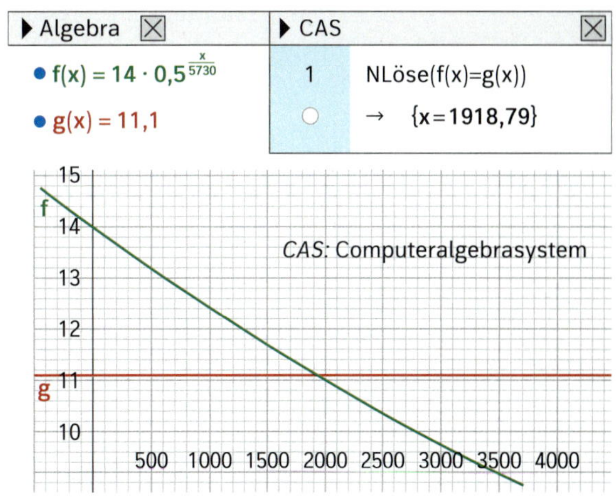

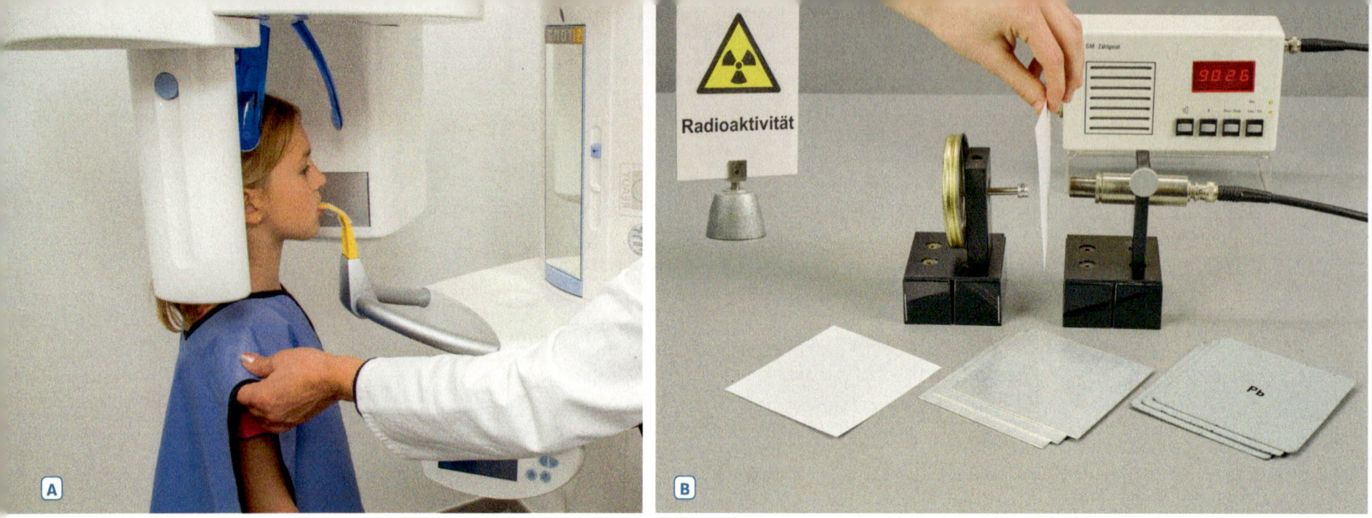

1 **A** Verwendung einer Bleischürze beim Röntgen; **B** Versuch zur Absorption von Strahlung

2.1 Absorption und Reichweite

Beim Röntgen werden empfindliche Körperteile durch Bleischürzen abgedeckt, um sie vor der Röntgenstrahlung zu schützen. Warum wird Blei benutzt?

Versuch — Ein Ra 226-Strahlerstift befindet sich knapp 3 cm vor einem Zählrohr. Wenn sich nur Luft zwischen Strahler und Zählrohr befindet, registriert das Zählrohr etwa 19 000 Impulse in 10 s. In einem ersten Teilversuch werden nacheinander immer mehr Blätter Papier zwischen Strahlerstift und Zählrohr geschoben, anschließend mehrere 1 mm dicke Platten aus Aluminium beziehungsweise Blei.

Absorption — Die Zählrate nimmt beim ersten Blatt Papier erheblich ab. Die durch das Papier hindurchgehende Strahlung wird aber durch weitere Papierlagen viel weniger geschwächt. Aluminiumplatten schwächen die Strahlung wesentlich stärker als Papier, aber ab 4 mm Dicke bedeutet eine Vergrößerung der Schichtdicke praktisch keine weitere Schwächung der Strahlung.

Bereits durch eine 1 mm dicke Bleiplatte wird eine zu 4 mm Aluminium vergleichbare Absorption der Strahlung bewirkt. Noch dickere Bleischichten lassen die Zählrate weiter sinken.

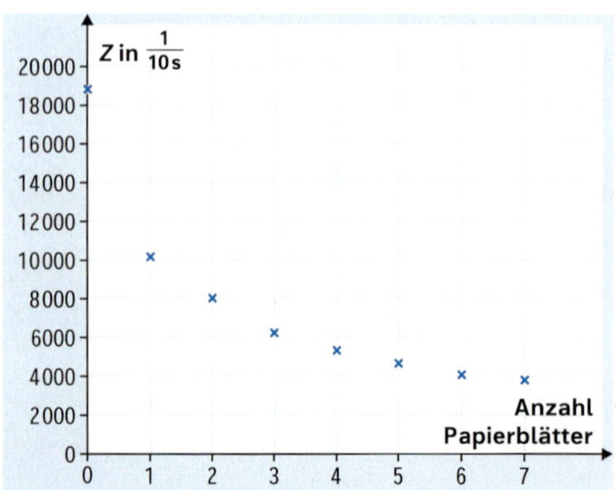

2 Absorption durch Papier

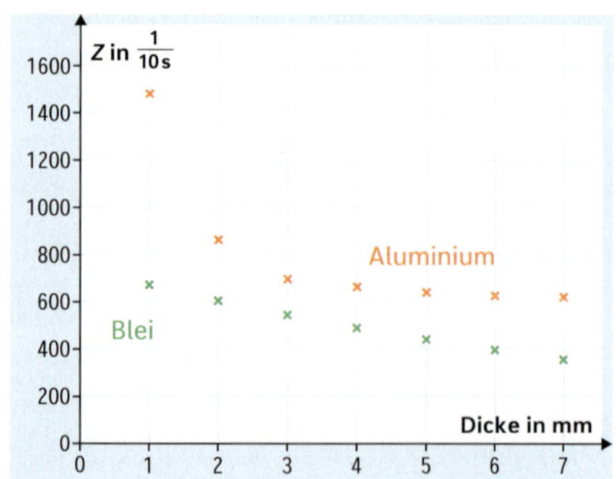

3 Absorption durch Aluminium bzw. Blei

Strahlungsart und Absorption – Der Ra 226-Strahlerstift emittiert α-, β- und γ-Strahlung. Das unterschiedliche Absorptionsverhalten im Versuch ist auf die unterschiedlichen Strahlungsarten zurückzuführen. Die emittierte α-Strahlung wird wie beim Funkenversuch in Kapitel 1.2 durch das erste Blatt Papier vollständig absorbiert. Die β-Strahlung wird von etwa 4 mm Aluminium vollständig absorbiert. Die verbleibende Strahlung, die von Papier und Aluminium nur unwesentlich geschwächt wurde, ist γ-Strahlung. Sie kann nur durch sehr dicke Bleischichten nahezu völlig absorbiert werden.
Röntgenstrahlung wird ebenfalls nur durch Blei merklich geschwächt. Deshalb werden bei Röntgenaufnahmen empfindliche Körperteile durch Bleischürzen abgedeckt.

Strahlungsart und Reichweite – Wird der Abstand zwischen Strahlerstift und Zählrohr deutlich vergrößert, hat ein Blatt Papier kaum einen Einfluss auf die Zählrate. Die α-Strahlung wurde durch die Luft bereits vollständig absorbiert. α-Strahlung hat in Luft nur eine Reichweite von wenigen Zentimetern. Bei β-Strahlung liegt die Reichweite in Luft unter einem Meter. γ-Strahlung ist auch im Abstand mehrerer Meter noch nachweisbar.

Die Stärke der Absorption ionisierender Strahlung hängt sowohl von der Strahlungsart als auch von der Dicke des absorbierenden Materials ab.

Strahlungsart	α	β	γ, Röntgen
besteht aus	Heliumkerne	schnelle Elektronen	nur Energie
Reichweite in Luft	einige cm	einige dm	unendlich
Absorption durch	Blatt Papier	4 mm Aluplatte	dicke Bleischicht

4 Eigenschaften ionisierender Strahlung

MATERIAL MIT AUFGABEN

A Absorption von γ-Strahlung

Ein Ra 226-Strahlerstift wird mit einer 4 mm dicken Aluminiumplatte abgeschirmt. Die bereinigte Zählrate Z wird in die Tabelle eingetragen. Anschließend werden zusätzlich bei konstantem Zählrohrabstand Bleiplatten von 5 mm Dicke zwischen Aluminiumplatte und Zählrohr gebracht und die Zählraten jeweils erneut gemessen.

Bleidicke d in mm	0	5	10	15	20	25
Zählrate Z in $\frac{1}{5\,\text{min}}$	446	335	250	189	141	106

1 Erkläre, weshalb mit diesem Versuch nur die Absorption von γ-Strahlung durch Blei untersucht wird. ●○○

2 Zeichne das zugehörige d-Z-Diagramm. Erläutere anhand des Diagramms in Analogie zur Halbwertszeit: „Die ‚Halbwertsdicke' von Blei beträgt 12 mm". ●●●

3 Beschreibe Aufbau, Durchführung und Auswertung eines Versuchs, der zeigt, dass α-Strahlung schon durch eine dünne Plastikschicht vollständig absorbiert wird. ●●○

B Einfluss des Abstands bei β- und γ-Strahlung

Abstand x in cm	**bereinigte Zählrate Z in $\frac{1}{\text{min}}$**	
	Kr 85 (nur β)	**Ra 226 (nur γ)**
fast null	9892	8538
5	218	1322
10	82	439
15	11	137
50	–	22
100	–	5

1 Vergleiche die Zählraten beider Messreihen in Bezug auf Anfangswert und Abnahme der Zählrate. Deute die Ergebnisse. ●●○

2 Zeige anhand der Messwerte, dass bei der γ-Strahlung der Abstand x und die Zählrate Z nicht antiproportional sind. ●●●

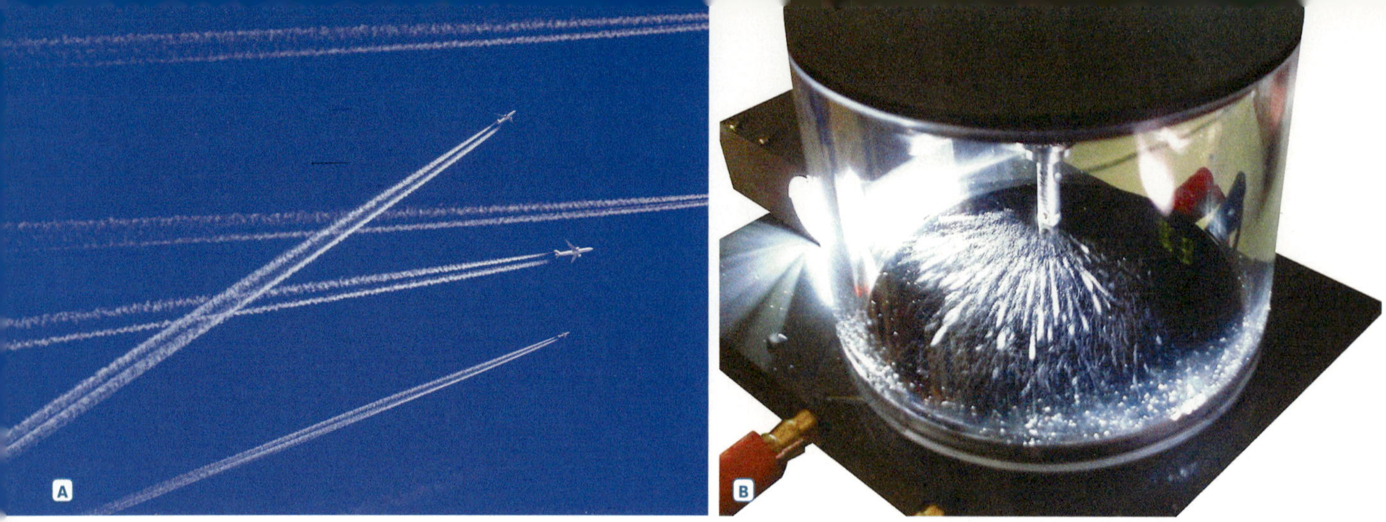

1 **A** Kondensstreifen von Flugzeugen; **B** Blick in eine Nebelkammer

2.2 Weitere Nachweismethoden

Am wolkenlosen Himmel verraten sich hochfliegende Flugzeuge durch ihre Kondensstreifen. Was haben diese Streifen mit dem Nachweis ionisierender Strahlung zu tun?

Versuch – Eine durchsichtige Glasbox steht auf einer geschwärzten Metallplatte, die von unten stark gekühlt wird. Aus der mit Alkohol getränkten Filzschicht im Deckel verdampft Alkohol und sinkt nach unten. An der kalten Metallplatte kondensiert der Alkoholdampf. Direkt darüber enthält die Luft übermäßig viel Alkoholdampf. Man sagt, die Luft ist mit Alkoholdampf übersättigt. Durchquert nun zum Beispiel ein α-Teilchen die Kammer, so werden Gasmoleküle ionisiert. Die positiv geladenen Ionen sind Kondensationskeime für den Alkoholdampf. Die Alkoholmoleküle lagern sich an ihnen an, sodass kleine Nebeltröpfchen entstehen.

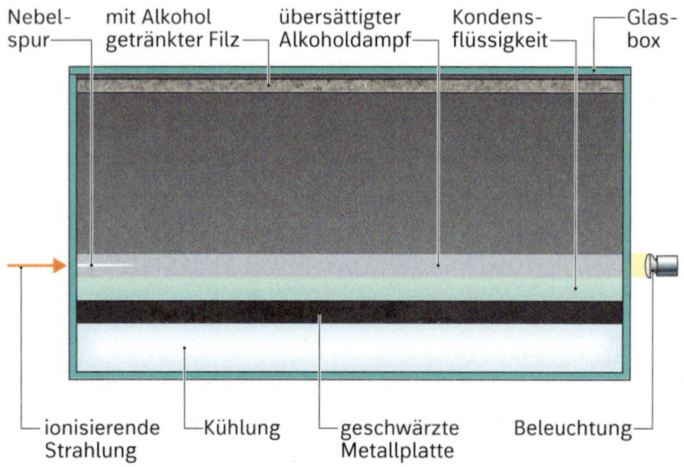

2 Aufbau einer Nebelkammer

Nebelspuren – Längs der Flugbahn des ionisierenden Teilchens bildet sich auf diese Weise eine Nebelspur, die durch die seitliche Beleuchtung sichtbar ist. In Bild 1 B sieht man die Nebelspuren einiger Teilchen. Sie gehen von einem radioaktiven Strahler aus, der sich in der **Nebelkammer** befindet.

In den hohen, kalten Luftschichten der Atmosphäre, in denen Flugzeuge fliegen, ist die Luft mit Wasserdampf übersättigt. Hier stellen Ionen in den Abgasen der Flugzeuge die Kondensationskeime für den Wasserdampf dar, sodass sich ebenfalls Nebelspuren längs der Flugbahn bilden.

Radioaktive Strahlung lässt sich durch Nebelspuren sichtbar machen.

MATERIAL MIT AUFGABEN

A Nebelkammerbilder deuten

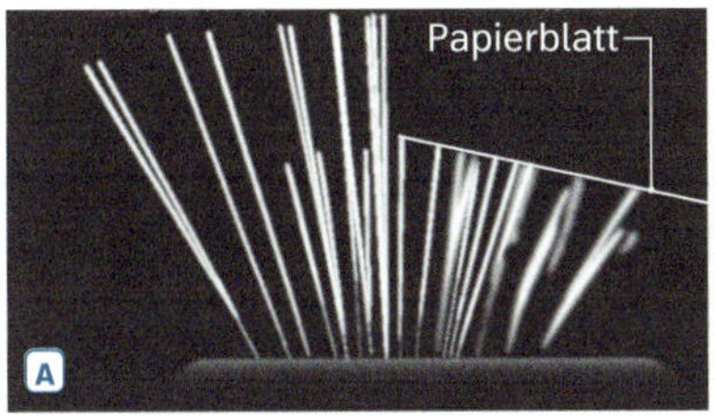

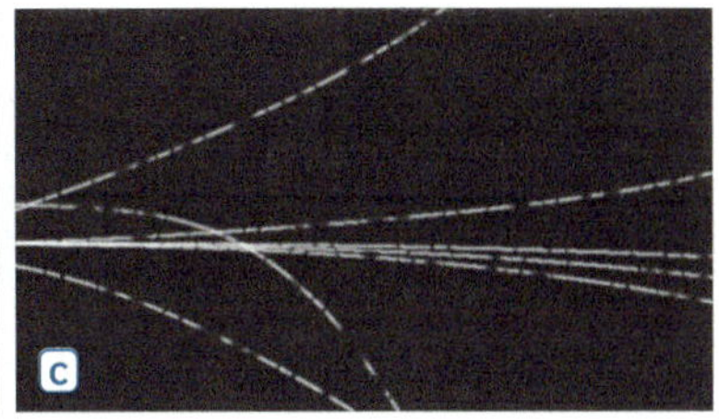

1 Bild A zeigt Nebelspuren, die von einem Strahlerstift ausgehen. Erkläre, weshalb es sich um Spuren von α-Strahlung handeln muss. Deute die unterschiedliche Länge der Nebelspuren in Bezug auf die Bewegungsenergie der α-Teilchen.

2 α-Strahlung verursacht in der Nebelkammer in Bild B kurze, dicke Spuren, β-Strahlung lange, dünne Spuren. Stelle unter Beachtung der Art und Größe der ionisierenden Teilchen eine Hypothese auf, woran das liegen könnte.

3 Im Bild C treten geladene Teilchen von links in eine Nebelkammer ein. Die Kammer wird von einem starken Magnetfeld durchsetzt, das senkrecht in die Zeichenebene hinein zeigt. Deute die erkennbaren Bahnspuren.

4 In Nebelkammern lassen sich auch ohne Vorhandensein einer radioaktiven Substanz Nebelspuren beobachten. Vergleiche diese Beobachtung mit der Messung eines Zählrohres und erkläre sie.

B Film und Filmdosimeter als Nachweisgeräte

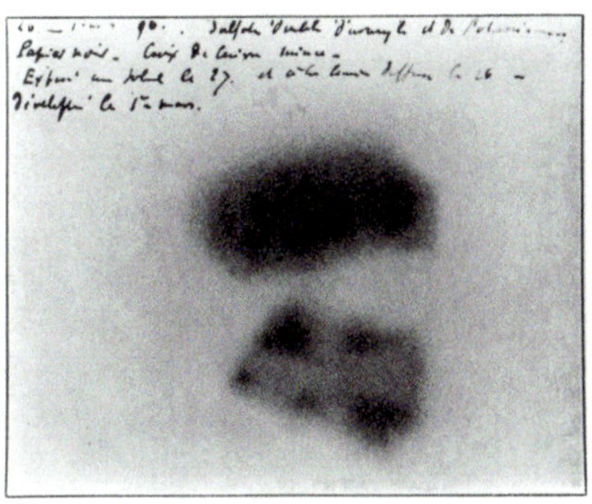

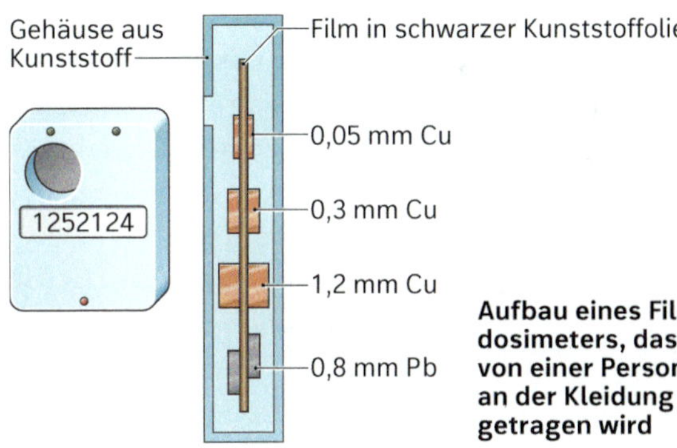

Aufbau eines Filmdosimeters, das von einer Person an der Kleidung getragen wird

1 Recherchiere und erkläre dann anhand des Fotos, wie Henri BEQUEREL 1895 die Radioaktivität von Uranerz zufällig entdeckte.

2 Beschreibe den Aufbau des abgebildeten Filmdosimeters. Begründe, weshalb der Film in schwarzer Kunststofffolie verpackt sein muss.

3 Begründe unter Beachtung von Aufgabe 2, weshalb mit dem Filmdosimeter keine Belastung durch α-Strahlung nachgewiesen werden kann.

4 Das Filmdosimeter war einer starken Röntgen- oder γ-Strahlung ausgesetzt. Beschreibe und begründe, wie sich der entwickelte Film an den mit den verschiedenen Metallfolien bedeckten Stellen unterscheidet.

5 Recherchiere und nenne drei verschiedene Berufe, bei denen Filmdosimeter getragen werden müssen. Begründe, weshalb die Auswertung meist nach einer Tragezeit von einem Monat erfolgt.

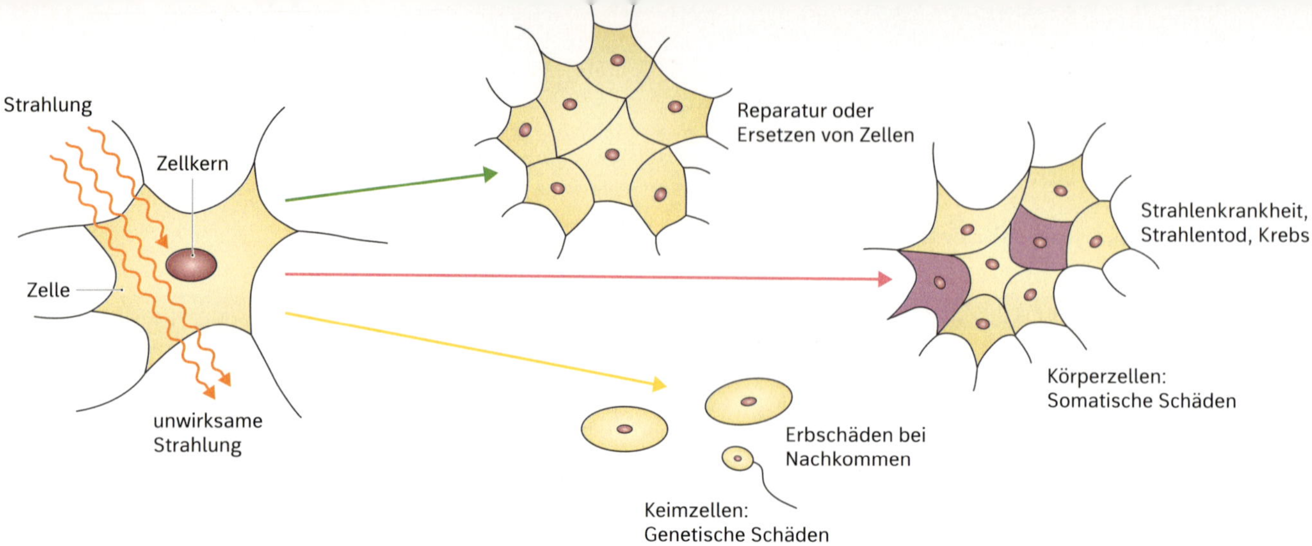

1 Ionisierende Strahlung trifft auf Zellen

3.1 Strahlenwirkung und Strahlenschutz

Durch radioaktive Strahlung können Zellen des menschlichen Körpers geschädigt werden. Welche Arten von Schäden gibt es? Gibt es körpereigene Reparaturmechanismen?

Strahlenwirkung – Wenn ionisierende Strahlung auf den menschlichen Körper trifft, lösen Ionisation und Anregung von Atomen und Molekülen eine strahlenbiologische Wirkungskette aus. Diese führt zu vielfältigen Veränderungen von Zellen, die Folgeschäden für den Organismus haben können.

Schäden, die bei der bestrahlten Person auftreten, heißen **somatische Schäden.** An der Hautoberfläche können Hautveränderungen wie bei einem Sonnenbrand auftreten. An anderen Stellen im Körper können Moleküle als Folge der aufgenommenen Energie zerbrechen, wodurch Gifte entstehen können.

DNA: Makromolekül, das das Erbgut der Zelle trägt

Bei starker Bestrahlung tritt die **Strahlenkrankheit** auf. Dabei ergeben sich Schädigungen von Körperzellen, die zu Appetitlosigkeit, Haarausfall, Entzündungen, inneren Blutungen und sogar zum Tod führen können.

Als Spätfolge einer Bestrahlung kann auch Krebs ausgelöst werden. Werden Keimzellen wie Samen oder Eizellen beschädigt, kommt es zu **genetischen Schäden** bei Nachkommen in den Folgegenerationen.

Reparatursystem – Der Körper verfügt infolge einer langen Evolution über ein Reparatursystem. Bei intaktem und funktionierendem Immunsystem können geringe Strahlenschäden selbstständig vom Körper beseitigt werden. Das Immunsystem sorgt dafür, dass die meisten Schäden an den Molekülen der Zellen repariert werden. Abgestorbene oder mutierte Zellen werden entfernt. Eine höhere Zellteilungsrate sorgt für Ersatz durch neue Zellen. Allerdings wird bei intensiverer Bestrahlung die Wahrscheinlichkeit größer, dass eine erhöhte Anzahl an beschädigten Zellen bestehen bleibt.

Die Absorption ionisierender Strahlung kann menschliche Zellen und insbesondere die DNA schädigen. Das Immunsystem kann geringe Strahlenschäden selbst beheben.

Äquivalentdosis Je mehr Energie pro Kilogramm Masse ein bestrahlter Körper aus der ionisierenden Strahlung absorbiert, desto größer sind die Schäden, die durch die Strahlung entstehen. Die Wirkung der Strahlung hängt aber nicht allein von der absorbierten Energie ab, sondern auch von der Art der Strahlung. So ist die biologische Wirkung bei α-Strahlung viel größer als bei β- oder γ-Strahlung gleicher Energie. Dies wird durch einen **Qualitätsfaktor *Q*** berücksichtigt. Für β-, γ- und Röntgenstrahlung gilt $Q = 1$ und für α-Strahlung $Q = 20$.

Das Produkt aus absorbierter Energie pro Kilogramm mit dem Qualitätsfaktor *Q* wird als **Äquivalentdosis** bezeichnet. Die Einheit ist 1 Sievert: $1\,\text{Sv} = 1\,\frac{\text{J}}{\text{kg}}$.

Effektive Dosis Die Organe und Gewebe des menschlichen Körpers sind unterschiedlich empfindlich gegenüber ionisierender Strahlung. Bei der Bewertung der Strahlenbelastung wird dies durch die Angabe der **effektiven Dosis** berücksichtigt. Sie ergibt sich, vereinfacht formuliert, durch Multiplikation der Äquivalentdosis mit einem organspezifischen Faktor. Die Einheit bleibt 1 Sv. Bei rotem Knochenmark beträgt der Faktor 0,12, bei Haut nur 0,01. Mithilfe der effektiven Dosis lässt sich das Krebsrisiko durch Bestrahlung abschätzen.

Als **Grenzwert** der effektiven Dosis ist für die allgemeine Bevölkerung 1 mSv pro Jahr festgesetzt, für beruflich strahlenexponierte Personen 20 mSv pro Jahr. Medizinische Strahlenanwendungen unterliegen diesen Grenzwerten nicht.

Ein Grenzwert stellt keine scharfe Trennlinie zwischen ungefährlicher und gefährlicher Strahlenbelastung dar. Eine Überschreitung bedeutet aber, dass die Wahrscheinlichkeit gesundheitlicher Folgen, z. B. Krebs, über einem als annehmbar definierten Wert liegt.

Dosis: altgriechisch für Gabe

Die Äquivalentdosis berücksichtigt neben der aufgenommenen Energie auch die Strahlungsart. Die effektive Dosis umfasst zusätzlich die unterschiedliche Empfindlichkeit der Organe.
Einheit: $1\,\text{Sievert} = 1\,\text{Sv} = 1\,\frac{\text{J}}{\text{kg}}$.
1 mSv = 0,001 Sv; 1 μS = 0,001 mSv

MATERIAL MIT AUFGABEN

A Strahlenschäden

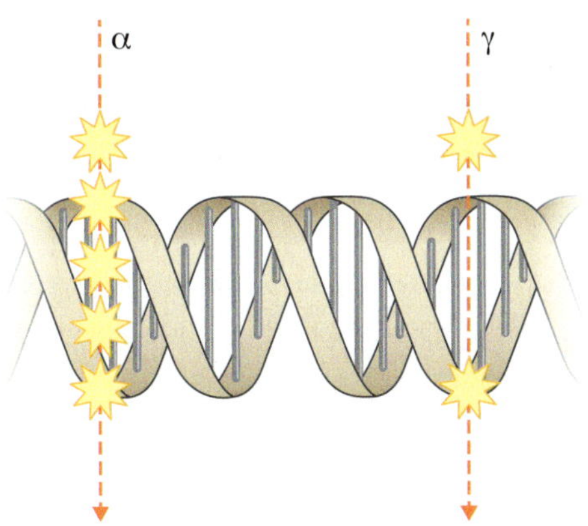

Werden Zellen α-, ß- oder γ-Strahlung gleicher Energie ausgesetzt, werden sie unterschiedlich stark geschädigt.

1 α-Strahlung wird schon durch ein Blatt Papier abgeschirmt und hat dennoch den Qualitätsfaktor Q = 20. Erkläre unter Bezug auf die Grafik diesen scheinbaren Widerspruch. ●●○

2 Empfindliche Organe liegen tief im Körperinneren. Bewerte dies aus Sicht des Strahlenschutzes. ●●○

3 Recherchiere, welche Personen als „beruflich strahlenexponiert“ gelten. ●○○

4 „Die Summe der gewichteten Organ-Äquivalentdosen ergibt die effektive Dosis“. Recherchiere und erläutere diese Aussage. ●●●

Natürliche Strahlenbelastung – Man ist auf der Erde immer ionisierender Strahlung ausgesetzt, deren Ursache natürliche Strahlungsquellen sind. Diese natürliche Strahlenbelastung beträgt über das Jahr verteilt in Deutschland durchschnittlich 2,1 mSv. Der festgelegte Grenzwert 1 mSv für die effektive Dosis bezieht sich auf nicht natürliche Strahlenbelastungen.

Zur natürlichen Strahlenbelastung zählt die **terrestrische Strahlung.** Sie hat ihre Ursache in den natürlichen radioaktiven Stoffen, die in der Erdkruste vorhanden sind, insbesondere U 238 und Th 232 und deren Zerfallsprodukte, sowie K 40. Wichtige Baumaterialien wie Lehm, Ziegel oder Beton enthalten deshalb radioaktive Stoffe.
Eine besondere Rolle spielt Radon-222. Dieses Gas entsteht in der Zerfallsreihe von U 238 und entweicht aus dem Erdboden. Es wird über die Lunge aufgenommen, wo es durch α-Zerfall erhebliche Schäden bewirken kann. In manchen Gegenden tritt besonders viel Radon aus dem Boden aus und reichert sich vor allem in schlecht belüfteten Kellerräumen an. Die **Radonbelastung** stellt einen Großteil der natürlichen Strahlenbelastung dar.
Auch die **kosmische Strahlung** trägt zur natürlichen Strahlenbelastung bei. Sie besteht aus sehr energiereichen Teilchen aus dem Weltall und ist auf Meeresniveau deutlich geringer als in großen Höhen. Auf dem Weg durch die Atmosphäre entstehen durch Wechselwirkungen mit Molekülen in der Luft weitere radioaktive Isotope wie C 14.
Darüber hinaus nehmen wir über unsere Nahrung Radionuklide auf. Das lebenswichtige Element Kalium enthält das radioaktive Isotop K 40, das im Körper eingelagert wird. Außerdem können sich Folgeprodukte von Rn 222 auf Blattoberflächen ablagern und in die Blätter aufgenommen werden.

MATERIAL MIT AUFGABEN

B Strahlenbelastungen durch Radon

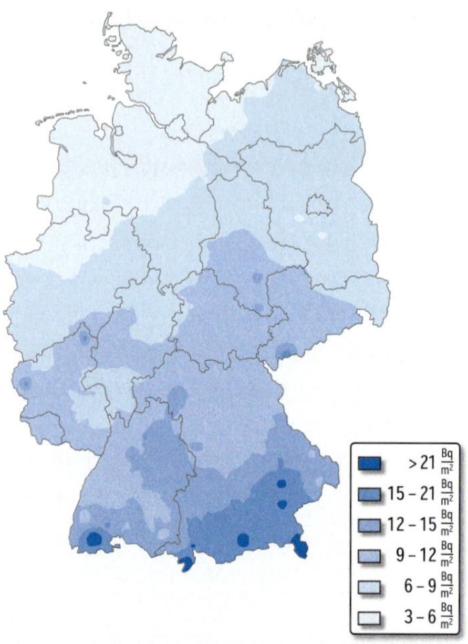

Radon-Konzentration in der bodennahen Atmosphäre (Freiluft)

1 Nenne Gebiete, in denen besonders viel Radongas aus dem Erdboden austritt. Recherchiere, was diese Gebiete auszeichnet. ●○○
2 Erläutere, welche Rolle die Witterung in Norddeutschland für die Radonkonzentration spielt. ●●○
3 Die Radonbelastung der Atemluft ist in Räumen viel höher als im Freien. Begründe. ●●○
4 Recherchiere, welche Möglichkeiten es gibt, die Radonbelastung in Häusern zu reduzieren. ●●○
5 Im Strahlenschutz wird nach innerer und äußerer Strahlenbelastung des Menschen unterschieden. Erläutere, was darunter zu verstehen ist und welche Belastungen zur inneren und welche zur äußeren Strahlenbelastung gehören. ●●○

Zivilisatorische Belastung – Zu den natürlichen Strahlenbelastungen kommen zivilisatorische hinzu. Sie sind zusammen etwa genauso groß wie die natürlichen. Einen besonders großen Beitrag liefert die Medizin mit ihren diagnostischen und therapeutischen Anwendungen. Dabei nimmt Röntgenstrahlung den größten Anteil ein. Die technischen Bereiche wie Kernenergienutzung, Forschung oder Haushalt tragen nur in geringem Maße bei.

Zusätzliche Belastungen können zum Beispiel durch Rauchen oder beim Fliegen auftreten. Tabak enthält radioaktives Polonium-210. Beim Rauchen wird es in den Körper aufgenommen. In großen Höhen ist der Schutz durch die Atmosphäre gering. Deshalb ist die Strahlenbelastung gerade bei Langstreckenflügen hoch. Besonders das Flugpersonal ist wegen der vielen Flugstunden einer erhöhten Strahlenbelastung ausgesetzt.

Auch die Art zu wohnen spielt bei den Belastungen eine Rolle. So entscheiden der Ort und die Bauweise, wie viel natürliches Radon sich im Haus ansammelt und durch die Bewohner eingeatmet wird. Manche natürlichen Materialien können bei gehäuftem Einsatz in Gebäuden zu einer erhöhten Strahlenbelastung führen.

MATERIAL MIT AUFGABEN

C Herkunft der Strahlenbelastung

Durchschnittliche jährliche Strahlenbelastung in Deutschland

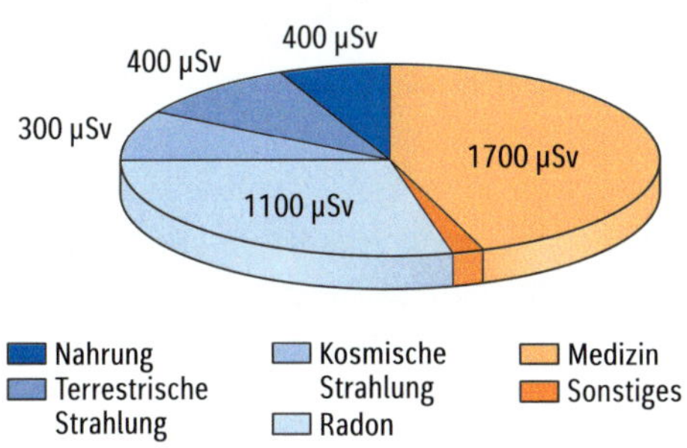

1 Bestimme aus dem Diagramm die durchschnittliche jährliche Gesamtbelastung pro Person.
2 Zeichne ein neues Diagramm, das nur die natürlichen Strahlenbelastungen umfasst. Gib dabei die Anteile in Prozent an.
3 Erläutere, weshalb der Reaktorunfall in Tschernobyl (1986) und Atombomben-Fallouts noch immer zur Strahlenbelastung beitragen.
4 Ermittle anhand einer Nuklidkarte die Zerfallsart von Po 210. Beurteile damit die Gefahr, die von Po 210 ausgeht, wenn man raucht.

D Zivilisatorische Strahlenbelastung

In Deutschland beträgt die durchschnittliche natürliche Strahlenbelastung pro Jahr 2,1 mSv.

Zusätzliche Strahlenbelastungen:

Essen einer Banane	0,1 µSv
Essen von zwei Paranüssen	0,5 µSv
Röntgenaufnahme der Zähne	15 µSv
Röntgenaufnahme des Brustkorbs	30 µSv
Flug Frankfurt – San Francisco	55 µSv

1 Berechne, wie viele Bananen oder Paranüsse man pro Jahr essen müsste, um auf eine zusätzliche Strahlenbelastung von 2,1 mSv zu kommen.
2 Beurteile begründet die Strahlenbelastung eines Urlaubers und eines Crew-Mitglieds, die sich auf dem Flug Frankfurt - San Francisco befinden.
3 Beurteile die Belastungen für die angegebenen Röntgenaufnahmen.
4 Es wird vermutet, dass der in Fachwerkhäusern verwendete Lehm zu größeren Belastungen führt als gebrannte Ziegel. Recherchiere, worauf sich diese Vermutungen begründen.

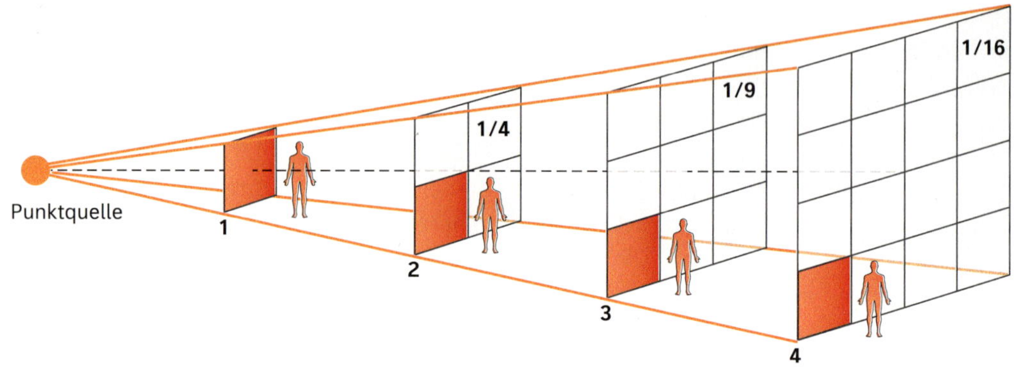

2 Bestrahlung in unterschiedlichen Abständen

Strahlenschutz – Der Umgang mit ionisierender Strahlung birgt Gefahren. Wenn sich diese Gefahren nicht vermeiden lassen, ist es wichtig, sie zumindest zu reduzieren.

Die Strahlung nimmt mit größerem Abstand ab. Das legt nahe, als Schutzmaßnahme einen möglichst großen Abstand zur Strahlungsquelle zu halten. Eine genauere Betrachtung zeigt, dass die Strahlenbelastung für eine Person bei doppeltem Abstand nicht nur halb so groß ist, sondern nur noch ein Viertel des ursprünglichen Wertes beträgt. Die Strahlungsenergie verteilt sich auf die vierfache Fläche. Bei der dreifachen Entfernung erfolgt die Verteilung auf die neunfache Fläche. Das heißt, die Belastung beträgt für die Person nur noch ein Neuntel.

Beim Umgang mit radioaktiven Stoffen sind unbedingt die **5 A-Regeln des Strahlenschutzes** zu beachten. Sie beinhalten neben dem Abstand auch die Abschirmung, die Aufenthaltszeit, die Aktivität und das Verbot der Aufnahme von radioaktiven Stoffen in den Körper. Deshalb darf beim Umgang mit radioaktiven Stoffen keine Nahrung aufgenommen werden. Die inneren Organe sind besonders strahlenempfindlich und können auch radioaktive Substanzen einlagern.
Zur Kennzeichnung radioaktiver Stoffe gibt es ein spezielles, international gültiges Strahlenwarnzeichen. Es muss überall dort angebracht sein, wo sich radioaktive Stoffe befinden. Es lassen sich dadurch Maßnahmen zum Umgang mit radioaktiven Stoffen treffen.

3 5 A-Regeln des Strahlenschutzes

E Radioaktivität und Abstand

Abstand d in cm	bereinigte Zählrate Z in $\frac{1}{\text{min}}$
2	9684
3	4374
4	2320
5	1508
6	998
7	727
8	584
9	458
10	381
12	256

Mit einem Zählrohr wird die γ-Strahlung eines Ra 226-Strahlerstiftes in Abhängigkeit von seinem Abstand zum Zählrohr gemessen. Direkt vor dem Strahlerstift befindet sich eine 4 mm dicke Platte aus Aluminium, die die α- und β-Strahlung absorbiert.

1 Übernimm die Messdaten in die Tabelle eines Tabellenkalkulationsprogramms. Erstelle ein d-Z-Diagramm. Wähle zunächst ein Punktdiagramm, ohne die Messwerte zu verbinden. ●●○

2 Bestimme für $d = 4$ cm und $d = 8$ cm den Anteil, auf den sich die Zählrate Z gegenüber $d = 2$ cm verringert. Vergleiche mit Bild 6 und formuliere eine Regel. ●●○

3 Ergänze das d-Z-Diagramm durch eine geeignete Trendlinie und lass dir die Gleichung anzeigen. Deute die Gleichung. ●●●

4 Radioaktive Stoffe müssen in der Schule in einem verschlossenen Stahlblechschrank in einem geschützten Raum (z. B. verschlossene Lehrmittelsammlung) gelagert werden. Nimm zu dieser Vorschrift aus Sicht des Strahlenschutzes für Lehrkräfte, Schüler und schulfremde Personen begründet Stellung. ●●○

F Bestrahlungszeit

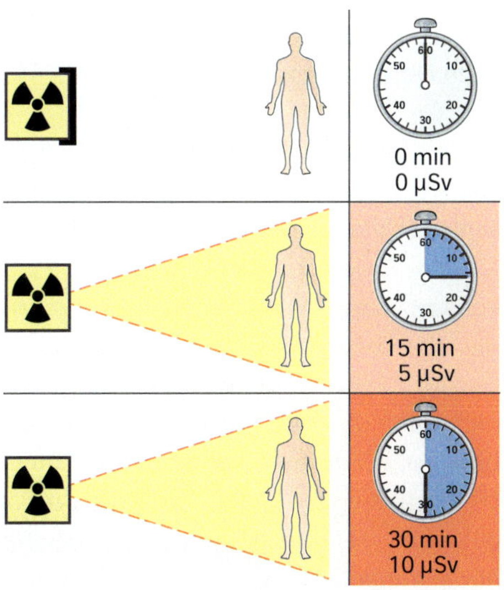

1 Interpretiere die Grafik und entscheide begründet, ob effektive Dosis und Bestrahlungszeit proportional sind. ●○○

2 Bevor Arbeiten in Räumen mit erhöhter Strahlenbelastung durchgeführt werden, trainieren die Ausführenden die Abläufe in einem Modellraum, in dem keine Strahlung herrscht. Begründe dieses Vorgehen. ●●○

3 Begründe, warum bei medizinischen Untersuchungen mit radioaktiven Präparaten deren Halbwertszeit klein sein soll. Gib einen Grund dafür an, dass die Halbwertszeit aber auch nicht zu klein sein darf. ●●○

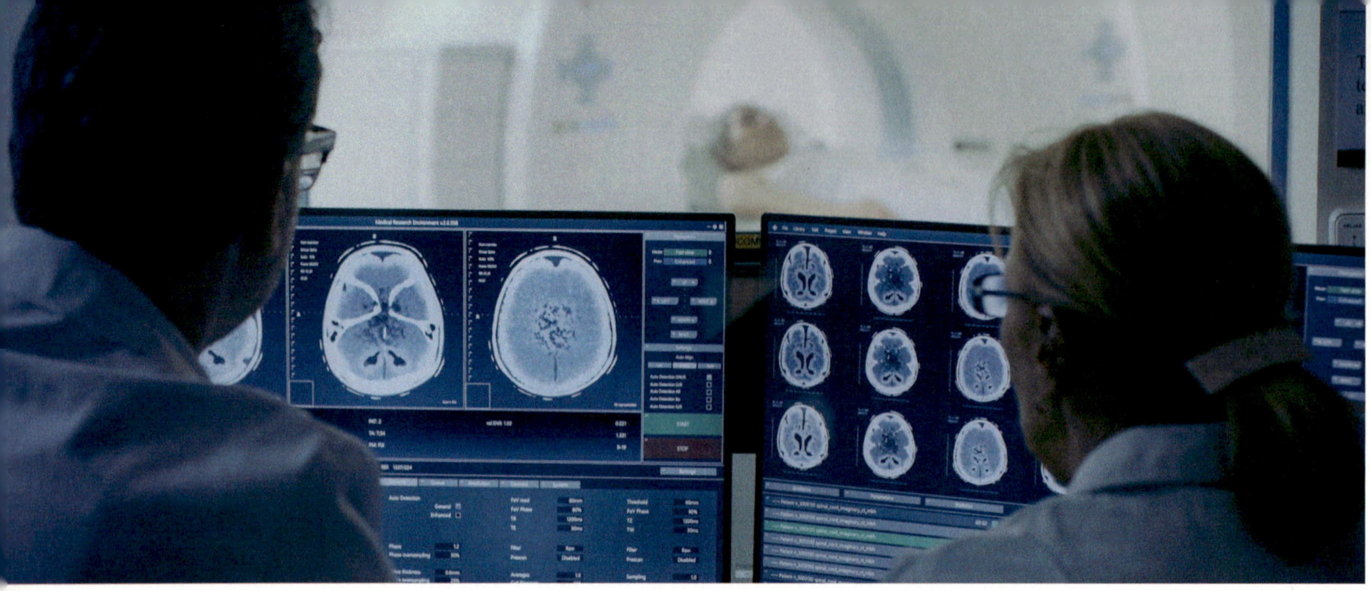

1 Diagnose anhand einer Computertomografie

3.2 Ionisierende Strahlung in Medizin und Technik

Bei Erkrankungen muss zunächst eine Diagnose gestellt werden. Liegt sie vor, schließt sich eine geeignete Therapie an, um die Krankheit zu heilen. Welche Rolle kann hierbei ionisierende Strahlung spielen? Wozu wird ein Computertomograf verwendet?

Röntgendiagnostik – Bei einem Unfall kann es zu Knochenbrüchen kommen. Um das festzustellen, wird Röntgenstrahlung genutzt. Sie wird durch die verschiedenen Gewebe im Körper unterschiedlich stark absorbiert. Muskeln sind für Röntgenstrahlung durchlässig. Knochen absorbieren einen großen Teil der Strahlung. Bei dem Durchleuchten eines Körperteils mit Röntgenstrahlung entsteht auf dem Detektor ein Bild, das ähnlich wie ein Schatten zustande kommt. Wo viel Strahlung das Gewebe durchdringt, färbt sich das Bild schwarz. Wo kaum Strahlung ankommt, bleibt das Bild weiß. Ein Knochen kann so durch Haut und Muskeln hindurch sichtbar gemacht werden.

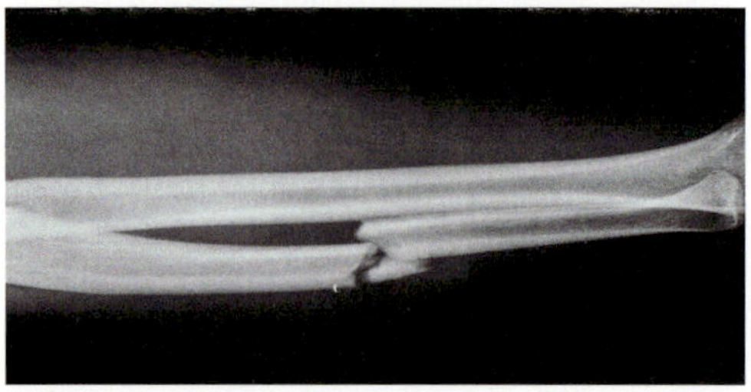

2 Röntgenbild eines Knochenbruchs im Arm

Computertomografie – Aus einem zweidimensionalen Röntgenbild kann man jedoch nicht die räumliche Anordnung der Knochen im Körper erkennen. Das ist in manchen Fällen aber wichtig.

Um die räumliche Struktur sichtbar zu machen, werden viele Röntgenbilder aus unterschiedlichen Richtungen gemacht. Die Technik wird **Computertomografie** oder kurz CT genannt. Dabei drehen sich die Röntgenröhre und der Detektor um die zu untersuchende Person. Ein Computer berechnet aus den Bildern dann die dreidimensionale Struktur. Da bei einer CT-Aufnahme sehr viele Röntgenbilder gemacht werden, ist die Strahlenbelastung sehr hoch. Deshalb sollte eine CT nur durchgeführt werden, wenn sie unvermeidbar ist.

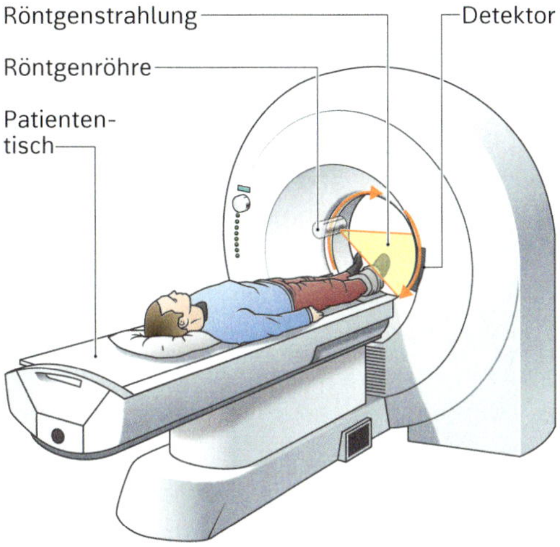

3 Computertomografie schematisch

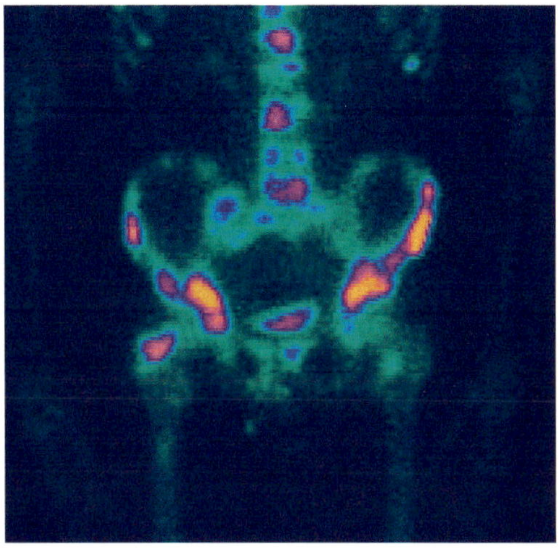
4 Szintigramm von Tumoren im Beckenknochen

Strahlendiagnostik – Zellen, die zu schnell wachsen oder zu viele Hormone produzieren, können mithilfe von γ-Strahlung erkannt werden. Bei schnell wachsenden Zellen in einem Tumor ist der Stoffwechsel beschleunigt. In Tumorzellen in einem Knochen lagert sich beispielsweise viel mehr Technetium an als in gesunden Knochenzellen. Zur Erkennung der Tumorzellen wird deshalb das radioaktive Technetium-Isotop Tc 99 in den Körper injiziert. Dieses gelangt vorwiegend in die schnell wachsenden Tumorzellen. Die von dem radioaktiven Technetium ausgehende γ-Strahlung wird mit einer Gamma-Kamera aufgenommen, die um den Körper herumfährt. In einem Computer wird die Verteilung des radioaktiven Isotops im Körper errechnet. Diese wird in einem **Szintigramm** dargestellt. Diese Art der Strahlendiagnostik wird **Szintigrafie** genannt.
Im Bild sind die farbigen Flecken Tumore im Beckenknochen. Je nach Art des Tumors werden unterschiedliche radioaktive Stoffe verwendet.

Tc 99 hat eine Halbwertszeit von 6 Stunden

MATERIAL MIT AUFGABEN

A Röntgenaufnahme

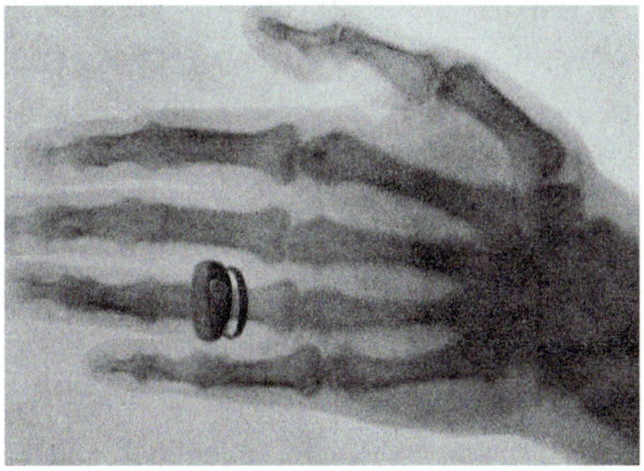
1895 entdeckte Conrad Wilhelm RÖNTGEN die Röntgenstrahlung. Bei dieser Röntgenaufnahme scheint der Ring um den Finger zu schweben.

1 Erkläre, warum der Ring um den Finger zu schweben scheint. ●○○
2 Gib an, welche Eigenschaft des Rings dafür sorgt, dass er gut sichtbar ist. ●○○
3 Recherchiere, weshalb RÖNTGEN auf eine Patentierung seiner Entdeckung verzichtete. ●●○
4 Erläutere, weshalb bei der Verwendung ionisierender Strahlung Schutzmaßnahmen getroffen werden müssen. ●●○
5 Recherchiere, welche Schutzmaßnahmen das medizinisches Personal beim Röntgen einhalten muss. ●●○

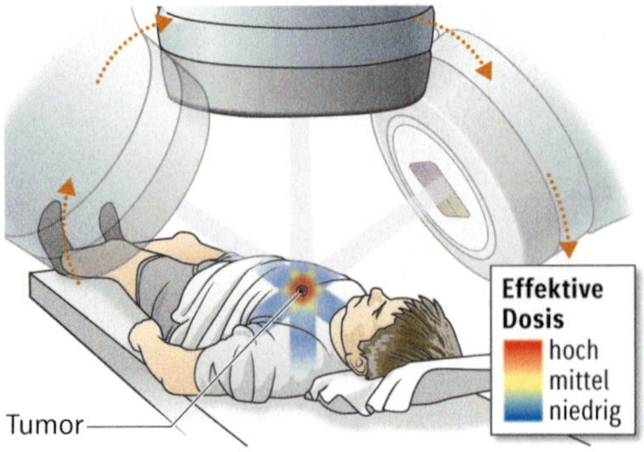

5 Bestrahlung aus verschiedenen Richtungen

MATERIAL MIT AUFGABEN

B Radiojodtherapie

Eine Schilddrüsenüberfunktion kann mithilfe des radioaktiven Isotops Jod-131 behandelt werden. Dadurch werden die Zellen ausgeschaltet, die zu viele Schilddrüsenhormone produzieren. Jod-131 ist ein β- und γ-Strahler mit einer Halbwertszeit von acht Tagen. Es wird über eine Kapsel eingenommen und lagert sich nur in der Schilddrüse an. Das radioaktive Jod wird über Schweiß und Urin wieder ausgeschieden. Nach der Einnahme der Kapsel bleibt die behandelte Person mehrere Tage im Krankenhaus und darf keinen Besuch empfangen.

1 Erläutere, weshalb alle Ausscheidungen der behandelten Personen in speziellen Behältern aufgefangen werden müssen. ●●○

2 Begründe, dass außerhalb des Körpers nur γ-Strahlung registriert wird. ●●○

3 Erkläre, warum Personen nach der Einnahme der Kapsel nicht besucht werden dürfen. ●●○

4 Stelle eine begründete Vermutung auf, wie lange die behandelte Person noch im Krankenhaus bleiben muss, wenn die von ihr ausgehende Strahlung das Vierfache des Grenzwertes beträgt. ●●●

Strahlentherapie – Ionisierende Strahlung kann Zellen schädigen und ihre Teilungsfähigkeit einschränken. Gesunde Zellen verfügen über einen Mechanismus, durch den Schäden bei geringer Strahlenbelastung in den meisten Fällen repariert werden. Bei Krebszellen ist der Reparaturmechanismus geschwächt. Sie sterben bei Bestrahlung größtenteils ab. Ionisierende Strahlung wird deshalb in der Strahlentherapie gezielt zur Bekämpfung von Tumoren eingesetzt.

Schonung gesunden Gewebes – Damit die gesunden Zellen genügend Zeit zur Regeneration haben, wird die Bestrahlung auf mehrere Termine verteilt. Die Tumorzellen können sich zwischen den Terminen nicht so gut regenerieren wie gesunde Zellen. Deshalb sterben sie durch die Strahlenbehandlung größtenteils ab.
Die Bestrahlung kann aber auch gesunde Zellen dauerhaft schädigen. Ideal wäre es, wenn nur der Tumor bestrahlt werden könnte. Er ist jedoch in den Körper eingebettet und befindet sich neben anderen Organen. Deshalb fährt die Strahlenquelle kreisförmig um den Körper. Der Tumor wird aus allen Richtungen bestrahlt und absorbiert deshalb die meiste Strahlung. Organe, die neben dem Tumor liegen, werden nur aus wenigen Richtungen mitbestrahlt und absorbieren deshalb weniger Strahlung.

Verwendete Strahlungsarten – Je nach dem, wo im Körper sich das zu bestrahlende Gewebe befindet, werden verschiedene Strahlungsarten verwendet. Bei Tumoren, die auf oder direkt unter der Haut wachsen, kann α-Strahlung verwendet werden. Sie dringt nicht tief in den Körper ein und schädigt wenig innen liegende Organe. Das kann zum Beispiel bei Tumoren in der Speiseröhre angewandt werden. Der α-Strahler wird dabei in die Speiseröhre eingeführt. Bei einem Tumor, der zum Beispiel im Gehirn wächst, muss γ-Strahlung verwendet werden, die auch Knochen und anderes Gewebe durchdringt.

Technische Anwendungen – Ionisierende Strahlung wird auch außerhalb der Medizin für technische Anwendungen genutzt. Auch hier spielt Röntgenstrahlung eine große Rolle. Zum Beispiel wird bei der Sicherheitskontrolle an Flughäfen das Gepäck mit Röntgenstrahlung durchleuchtet, um gefährliche Gegenstände zu finden. Beim Zoll werden Röntgenaufnahmen ganzer Lastwagen gemacht, um ihre Ladung zu prüfen und verbotene Waren zu finden.

Ein weiterer Anwendungsbereich ionisierender Strahlung ist die zerstörungsfreie Materialprüfung. Dabei kann sowohl Röntgenstrahlung als auch radioaktive Strahlung zum Einsatz kommen. Bei einer Schweißnaht ist es zum Beispiel wichtig, dass keine Lufteinschlüsse im Metall sind, da die Naht sonst brechen kann. Beim Durchstrahlen mit ionisierender Strahlung können die Lufteinschlüsse erkannt werden, da Metall und Luft die Strahlung unterschiedlich absorbieren.

MATERIAL MIT AUFGABEN

C Werkstoffprüfung

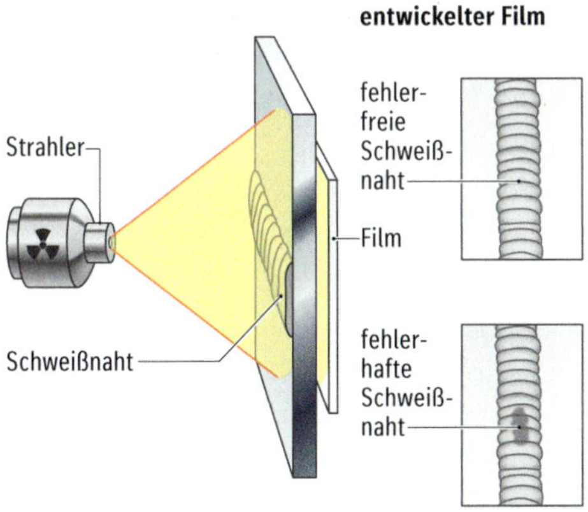

Ein Strahler sendet schwache Gammastrahlung aus. Zwischen dem Strahler und dem Detektor befindet sich das geschweißte Metallstück. Es entsteht ein Bild der Schweißnaht, das einer Röntgenaufnahme ähnelt.

1 Beschreibe, wie Risse oder Hohlräume in fehlerhaften Schweißnähten auf dem Bild aussehen. ●●○
2 Wie bei CT-Aufnahmen lassen sich auch Werkstücke aus verschiedenen Richtungen aufnehmen und ein 3D-Computerbild erstellen. Beschreibe Vorteile eines solchen Verfahrens. ●○○
3 Es kommen als Strahler auch Röntgenröhren zum Einsatz. Erkläre die Vorteile, die sich hinsichtlich des Strahlenschutzes ergeben. ●●●

D Dickenmessung

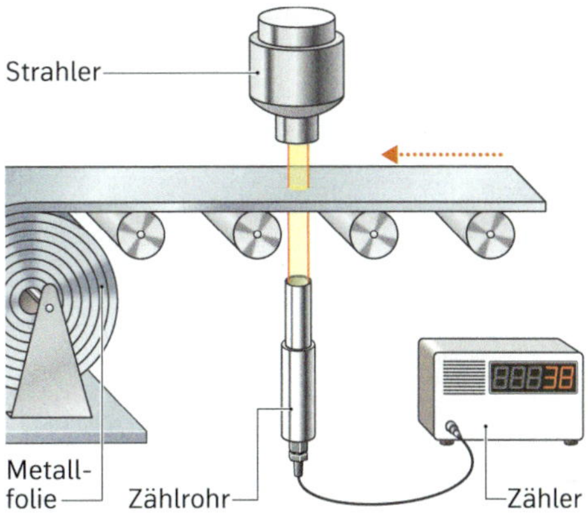

Bei der Produktion von Metallfolien kann die Dicke mithilfe von ionisierender Strahlung bestimmt werden. Mit einem Zählrohr wird die Strahlung gemessen, die die Folie durchdringt. Ohne Folie zählt das Zählrohr 8000 Impulse pro Sekunde.

1 Beschreibe den Messvorgang bei der Produktion von Metallfolien in einem Walzwerk, der im Bild schematisch dargestellt ist. ●●○
2 Wenn die Folie eine Dicke von 1 mm hat, werden pro Sekunde nur noch 4000 Impulse gezählt. Gib begründet an, wie groß die Zählrate bei einer Foliendicke von 3 mm ist. ●●●
3 Nenne jeweils einen Vor- und Nachteil der Dickenmessung mithilfe ionisierender Strahlung. ●●○

1 **A** Kernkraftwerk; **B** Versuchsaufbau der ersten Kernspaltung

4.1 Kernspaltung und Kernkraftwerk

absorbieren: aufnehmen

Kernenergie ist Energie, die in Atomkernen steckt. Wie lässt sich diese Energiequelle nutzen? Welche Gefahren gibt es bei der Nutzung?

Versuch – Das Deutsche Museum zeigt auf einem Tisch die originalen Geräte, mit denen Otto HAHN (1879–1968) und ein Mitarbeiter 1938 nachweislich zum ersten Mal eine Spaltung von Atomkernen durchführten. Eigentlich plante HAHN, durch den Beschuss von Uran mit Neutronen zu größeren Atomkernen als Uran, den sogenannten Transuranen, zu kommen. Allerdings passierte genau das Gegenteil. Bei der Bestrahlung von Uran mit Neutronen kam es zu einem „Zerplatzen" des Atomkerns.

Mit chemischen und physikalischen Verfahren wurden bis dahin unbekannte radioaktive Isotope der Elemente Barium und Krypton nachgewiesen. Weil sie in der Natur nicht vorkommen, mussten die Isotope bei diesem Experiment neu entstanden sein. Die Uran 235-Kerne hatten sich durch den Beschuss mit Neutronen in kleinere Atomkerne gespalten. Weitere Untersuchungen zeigten, dass auch Paare von Isotopen anderer Elemente entstehen können, wie die von Caesium, Rubidium, Strontium, Xenon oder Iod.

Ablauf einer Kernspaltung – Damit ein U 235-Kern gespalten werden kann, muss ein Neutron in den Kern gelangen. Nur wenn die Geschwindigkeit des Neutrons gering ist, kann es von einem U 235-Kern absorbiert werden. Sobald ein Neutron absorbiert wird, bildet sich kurzzeitig ein energetisch angeregter Zwischenkern U 236. Dieser Zwischenkern fängt an zu schwingen und verformt sich. An der hantelförmigen Einschnürung berühren sich jetzt weniger Nukleonen. Die Abstände zwischen einzelnen Nukleonen werden groß genug, dass die kurzreichweitige Kernkraft nicht mehr ausreicht, die Nukleonen zusammenzuhalten.

Die abstoßende elektrische Kraft zwischen den Protonen, die Coulombkraft, treibt deshalb die beiden Teile mit hoher Geschwindigkeit auseinander. Dadurch wird der Kern in zwei Teile gespalten. Bei der Spaltung werden auch noch zwei oder drei Neutronen frei.

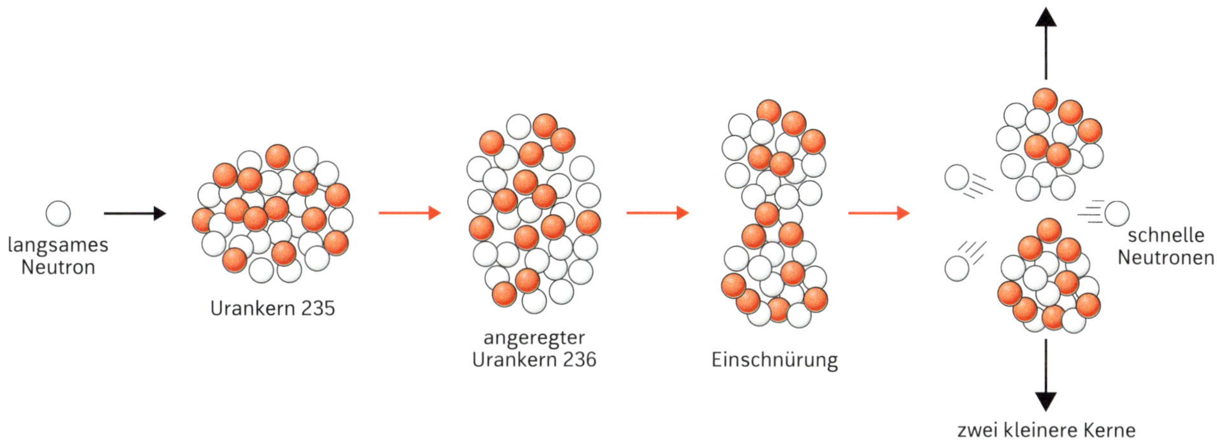

2 Zeitlicher Ablauf einer Kernspaltung durch ein langsames Neutron

Spaltprodukte – Schon mittelgroße Kerne enthalten mehr Neutronen als Protonen, aber der Überschuss ist bei schweren Kernen deutlich größer. Deshalb verlassen bei der Spaltung des Urankerns in zwei kleinere Spaltprodukte auch freigesetzte Neutronen den ehemaligen Kern. Ein Beispiel beschreibt die folgende Reaktionsgleichung:

$$^{1}_{0}n + ^{235}_{92}U \rightarrow ^{236}_{92}U \rightarrow ^{89}_{36}Kr + ^{144}_{56}Ba + 3\,^{1}_{0}n$$

Bei dieser Reaktion entsteht nach der Absorption des langsamen Neutrons zunächst das angeregte Uran-236-Isotop. Dieses spaltet sich in das schwere Barium-144-Isotop und in das leichte Krypton-89-Isotop. Die drei dabei freigesetzten Neutronen sowie besonders die weg fliegenden Spaltprodukte besitzen erhebliche Bewegungsenergie, die in Kernkraftwerken genutzt werden kann. Pro Spaltung werden ca. $3{,}4 \cdot 10^{-11}$ J freigesetzt.

Ein schnelles Neutron prallt beim Auftreffen auf einen U 235-Kern meist von ihm ab und löst keine Spaltung aus.

Durch Absorption eines langsamen Neutrons kann sich ein U 235-Kern unter Energiefreisetzung in zwei kleinere Kerne und freie Neutronen spalten.

MATERIAL MIT AUFGABEN

A Kernspaltung

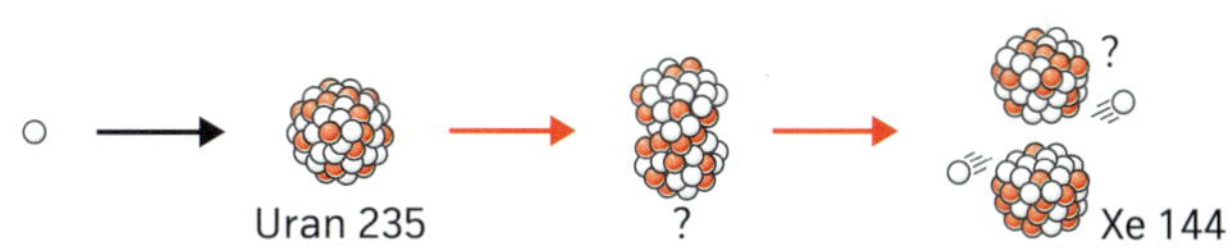

Die Abbildung zeigt eine weitere von vielen anderen Möglichkeiten der Kernspaltung von U 235. Hier werden zwei Neutronen freigesetzt.

1 Formuliere wie im Beispiel die vollständige Reaktionsgleichung unter Zuhilfenahme des Periodensystems im Anhang. ●●○

2 Beschreibe die Reaktionsgleichung in Worten. Erläutere, in welcher Form die Kernenergie freigesetzt wird. ●○○

3 Häufig entsteht bei dem Beschuss von U 235-Kernen mit einem Neutron das Isotop Cs 137 und drei Neutronen. Formuliere eine entsprechende Reaktionsgleichung. ●●○

4 Langsame Neutronen haben eine Geschwindigkeit von 10 $\frac{km}{s}$, schnelle Neutronen eine von 10 000 $\frac{km}{s}$. Gib die Geschwindigkeiten in $\frac{km}{h}$ an. Vergleiche mit der Geschwindigkeit eines Überschallflugzeugs. ●○○

5 Ein U 238-Kern lässt sich durch Neutronen nur sehr selten spalten. Das Neutron kann aber dauerhaft absorbiert werden. Stelle mithilfe der Nuklidkarte dar, was mit einem U 238-Kern passiert, der ein Neutron absorbiert hat. ●●●

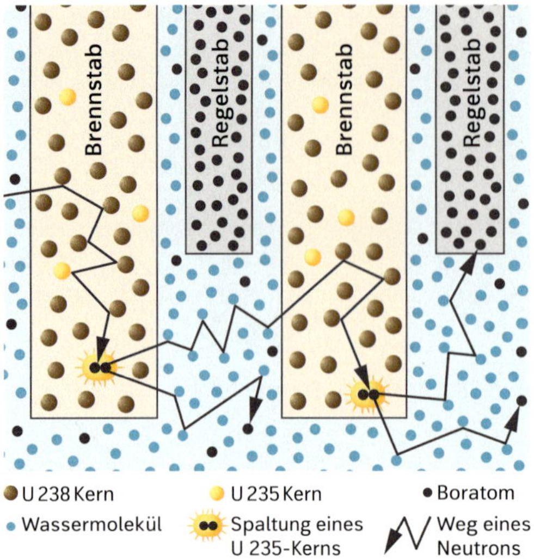

3 Vereinfachte Darstellung der Vorgänge im Reaktor

Pellets: hier zylinderförmige Brennstoff-Tablette

MATERIAL MIT AUFGABEN

B Vorgänge im Reaktorkern

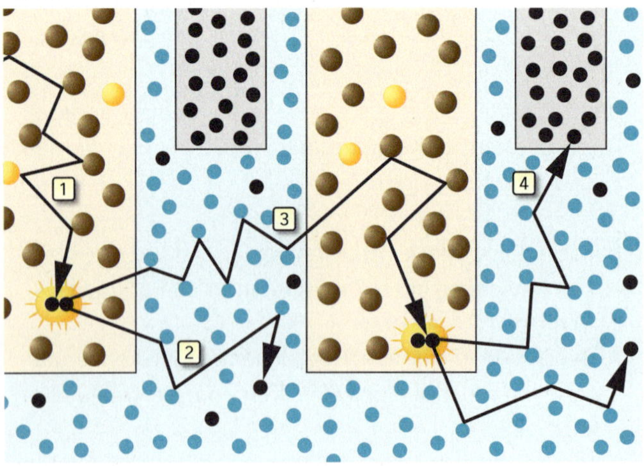

Der vergrößerte Teilausschnitt von Bild 3 zeigt vier Vorgänge für Neutronen im Reaktorkern.

1 Ordne die folgende Beschreibung einem der markierten Wege eines Neutrons zu:
Das freigesetzte Neutron wird durch Stöße mit Wassermolekülen abgebremst und dann durch ein Bor-Atom im Steuerstab eingefangen. ●○○

2 Fertige für die drei anderen markierten Wege entsprechende Beschreibungen an. ●●●

3 Recherchiere, welcher Stoff neben Wasser auch als Moderator benutzt wird. ●●○

Kontrollierte Kettenreaktion – Die bei einer Kernspaltung freigesetzten Neutronen können weitere Kernspaltungen verursachen und so zu einer **Kettenreaktion** führen. Bei einer kontrollierten Kettenreaktion löst genau eines der zwei bis drei bei einer Spaltung freigesetzten Neutronen eine erneute Kernspaltung aus. Dadurch finden fortlaufend immer gleich viele Spaltungen statt, sodass durch die Kernspaltungen immer gleich viel Energie freigesetzt wird. Dies ist die Grundlage von Kernkraftwerken, in denen die freigesetzte Energie schließlich in elektrische Energie gewandelt wird. Das Herzstück eines Kernkraftwerkes ist der **Reaktorkern,** in dem die kontrollierte Kettenreaktion abläuft.

Brennstäbe und Moderator – Natürliches Uran enthält zu etwa 0,7 % das spaltbare Isotop U 235. Die restlichen 99,3 % bestehen aus dem kaum spaltbaren U 238. Damit es überhaupt zu einer Kettenreaktion kommt, wird der Anteil von U 235 auf mindestens 3 % erhöht.

Im Reaktorkern befindet sich Uran in Form von Pellets in dünnen Stahlrohren, die als Brennstäbe bezeichnet werden. Da die bei einer Spaltung frei gesetzten Neutronen für neue Spaltungen zu schnell sind, müssen sie zunächst abgebremst werden. Hierzu ist Wasser geeignet, das die dünnen Brennstäbe umgibt und die Energie der Neutronen aufnehmen kann. Im Durchschnitt benötigt ein Neutron knapp 20 Stöße mit Wassermolekülen, damit es langsam genug ist, um eine neue Spaltung auszulösen. Stoffe, die die Neutronen abbremsen können, werden **Moderator** genannt.

Steuerung – Dem Wasser wird außerdem Bor zugegeben. Bor absorbiert Neutronen, ohne dass irgendwelche Reaktionen ablaufen. Zusätzlich gibt es Steuerstäbe aus Cadmium oder Bor, die zwischen die Brennstäben mehr oder weniger tief eingeschoben werden und dadurch die Neutronenzahl steuern können.

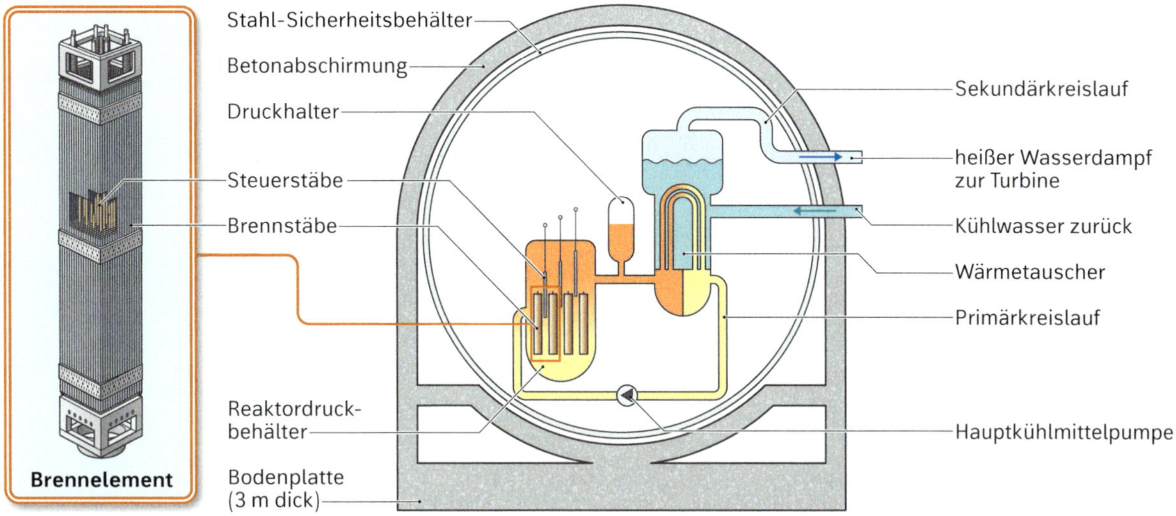

4 Aufbau eines Kernreaktors (Druckwasserreaktor)

Im Normalbetrieb des Reaktors sind die Steuerstäbe fast völlig aus den Brennelementen herausgezogen. Zum Abschalten des Reaktors werden die Steuerstäbe vollständig zwischen die Brennstäbe geschoben, so dass alle Neutronen absorbiert werden und keine Spaltungen mehr stattfinden können.

Energiewandlung – Die Brennstäbe im Reaktorkern sind von Wasser umspült. Das Wasser dient sowohl dazu, die Neutronen für die Kernspaltung abzubremsen als auch dazu, die aus den Kernspaltungen freigesetzte Energie als thermische Energie abzuführen. Das Wasser in diesem Primärkreislauf steht unter sehr hohem Druck, sodass es bei Temperaturen von etwa 300 °C nicht verdampft und die etwa 800 °C heißen Brennstäbe ständig kühlt.
Im Wärmetauscher wird die thermische Energie des Wassers im Primärkreislauf an das Wasser des Sekundärkreislaufs übertragen. Das Wasser des Sekundärkreislaufs steht nicht unter hohem Druck und verdampft deshalb aufgrund der hohen Temperatur. Der Wasserdampf treibt riesige Turbinen an, die wiederum einen Generator antreiben. Die bei den Kernspaltungen frei werdende Energie wird damit schließlich in elektrische Energie gewandelt und diese in das Stromnetz eingespeist.

In Kernreaktoren läuft eine kontrollierte Kettenreaktion ab, die durch die Absorption von Neutronen gesteuert wird. Die bei den Spaltungen frei werdende Energie wird als elektrische Energie ins Stromnetz eingespeist.

VERSUCH

V1 Modellversuch Abbremsung

Materialien:
Zwei 1 Ct-Münzen, je eine 2 Ct-, 5 Ct-50 Ct-, 1 €- und 2 €-Münze, glatte Tischoberfläche

1 Stelle eine Hypothese auf, wie sich die Münzen nach einem Stoß verhalten, wenn eine 1 Ct-Münze kräftig gegen eine andere 1 Ct-Münze prallt. Führe den Versuch durch und wiederhole ihn mit den anderen Münzen.
2 Die 1 Ct-Münze stellt ein Neutron dar, die anderen Münzen stehen für Atome unterschiedlicher Massen. Vergleiche die Versuchsergebnisse mit den Abläufen im Reaktorkern und stelle Gemeinsamkeiten heraus.

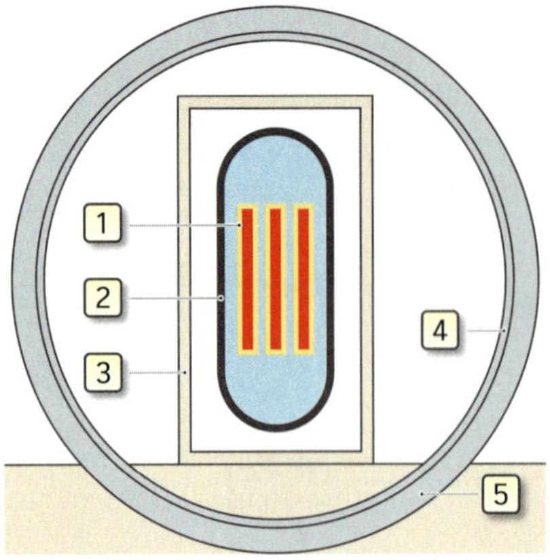

Das 5-Barrieren-Sicherheitssystem

1 Metallene Hüllrohre, in die der Kernbrennstoff gasdicht eingeschweißt ist.

2 Die bis zu 25 cm dicke Stahlhülle des Reaktordruckbehälters.

3 Eine meterdicke Stahlbetonwand schirmt γ- und Neutronenstrahlung ab.

4 Der kugelförmige Sicherheitsbehälter aus 3 cm dicken Stahlplatten hält extremen Druck stand.

5 Eine bis zu 2 m dicke Stahlbetonhülle schirmt äußere Einflüsse ab.

5 Schematische Darstellung der Sicherheitssysteme eines Kernkraftwerks

Radioaktiver Abfall – Während der Einsatzzeit der Brennelemente sinkt durch die Kernspaltungen der Anteil der spaltbaren U 235-Isotope. Gleichzeitig entstehen in den Brennstäben hochradioaktive Spaltprodukte, darunter auch radioaktive Gase sowie durch Neutronen spaltbares Plutonium.

Wenn die Brennelemente nur noch etwa ein Drittel der ursprünglichen U 235-Menge enthalten, müssen sie ausgetauscht werden. Obwohl in ihnen keine Kernspaltungen mehr stattfinden, geht von den Brennstäben durch die radioaktive Strahlung der Spaltprodukte viel thermische Energie aus. Die ausgedienten Brennelemente werden deshalb zunächst innerhalb des Reaktorgebäudes in ein wassergefülltes Abklingbecken befördert, wo sie mindestens ein Jahr lang bleiben, bis Strahlungsintensität und Wärmeentwicklung hinreichend gering sind. Wasserpumpen müssen für eine ständige Kühlung sorgen.

Reaktorsicherheit – Der Aufbau eines Kernkraftwerks muss jederzeit sicherstellen, dass die Bevölkerung vor den Wirkungen radioaktiver Stoffe geschützt ist. Dies wird durch mehrere bauliche Barrieren und Kühlsysteme erfüllt.

Der Kernreaktor muss sehr schnell abgeschaltet werden können. Das vollständige Einfahren der Steuerstäbe stoppt zwar die Kernspaltungen unmittelbar, aber es muss gewährleistet sein, dass nach der Abschaltung die immense Nachwärme der Brennstäbe kontrolliert abgeführt wird. Im Normalfall sorgt dafür das Hauptkühlsystem. Bei dessen Ausfall gibt es weitere Not- und Nachkühlsysteme, die die entstehende thermische Energie abtransportieren sollen. Fallen sogar diese aus, können die Brennstäbe so heiß werden, dass die Metallrohre schmelzen und die radioaktiven Spaltprodukte austreten. Es kommt zur **Kernschmelze.**

MATERIAL MIT AUFGABEN

C Reaktorsicherheit

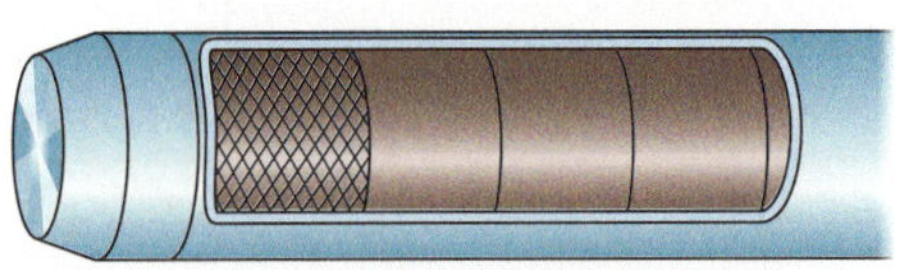

Schematische Darstellung eines Brennstabs

1 Begründe mit Bezug auf die Spaltprodukte, weshalb die Hüllrohre gasdicht sein müssen. ●●○

2 Ein Notkühlsystem pumpt im Notfall stark borhaltiges Wasser in den Reaktorbehälter. Erkläre den Zweck des Borzusatzes. ●●●

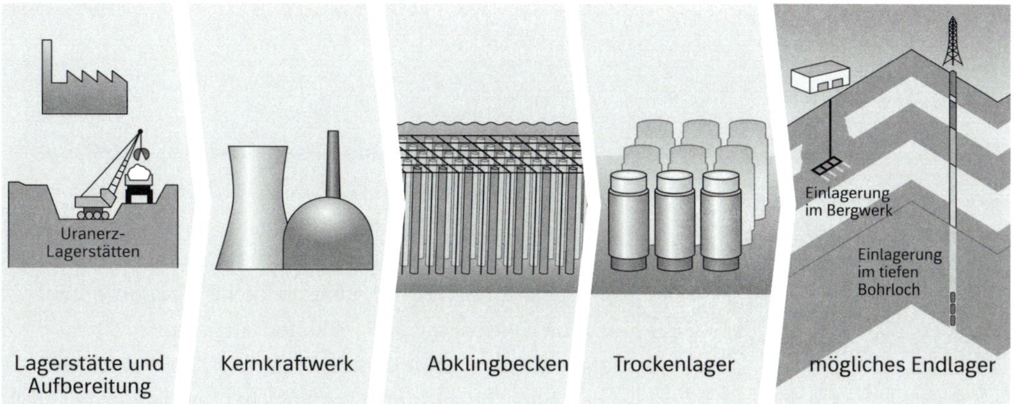

6 Von der Urangewinnung zum Endlager

Zwischenlager – In Deutschland wird im Zuge des Atomausstiegs seit 2005 auf eine Wiederaufarbeitung von Brennstäben verzichtet. Nach der Lagerung in Abklingbecken werden die ausgedienten Brennelemente in besonderen Behältern in Trockenlagern direkt am Kernkraftwerkstandort zwischengelagert. Diese Behälter sind so gebaut, dass sie Gefahren von außen wie Sturz, Feuer oder Anschlägen standhalten und für einen sicheren Einschluss der radioaktiven Stoffe sorgen. Die Kühlung erfolgt allein durch die umgebende Luft.

Endlager – Das langfristige Ziel ist eine sichere Endlagerung aller radioaktiven Abfälle. International besteht Einigkeit darüber, dass hochradioaktive Abfälle wie Brennstäbe durch das Einbringen in tiefe geologische Schichten (ca. 300–1000 m Tiefe) endgelagert werden sollen. Dadurch sollen sie für sehr lange Zeit sicher von der Biosphäre ferngehalten werden. Bisher gibt es allerdings weltweit kein einziges derartiges Endlager.

Es werden verschiedene geologische Formationen geprüft, unter anderem die Endlagerung in Granit in Schweden und Finnland sowie in Ton in der Schweiz. In Deutschland wurde bisher hauptsächlich die Endlagerung in Salzstöcken erkundet. Nach dem Standortauswahlgesetz von 2017 wird die Festlegung des Endlager-Standortes in Deutschland für das Jahr 2031 angestrebt.

MATERIAL MIT AUFGABEN

D **Endlagersuche**

In der Schachtanlage Asse II in Niedersachsen wurden schwach- und mittelradioaktive Abfälle eingelagert. Nach heutigem Kenntnisstand (2021) kann die Langzeitsicherheit der Anlage nur durch die Rückholung der radioaktiven Abfälle erfolgen. (Bundesgesellschaft für Endlagerung)

1 In die Schachtanlage dringt durch Risse salzhaltiges Grundwasser ein. Erkläre, weshalb dadurch die Gefahr besteht, dass in den Fässern gelagerte radioaktiven Stoffe wieder freigesetzt werden können. ●○○

2 Recherchiere, weshalb Salz-, Ton- oder Granitschichten grundsätzlich für eine langfristige Lagerung radioaktiver Abfälle geeignet sind. ●●○

3 Nenne Gründe für und gegen die Rückholbarkeit radioaktiver Abfälle aus einem Endlager. ●●○

Wiederaufarbeitung: Rückgewinnung von noch vorhandenem Uran-235 sowie von (atomwaffenfähigem) Plutonium-239 aus den Brennstäben

Biosphäre: Summe aller Ökosysteme der Erde

MATERIAL MIT AUFGABEN

E Das Reaktorunglück in Fukushima

Von Tina Westermann, 11.03. 2021

Auch genau zehn Jahre nach der Reaktorkatastrophe im japanischen Fukushima sind die Auswirkungen auf Menschen und Umwelt noch erheblich. Eine etwa 300 Quadratkilometer große Sperrzone verläuft vom Kraftwerk in Richtung Nordwesten landeinwärts. Eine Rückkehr in diese Zone wird für die ehemaligen Bewohner wohl nie mehr möglich sein. Das Unglück, bei dem ein schweres Erdbeben einen Tsunami auslöste, der das Kernkraftwerk so sehr zerstörte, dass es zur Kernschmelze kam, führte in Deutschland zum endgültigen Ausstieg aus der Kernenergie und zu der Erkenntnis, dass es auch in hoch entwickelten Ländern zu einer atomaren Katastrophe kommen kann. (Westermann Bildungsmagazin)

1 Stelle auf der Basis des Zeitungsartikels Ursachen und Folgen des Reaktorunglücks in Fukushima in eigenen Worten dar. ●○○

2 Informiere dich über den Ablauf des Reaktorunglücks und erstelle eine zeitliche Übersicht über die wesentlichen Vorgänge. ●○○

3 Erkläre, was man unter einer Kernschmelze versteht und wie sie zustande kommen kann. ●●○

4 In Fukushima wurden riesige Mengen Meerwasser zur Kühlung in die Reaktorblöcke gepumpt. Begründe, weshalb dieses Wasser nicht einfach wieder ins Meer abgelassen wird. ●●○

5 Recherchiere die Halbwertszeiten wesentlicher Spaltprodukte wie Sr 90 und Cs 137. Begründe, weshalb es eine Zone nordwestlich von Fukushima gibt, in die auf absehbare Zeit keine Rückkehr der Menschen möglich ist. ●●○

6 Informiere dich unter dem Stichwort Atomausstieg über Diskussionen und Beschlüsse zur Abschaltung von Kernkraftwerken in Deutschland im Zeitraum 1989 bis heute. ●●○

F Kernenergie in Zahlen

Energieträger	Energiegehalt pro kg	CO_2-Emission pro kWh*
Uran-235	23 000 000 kWh	–
Erdgas	11 kWh	0,2 kg
Braunkohle	5,6 kWh	0,4 kg

*elektrischer Energie beim jeweiligen Kraftwerk

Info: 1 kWh = 3 600 000 J

Bei der Spaltung eines U 235-Kerns werden $3{,}4 \cdot 10^{-11}$ J freigesetzt.

1 Mit Kernenergie gegen die Klimakrise? Notiere mithilfe der Tabelle Argumente für den Weiterbetrieb von Kernkraftwerken über das Jahr 2022 hinaus. ●●○

2 Berechne, wie viele U 235-Kerne im Kraftwerk gespalten werden müssen, damit insgesamt eine Energie von 1 kWh freigesetzt wird. ●●○

3 Berechne das Volumen einer Tonne Uran sowie die Masse an Braunkohle mit dem gleichen Energiegehalt. (Dichte von Uran $\rho = 19{,}2\ \frac{kg}{dm^3}$) ●●○

4 Ein Kernkraftwerk benötigt pro Jahr etwa 20 t angereichertes Uran. Begründe, weshalb eine deutlich höhere Menge an Abfall endgelagert werden muss. Berechne, wie viele Milliarden kWh Energie maximal durch Kernspaltungen pro Jahr damit frei gesetzt werden können. ●●●

5 Informiere dich über die Vorgänge bei einer **un**kontrollierten Kettenreaktion und die Notwendigkeit einer kritischen Masse dafür. Nenne Gründe, weshalb ein Kernkraftwerk nicht wie eine Atombombe explodieren kann. ●●○

6 Stelle, auch unter Nutzung weiterer Medien, Argumente für und gegen die Kernenergienutzung übersichtlich dar. Beziehe selbst Stellung dazu. ●●○

Forschung im Spannungsfeld Individualität – Wissenschaft – Politik – Gesellschaft

Marie Curie und ihre Familie

Marie Curie (Bild links) wurde 1867 als Tochter eines Physiklehrers in Warschau geboren. 1891 ging sie zum Studium der Physik nach Paris. Auf der Suche nach einem Thema für ihre Doktorarbeit stieß sie auf die 1896 von Henri Becquerel entdeckte Uranstrahlung. Zusammen mit ihrem Mann Pierre Curie begann sie, diese Strahlung intensiv zu untersuchen. Dabei verarbeiteten die Curies eine Tonne uranhaltiger Pechblende und wiesen zwei neue radioaktive Elemente nach: Radium und Polonium. 1903 erhielten sie gemeinsam mit Becquerel den Nobelpreis für Physik für die Entdeckung der Radioaktivität. 1911 wurde Marie Curie der Nobelpreis in Chemie für ihre Arbeiten zu Radium zuerkannt.

Ab 1898 machten Marie Curie immer wieder starke Erschöpfungszustände zu schaffen, am 4. Juli 1934 starb sie infolge der jahrelangen Strahlungsbelastung an Anämie. Irène Curie (Bild rechts), der ältesten Tochter Marie Curies, und ihrem Mann, Frédéric Joliot-Curie, gelang es, radioaktive Elemente künstlich herzustellen (gemeinsamer Nobelpreis für Chemie 1935). Irène Curie starb 1956, ebenfalls infolge jahrelanger Strahlenbelastung, an Leukämie.

Otto Hahn und Lise Meitner

Otto Hahn hatte in der Schule, angeregt durch „chemische Spielereien", sein Interesse für die Chemie entdeckt. Nach seinem Doktorexamen ging er 1904 nach England und begann, sich mit Radioaktivität zu beschäftigen. 1905 gelang ihm die Entdeckung des „Radiothors": des Thorium-Isotops Th 228. Hierdurch ermutigt, wechselte er noch im selben Jahr nach Montreal zu dem Physiker Ernest Rutherford, um seine Kenntnisse der Radioaktivität zu vervollkommnen. Zurück in Berlin, traf er 1907 mit Lise Meitner (geb. 1878 in Wien) zusammen. Lise Meitner war erst die zweite Frau, die in Wien promovierte. 1907 hatte auch sie sich bereits einige Zeit mit Problemen der Radioaktivität beschäftigt.

Die Zusammenarbeit zwischen der theoretischen Physikerin Meitner und dem Chemiker Hahn führte zu der bedeutsamen Entdeckung der Kernspaltung. Meitner lieferte die erste wissenschaftliche Erklärung für diese Reaktion. Sie wies rechnerisch nach, dass dabei große Mengen Energie frei werden. Lise Meitner war Jüdin und wurde durch das Hitlerregime politisch verfolgt. Deshalb musste sie bereits 1938 nach Schweden emigrieren.

AUFGABEN

1 Informiere dich über die Möglichkeiten für Frauen, Ende des 19. Jahrhunderts in Europa zu studieren. Vergleiche in diesem Zusammenhang Marie Curie und Lise Meitner. Beurteile die Bedeutung der Nobelpreisvergabe an Curie. ●●○

2 Erläutere die gesundheitlichen Risiken für Forscher und Gesellschaft am Beispiel von Marie und Irène Curie. ●○○

3 Mit der Entdeckung der Kernspaltung legten Otto Hahn und Lise Meitner die Grundlage für die militärische und zivile Nutzung der Kernenergie in Form von Atombomben und Kernkraftwerken. Tragen die beiden die Verantwortung für den Abwurf der Atombomben in Japan im Jahr 1945? Recherchiere zu diesem Thema und lege deine Meinung begründet dar. ●●○

Alles auf einen Blick

1.1 Struktur der Atome

Die positive Ladung und fast die gesamte Masse eines Atoms sind im winzigen Atomkern konzentriert. Negativ geladene Elektronen bilden die Atomhülle.

Atomkerne bestehen aus Protonen und Neutronen. Die Protonenzahl des Kerns entspricht der Elektronenzahl des Atoms. Neutronen und Protonen werden durch die Kernkraft zusammengehalten.
Isotope sind Atome gleicher Kernladungszahl Z, die sich aber in ihrer Massenzahl A unterscheiden.

1.2 Ionisierende Strahlung

α-Strahlung besteht aus Heliumkernen, β-Strahlung aus sehr schnellen Elektronen. γ-Strahlung und Röntgenstrahlung sind reine Energiestrahlungen. α- und β-Teilchen lassen sich im Magnetfeld ablenken, γ- und Röntgenstrahlung nicht.
Allen vier Strahlungen gemeinsam ist ihre ionisierende Wirkung von Luft, aber auch von anderen Materialien. Auf der ionisierenden Wirkung beruhen Nachweisgeräte für diese Strahlungsarten.

1.3 Radioaktiver Zerfall

Allgemeine Zerfallsgleichungen:

α-Zerfall: $^{A}_{Z}X \rightarrow {}^{A-4}_{Z-2}Y + {}^{4}_{2}He$

β-Zerfall: $^{A}_{Z}X \rightarrow {}^{A}_{Z+1}Y + {}^{0}_{-1}e$

α- und β-Strahlung entsteht beim Zerfall von Atomkernen. In beiden Fällen gehört der Restkern einem anderen chemischen Element an.
Der Zerfall von Kernen erfolgt zufällig. Dadurch wird Strahlung unregelmäßig ausgesendet. Auch ohne radioaktives Material registriert ein Zählrohr Impulse. Dies wird als Nulleffekt bezeichnet.

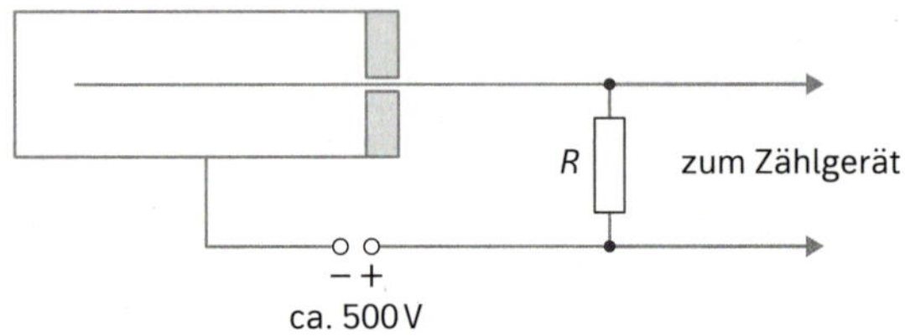

Im Zählrohr führt die Ionisation von Gasatomen durch einfallende Strahlung zu Spannungsimpulsen, die gezählt werden. Die um die Nullrate bereinigte Zählrate ist ein Maß für die Intensität der Strahlung.

1.4 Halbwertszeit - Zerfallsgesetz

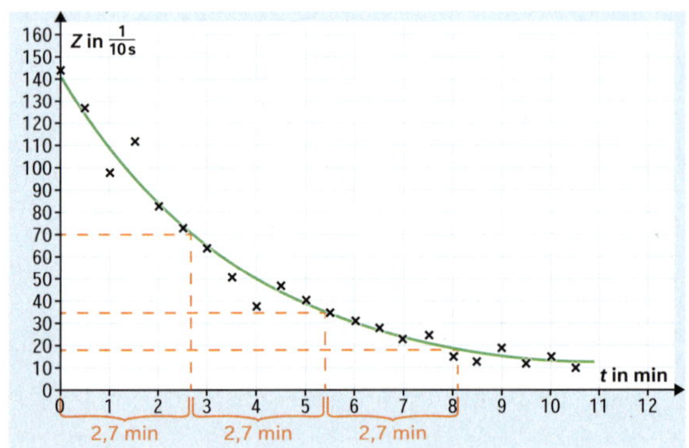

Die Halbwertszeit t_H eines radioaktiven Isotops gibt an, nach welcher Zeit jeweils die Hälfte der zuvor vorhandenen Kerne zerfallen bzw. die Zählrate halbiert ist. Die Halbwertszeit ist unabhängig von der Anzahl der Kerne und bleibt für ein Isotop immer gleich. Beim radioaktiven Zerfall sind von N_0 Kernen nach der Zeit t etwa

$$N(t) = N_0 \cdot \left(\frac{1}{2}\right)^{\frac{t}{t_H}}$$

noch nicht zerfallen.
Die Aktivität A einer radioaktiven Substanz ist die Anzahl der Kernzerfälle pro Sekunde in dieser Substanz. Die Einheit ist $1\,\frac{1}{s} = 1\,Bq$
Die mit einem Zählrohr bestimmte Zählrate ist stets kleiner als die Aktivität, da unter anderem die Strahlung in alle Richtungen ausgesandt wird.

2.1 Absorption und Reichweite

Strahlungsart	α	β	γ, Röntgen
Reichweite in Luft	einige cm	einige dm	unendlich
Absorption durch	Blatt Papier	4 mm Aluplatte	dicke Bleischicht

Die Stärke der Absorption ionisierender Strahlung hängt sowohl von der Strahlungsart als auch dem absorbierenden Material und dessen Dicke ab.

2.2 Weitere Nachweismethoden

Nachweisgeräte für radioaktive Strahlung sind neben Zählrohren Nebelkammern und Filmdosimeter. In Nebelkammern lässt sich die radioaktive Strahlung durch Nebelspuren sichtbar machen.

3.1 Strahlenwirkung und Strahlenschutz

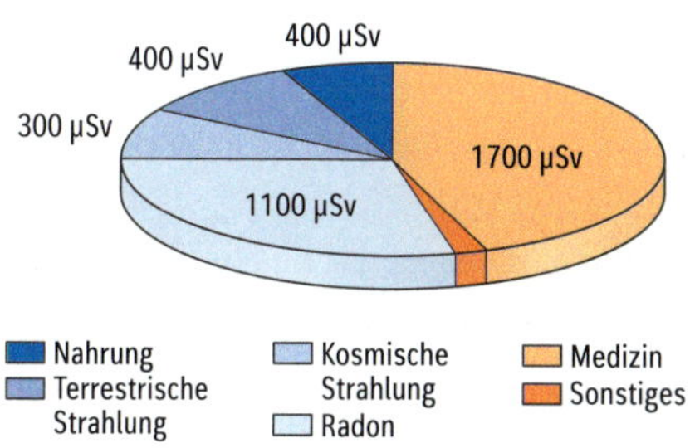

Ionisierende Strahlung kann menschliche Zellen schädigen. Die gesamte Strahlenbelastung für den Körper setzt sich aus der natürlichen und der zivilisatorischen Strahlenbelastung zusammen.
Die effektive Dosis ist ein Maß für die Strahlenbelastung. Sie berücksichtigt die aufgenommene Energie, die Strahlungsart sowie die unterschiedliche Empfindlichkeit der Organe.
Einheit der effektiven Dosis: 1 Sievert = 1 Sv = $1\,\frac{\text{J}}{\text{kg}}$.

3.2 Ionisierende Strahlung in Medizin und Technik

Ionisierende Strahlung wird in der Medizin für Diagnostik und Therapie eingesetzt. Häufig eingesetzte Verfahren sind Röntgen, Computertomografie, Szintigrafie und Strahlentherapie.
In der Technik wird radioaktive Strahlung unter anderem zur Überprüfung von Materialien und zur Detektion von gefährlichen Gegenständen genutzt.
Zum Schutz vor ionisierender Strahlung müssen stets die 5 A-Regeln des Strahlenschutzes beachtet werden.

4.1 Kernspaltung und Kernkraftwerk

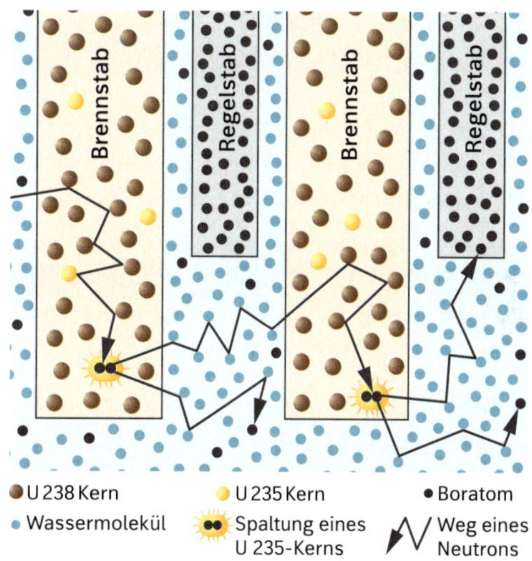

Durch Absorption eines langsamen Neutrons kann sich ein U 235-Kern unter Energiefreisetzung in zwei kleinere Kerne und freie Neutronen spalten.
In Kernreaktoren läuft eine kontrollierte Kettenreaktion ab, die durch die Absorption von Neutronen gesteuert wird. Die bei den Spaltungen freiwerdende Energie wird als elektrische Energie ins Stromnetz eingespeist. Problematisch bei Kernkraftwerken sind die Lagerung der radioaktiven Abfälle und die schweren Auswirkungen auf die Umwelt bei einem Reaktorunfall.

Teste dich

A Kernzerfall

Kernzerfall	Würfelexperiment
einzelner Kern	
zerfallener Kern	Würfel, der die Zahl 1 zeigt
	Anzahl der Würfel, die keine 1 zeigen
Anzahl der in einer Zeiteinheit zerfallenen Kerne	
	Rundenzahl, bei der die Hälfte der Würfel aussortiert ist
Zerfallswahrscheinlichkeit	

B Radioaktivität nachweisen

Zählrate Z in $\frac{1}{3\,\text{min}}$	203	223	230	198

Mit einem Zählrohr wurde mehrmals die Zählrate bei einem Päckchen Weinstein-Backpulver gemessen.

t in min	0	15	30	45	60	75	90	105	120
Zählrate Z in $\frac{1}{\text{min}}$	440	354	282	232	179	149	122	62	50

Mit einem Staubsauger wurde in einem Kellerraum eine Stunde lang durch einen Filter Luft eingesaugt. Anschließend wurde der Filter mit einem Zählrohr untersucht und alle 15 Minuten die Zählrate gemessen.

AUFGABEN

Bearbeite die Aufgaben mit Material A

1 Erstelle mithilfe der Nuklidkarte vier Schritte der Zerfallsreihe von Am 241. Gib auch die zugehörigen Halbwertszeiten an. ●○○

2 Beschreibe Experimente, mit denen nachgewiesen werden kann, dass ein Am 241-Präparat α- und γ-Strahlung emittiert. Nenne eine Ursache, weshalb das Präparat keine messbare β-Strahlung aussendet. ●●○

3 Erläutere die Bedeutung der Aufschrift „74 kBq“ eines Am 241-Präparates. Begründe, dass die von einem Zählrohr angezeigte Zählrate nicht der Aktivität eines Präparates entspricht. ●●○

4 Der Zerfall von Atomkernen soll mit einem Würfelexperiment simuliert werden. Beschreibe das Experiment und ergänze die obige Tabelle. Erläutere, welchen Einfluss die Form der benutzten Würfel hat. (Es werden in einem Versuch nur identische Würfel benutzt.) ●●○

Bearbeite die Aufgaben mit Material B

1 Erläutere unter Bezug auf die Messwerte mit Backpulver die folgenden Aussagen:
- Der radioaktive Zerfall ist ein zufälliger Prozess.
- Das Backpulver ist radioaktiv, die Strahlung aber unbedenklich.

Hinweise: Das verwendete Backpulver enthält Kalium. Die Nullrate betrug $39\,\frac{1}{\text{min}}$. ●●○

2 Ermittle mithilfe eines t-Z-Diagramms die Halbwertszeit der in der Kellerluft vorhandenen radioaktiven Substanz. ●●○

3 Mit einem Zählrohr lassen sich einzelne α-Teilchen nachweisen. Erkläre dies, indem du auf die Funktionsweise des Zählrohres eingehst. ●●○

4 Mit einer Nebelkammer können α- und β-Teilchen unterschieden werden, was mit einem Zählrohr nicht möglich ist. Erkläre diesen Unterschied. ●●●

C Sicherheit am Flughafen

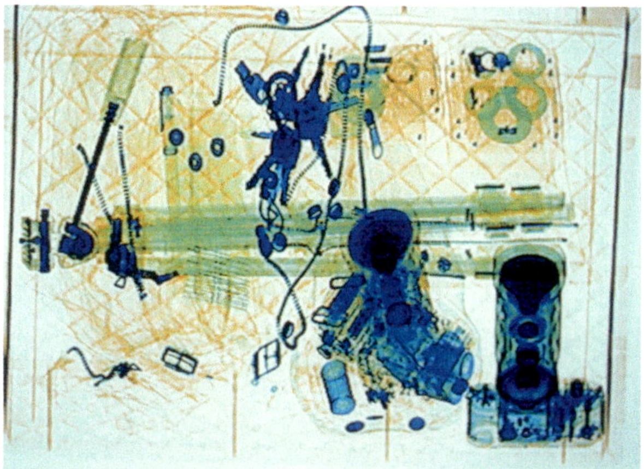

Das Handgepäck am Flughafen wird mit Röntgenstrahlung durchstrahlt. Eine Computer-Software wertet die entstandenen Röntgenbilder aus und stellt sie farbig dar.

D Kernenergie

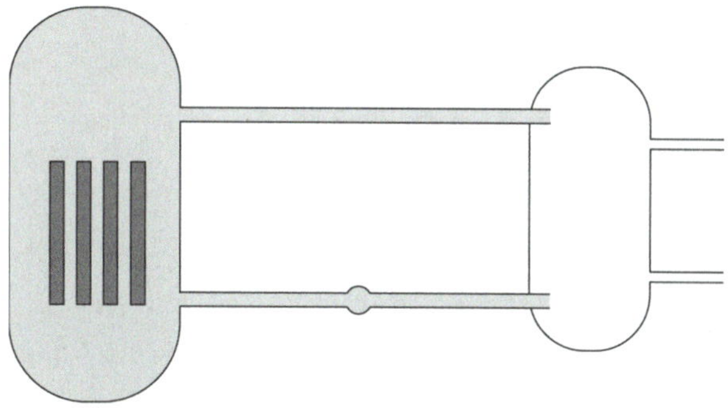

Mögliche Spaltprodukte, nach Protonenzahl geordnet:

$^{89}_{36}Kr$ $^{96}_{37}Rb$ $^{90}_{38}Sr$ $^{96}_{39}Y$ $^{103}_{42}Mo$

$^{131}_{50}Sn$ $^{143}_{54}Xe$ $^{137}_{55}Cs$ $^{144}_{56}Ba$

AUFGABEN

Bearbeite die Aufgaben mit Material C

1. Im durchleuchteten Koffer befinden sich unter anderem zwei Kameras, ein Kamerastativ und ein Schlüsselbund. Erkläre anhand dieser Gegenstände physikalisch, warum manche Materialien deutlicher zu erkennen sind als andere. ●○○

2. Die Röntgenquelle ist stark abgeschirmt. Begründe, welche Materialien sich zur Abschirmung eignen, um Personen zu schützen. ●●○

3. Beschreibe weitere Maßnahmen bei der Gepäckkontrolle, die die umgebenden Personen vor der Röntgenstrahlung schützen können. ●●○

4. Die Strahlenbelastung für eine kontrollierte Person während der Gepäckkontrolle betragt 0,2 μSv. Schätze und bewerte die Strahlenbelastung für das Personal am Röntgengerät durch Vergleich mit der natürlichen Strahlenbelastung. ●●●

Bearbeite die Aufgaben mit Material D

1. Übertrage die obige Prinzipskizze eines Kern kraftwerkes in dein Heft. Ergänze sie durch noch fehlende wesentliche Bestandteile des Reaktorkerns und des Primärwasserkreislaufs. Beschreibe die zwei Funktionen des Wassers. ●○○

2. Erläutere, wie eine Kernspaltung ausgelöst und wie ein Kernkraftwerk „abgeschaltet" werden kann. Beschreibe notwendige Maßnahmen, um eine kontrollierte Kettenreaktion aufrecht zu erhalten. ●●○

3. Die Auflistung oben zeigt häufig vorkommende Spaltprodukte. Finde unter ihnen begründet Partner, die bei der Spaltung jeweils eines $^{235}_{92}U$-Kerns entstanden sein können. ●●●

4. Erläutere, durch welche Sicherheitsvorrichtungen in einem Kernkraftwerk verhindert werden soll, dass radioaktive Spaltprodukte und Strahlung nach außen dringen. ●●○

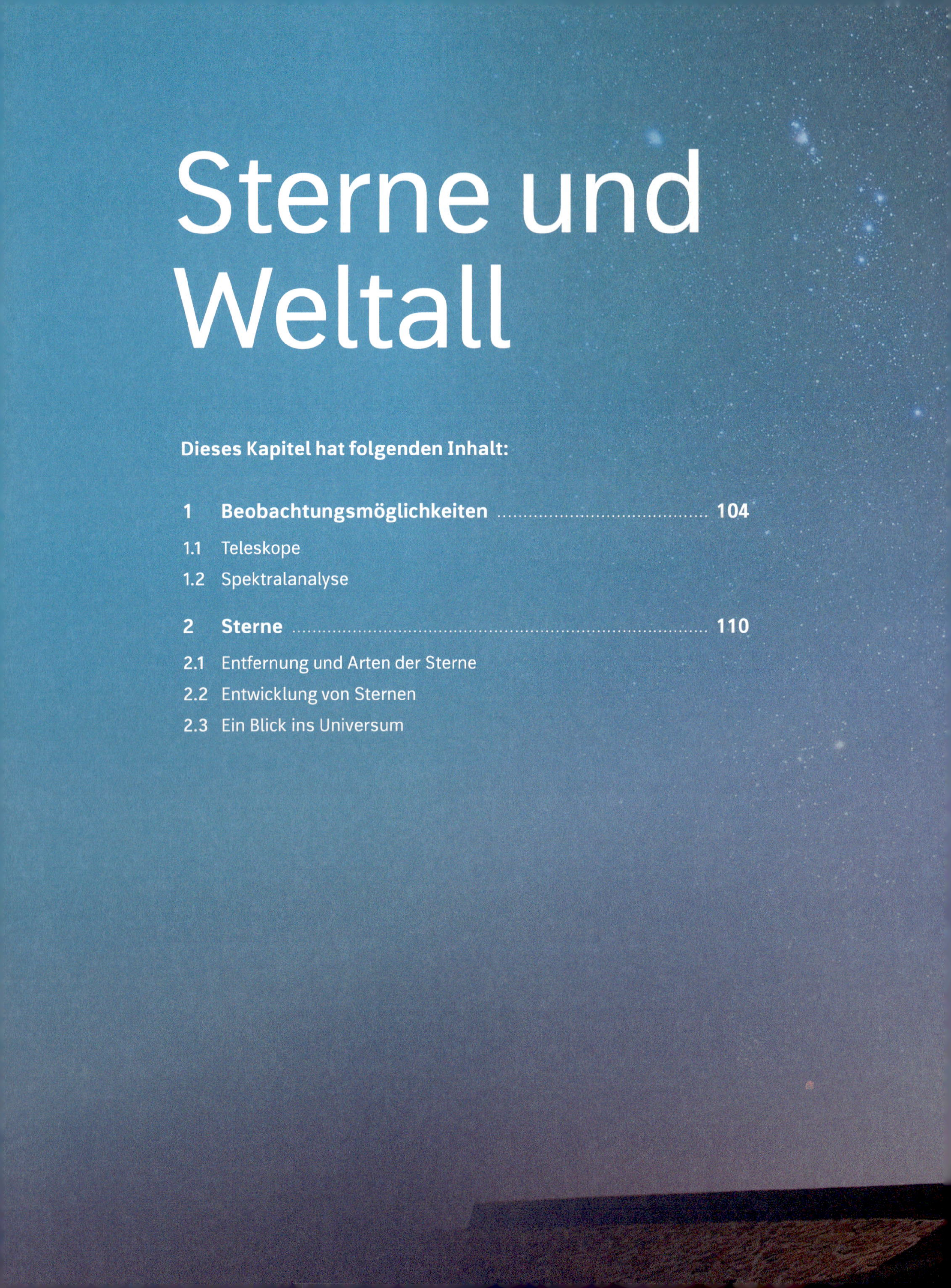

Sterne und Weltall

Dieses Kapitel hat folgenden Inhalt:

Spiegelteleskope ermöglichen
einen Blick in das Universum

1 **A** Blick in ein Spiegelteleskop;
B Versuch zum Bild am Hohlspiegel

1.1 Teleskope

Gigantisch groß ist das Weltall, unvorstellbar die Entfernungen. Selbst unser Nachbarstern, die Sonne, ist Millionen Kilometer entfernt. Wie kann man trotzdem die Sterne erforschen?

Versuch – Vor einem nach innen gewölbten Hohlspiegel wird ein leuchtender Gegenstand platziert. Auf einem durchscheinenden Schirm lässt sich in einer bestimmten Entfernung ein seitenverkehrtes und kopfstehendes Bild des Gegenstands auffangen. Das Bild entsteht auf derselben Seite des Spiegels, auf der sich auch der Gegenstand befindet.

Bild am Hohlspiegel – Hohlspiegel besitzen wie Sammellinsen einen Brennpunkt. Parallelstrahlen verlaufen nach der Reflexion durch den Brennpunkt und Brennstrahlen als Parallelstrahlen. Von einem Punkt des Gegenstands ausgehende Strahlen werden nach der Reflexion wieder in einem Punkt vereint. So entsteht von einem Gegenstand außerhalb der Brennweite ein reelles Bild.

> Mit einem Hohlspiegel lassen sich seitenverkehrte, kopfstehende, reelle Bilder erzeugen.

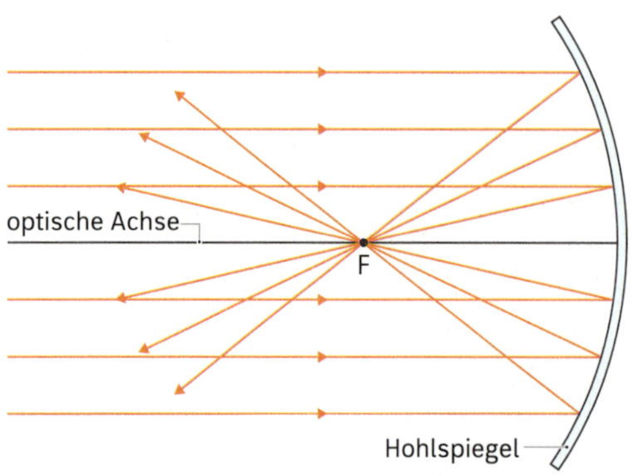

2 Parallelstrahlen am Hohlspiegel

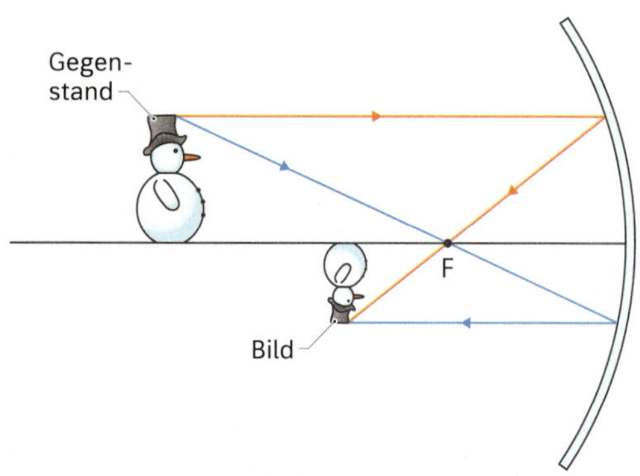

3 Bild am Hohlspiegel

Spiegelteleskop – Die Bildentstehung am Hohlspiegel wird in Spiegelteleskopen genutzt. Das vom Hohlspiegel erzeugte reelle Bild kann durch eine Sammellinse, das Okular, wie durch eine Lupe vergrößert betrachtet werden. Allerdings muss man vorher durch einen kleinen Spiegel den Strahlengang umleiten, damit man beim Betrachten nicht mit dem Kopf den Strahlengang verdeckt. Diese Art des Fernrohrs wird auch **Reflektor** genannt, weil sie die Reflexion des Lichts nutzt.

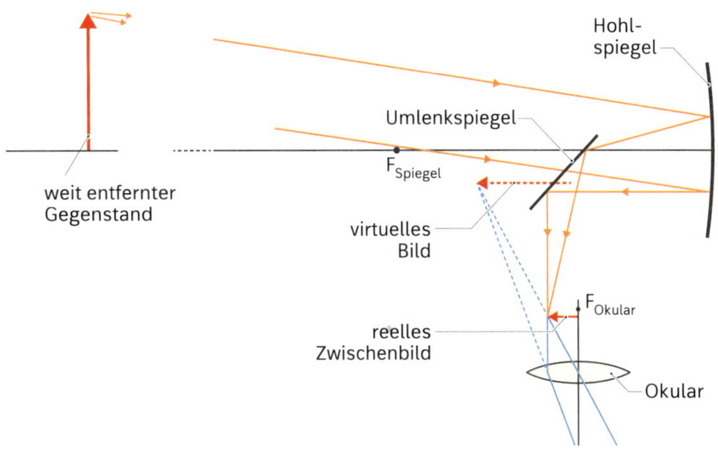

4 vereinfachte Darstellung des Strahlengangs im Newton-Reflektor

Refraktor – Ein astronomisches Fernrohr kann ebenfalls zur Beobachtung genutzt werden. In ihm wird das reelle Zwischenbild durch eine Sammellinse erzeugt. Solche Linsenfernrohre werden auch **Refraktoren** genannt.

Große Teleskope – Alle Teleskope müssen beweglich sein, um die scheinbare Bewegung des Sternhimmels auszugleichen. Diese Nachführung wird schwieriger, je größer und schwerer ein Teleskop ist. Der größte Refraktor mit einem Objektivdurchmesser von 102 cm wurde 1897 im Yerkes-Observatorium nahe Chicago eingeweiht. Größere Refraktoren wurden nicht gebaut, denn auch ihre Konstruktion stößt an technische Grenzen. Große Linsen sind sehr schwer und zeigen deutliche Farbfehler durch die unterschiedliche Brechung der einzelnen Farben. Die gegenwärtig größten Reflektoren haben Spiegeldurchmesser von 10,4 m. Sie befinden sich in Spanien und auf Hawaii. Durch die hohen Spiegeldurchmesser können die Reflektoren mehr Licht sammeln als herkömmliche Refraktoren. Die Bilder sind dadurch heller und zeigen mehr Einzelheiten. Von Vorteil ist dabei, dass sich Spiegel mit größeren Durchmessern einfacher herstellen lassen als Linsen. Sie zeigen auch keine Farbfehler.

Refraktion = Brechung des Lichts

Beim Reflektor wird das reelle Zwischenbild durch einen Hohlspiegel erzeugt und mit einem Okular vergrößert.

MATERIAL MIT AUFGABEN

A Reflektoren

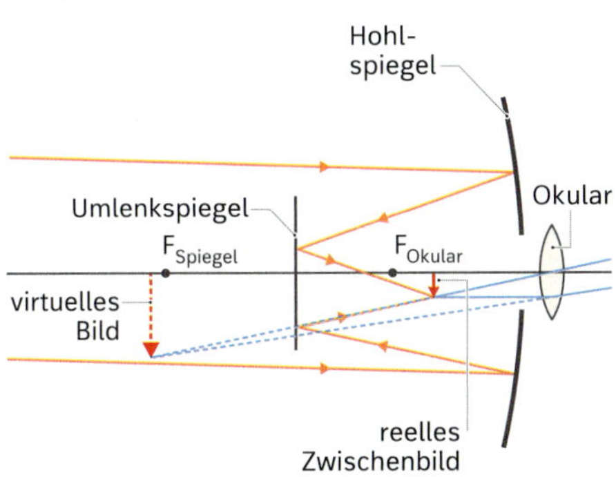

1 Beschreibe den Strahlengang und die Bildentstehung im dargestellten Cassegrain-Reflektor. ●○○

2 Vergleiche den Newton-Reflektor aus Bild 4 mit dem Cassegrain-Reflektor. ●●○

3 Vergleiche Vor- und Nachteile von Refraktoren und Reflektoren. ●●○

5 Mehrere Teleskope bilden ein größeres Teleskop

6 Foto mit Hubble Space Telescope aufgenommen

Zusammenschaltung – Je größer die Objektive bei einem Refraktor oder die Spiegel bei einem Reflektor sind, desto mehr Licht können sie sammeln. Die dargestellten Objekte werden heller. Viele schwache Sterne sind erst dadurch zu sehen. Zusätzlich erkennt man auch mehr Einzelheiten. Statt aber immer größere Teleskope zu bauen, was an technische und physikalische Grenzen stößt, schaltet man mehrere gleiche Teleskope zusammen, die wie ein Teleskop mit größerem Durchmesser wirken. Die Teleskope müssen dabei aber sehr genau aufeinander abgestimmt werden. Die größte bisherige Unternehmung war die Zusammenschaltung der vier 8,2 m-Teleskope auf dem Cerro Paranal in Chile zum Very Large Telescope (VLT).

Teleskope im Weltall – Die Erdatmosphäre erschwert die astronomische Beobachtung durch Luftverschmutzung, Licht der Städte und Luftunruhe, die ein scheinbares Flimmern der Sterne verursacht. Diese Störungen lassen sich durch die Raumfahrt ausschalten. Satelliten tragen Teleskope wie das 1990 gestartete Hubble Space Telescope (HST), das mit seinem 2,4 m-Spiegel Licht, sowie IR- und UV-Strahlung beobachten kann. Es blickt viel weiter ins All als jedes Teleskop auf der Erde. Außerhalb der Erdatmosphäre kann man auch Strahlung aus dem Weltall beobachten, die die Erdatmosphäre nicht durchdringt. Einige Satelliten, die die Erde umkreisen, tragen Empfangsgeräte für Gamma- oder Röntgenstrahlung.

MATERIAL MIT AUFGABEN

B Teleskope

Die Abbildung zeigt das FAST-Radioteleskop in China mit einem Spiegeldurchmesser von 500 m.

1 Berechne, um welchen Faktor die Spiegelfläche größer ist als die des größten beweglichen Radioteleskops. ●●○
2 Gib an, welchen Nachteil die Beobachtung mit unbeweglichen Teleskopen gegenüber beweglichen hat. ●●○

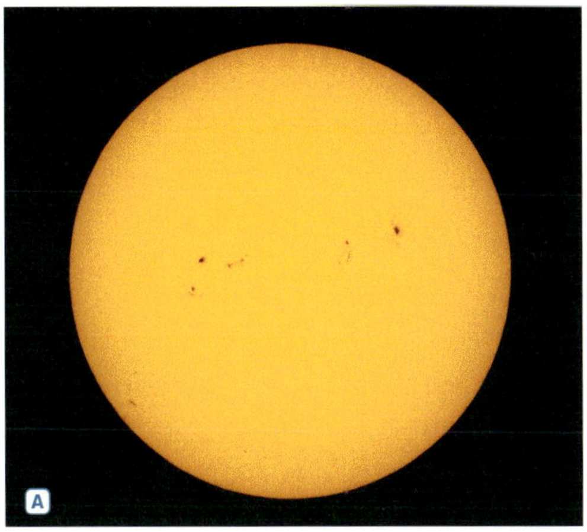

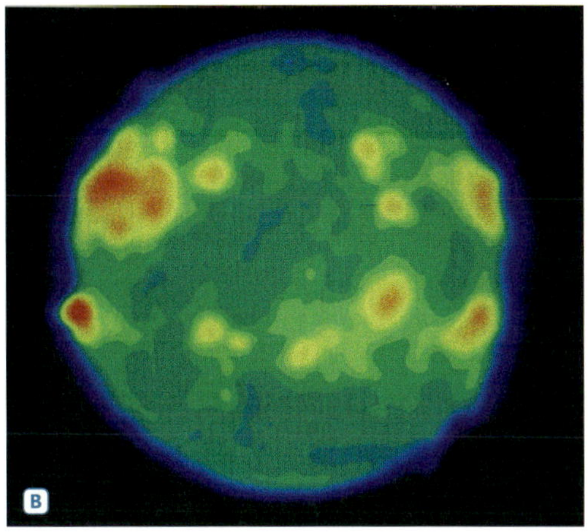

7 Bild der Sonne A: Im sichtbaren Licht; B: Im Radiobereich (zu verschiedenen Zeitpunkten aufgenommen)

Radioastronomie – Von astronomischen Objekten geht neben Licht, IR-, UV- und Röntgenstrahlung noch eine andere Strahlung aus. Sie ist ähnlich der, die wir für Fernsehen, Radio oder Mobilfunk nutzen. Es ist Radiostrahlung, die durch unsere Sinne nicht wahrgenommen werden kann. Mit Antennen kann man sie empfangen. Radiostrahlung wird nicht von der Atmosphäre geschwächt. Durch sie lassen sich weitere Informationen über das Weltall gewinnen. Die Sonne als unsere stärkste Quelle der Radiostrahlung sieht im Bereich der Radiostrahlung ganz anders aus als im Bereich des sichtbaren Lichts. Veränderungen auf der Sonne, die auch Auswirkungen auf die Erde haben, können so besser erforscht werden.

Radioteleskope – Radioteleskope ähneln riesigen Satellitenschüsseln. Mit einem großen Spiegel wird die Radiostrahlung in einem Brennpunkt gebündelt. Dort befindet sich das Empfangsteil, das die Strahlung aufnimmt. Dann werden die Informationen zu Computern weitergeleitet, die sie verarbeiten und in von Menschen sichtbare Bilder umwandeln.

Die größten frei beweglichen Radioteleskope mit einem Durchmesser von 100 m befinden sich in der Eifel und in West Virginia, das größte unbewegliche mit einem Durchmesser von 576 m im nördlichen Kaukasus.

Schnell rotierende Sternreste, sogenannte Pulsare, lassen sich nur wegen der von ihnen ausgesandten Radiostrahlung beobachten.

Für Radiostrahlung wirken Metallplatten als Spiegel.

8 Radioteleskop Effelsberg in der Eifel

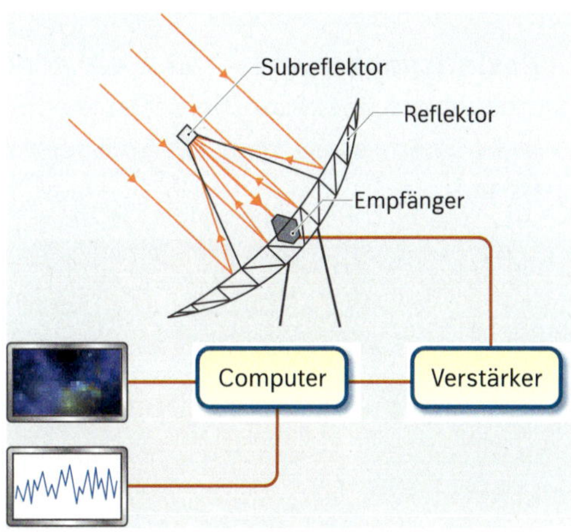

9 Schema eines Radioteleskops

1 **A** Sterne im Sternbild Stier; **B** Das Licht einer Glühlampe bei verschiedenen Spannungen und einer Heliumröhre werden mit einem Spektroskop betrachtet

1.2 Spektral-analyse

Betrachtet man Sterne genauer, dann sieht man, dass sie farbig schimmern. Fotos zeigen das noch deutlicher. Welche Ursache haben die Sternfarben? Wie kann man aus ihnen Informationen über die Sterne gewinnen?

Versuch – Mit einem Spektroskop kann durch das darin enthaltene Glasprisma Licht in Spektralfarben zerlegt werden. Zuerst wird das Licht einer Glühlampe bei verschiedenen Spannungen betrachtet, danach das Licht einer mit dem Gas Helium gefüllten Röhre.

lateinisch emittere: aussenden

Emissionsspektrum – Durch das Prisma entsteht ein **Spektrum**. Bei selbst leuchtenden Körpern erhält man ein Emissionsspektrum.

2 Emissionsspektren der Glühlampe

Glühlampe – Die Zerlegung des weißen Glühlampenlichts bei Nennspannung zeigt alle Spektralfarben als fortlaufendes farbiges Lichtband. Es wird **kontinuierliches Spektrum** genannt. Bei halber Nennspannung sieht man nur einen roten Bereich. Die Spektren unterscheiden sich. Die Temperatur des leuchtenden Körpers bestimmt, welche Farben das Spektrum enthält. Je höher die Spannung, desto heißer und heller leuchtet der Glühdraht. Dabei leuchtet der blaue Bereich des Spektrums intensiver.

Linienspektrum – Im Spektrum der Heliumröhre sind nur einzelne farbige Linien zu sehen. Das Licht enthält nur bestimmte Spektralfarben. Das Spektrum ist ein Linienspektrum. Diese Linien werden **Spektrallinien** genannt. Jedes leuchtende Gas sendet ein charakteristisches Linienspektrum aus, an dem das chemische Element erkennbar ist.

> Die Lichtzerlegung eines leuchtenden Gases ergibt ein Linienspektrum, das charakteristisch für das Gas ist.

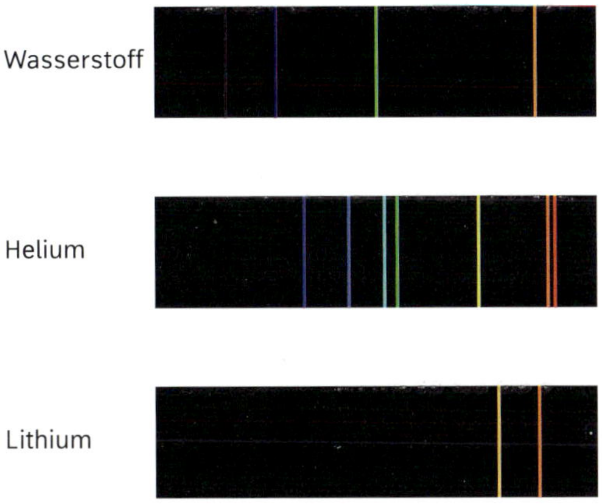

3 Linienspektren

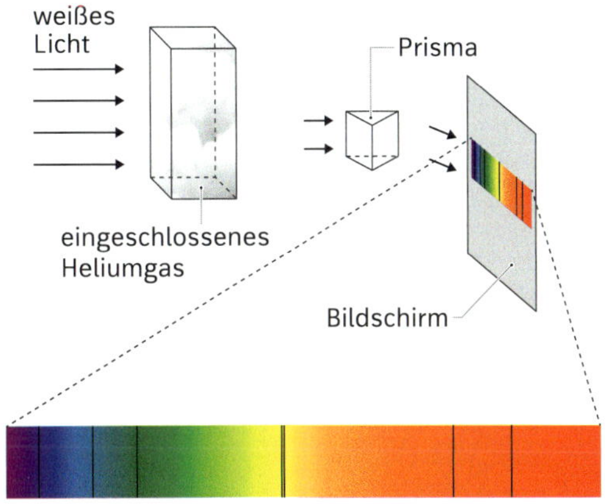

4 Schema der Erzeugung eines Absorptionsspektrums

Absorptionsspektrum – Wenn das Licht einer Glühlampe vor der Zerlegung durch Helium geht, dann erscheinen im kontinuierlichen Spektrum des Glühlampenlichts schwarze Streifen. Sie befinden sich genau an den Stellen, wo die farbigen Spektrallinien des Heliums liegen würden, wenn Helium selbst leuchtet. Es ist ein Absorptionsspektrum entstanden. Jedes Gas absorbiert genau die Farben, die es beim Leuchten aussendet.

Spektralanalyse – Da jedes chemische Element charakteristische Spektrallinien emittiert bzw. absorbiert, kann man anhand des ausgesandten Lichts erkennen, welches Element hier leuchtet. Anhand der Farbhelligkeiten kann man auch auf die Temperatur des Körpers schließen.

Chemische Zusammensetzung – Im Sonnenspektrum erkennt man eine Vielzahl schwarzer Absorptionslinien. Aus diesen Linien kann man die chemische Zusammensetzung der Sonne erkennen, weil sich die Spektren der einzelnen Elemente addieren. Die Sonne besteht wie alle Sterne hauptsächlich aus Wasserstoff und Helium. Helium wurde zuerst auf der Sonne und später auf der Erde entdeckt.

Mit der Spektralanalyse kann man die chemische Zusammensetzung und die Temperatur von Sternen bestimmen.

MATERIAL MIT AUFGABEN

A Spektren

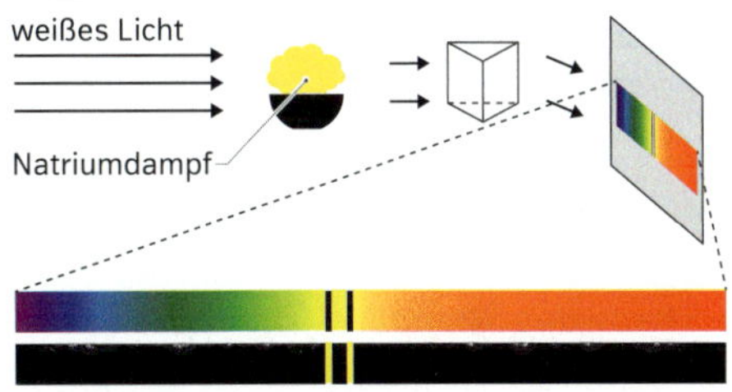

1 Erläutere die Abbildung. ●○○
2 Erläutere, wie man durch die Untersuchung des Spektrums vom Licht eines Sterns auf dessen chemische Zusammensetzung schließen kann. ●○○
3 Zeichne das Absorptionsspektrum nach dem Lichtdurchgang durch Wasserstoff und Helium. ●●●

VERSUCH

V1 Spektren

Materialien:
Glasprisma, Pappe mit Spalt

1 Halte den Spalt gegen den Himmel und betrachte ihn durch das Glasprisma. Betrachte das Licht einer Kerze und einer Leuchtstoffröhre.
2 Beschreibe die Spektren.

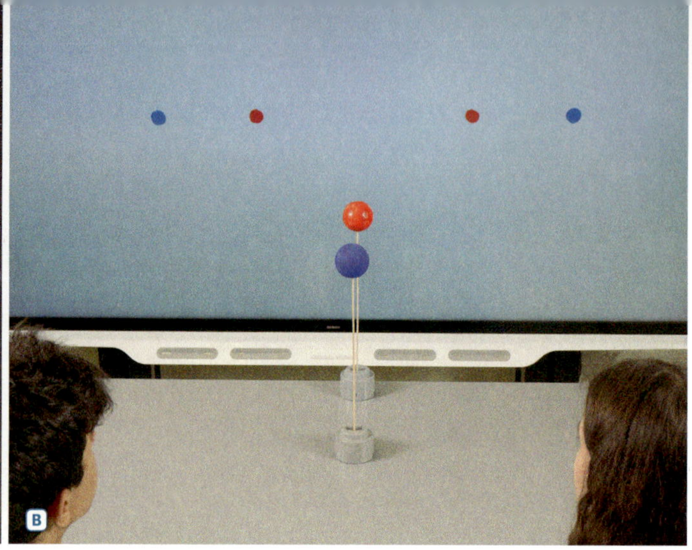

1 A Sternbild Orion; B Sternmodelle vor dem Smartboard

2.1 Entfernung und Arten der Sterne

Die Sterne des Sternbilds Orion scheinen alle gleich weit von der Erde entfernt zu sein. Das sind sie aber nicht. Wie kann man die Entfernung der Sterne von der Erde aus bestimmen?

Versuch – Es wird markiert, an welchem Punkt des Smartboards zwei Personen die beiden Kugeln als Sternmodelle bei der Betrachtung mit einem Auge sehen. Sie sehen die Kugeln an unterschiedlichen Stellen an der Tafel. Die Kugel, die näher an den Personen steht, hat einen größeren Positionsunterschied an der Tafel als die entferntere Kugel.

Der Radius r der Erdbahn beträgt etwa 150 Millionen Kilometer

1 Winkelsekunde = 1"

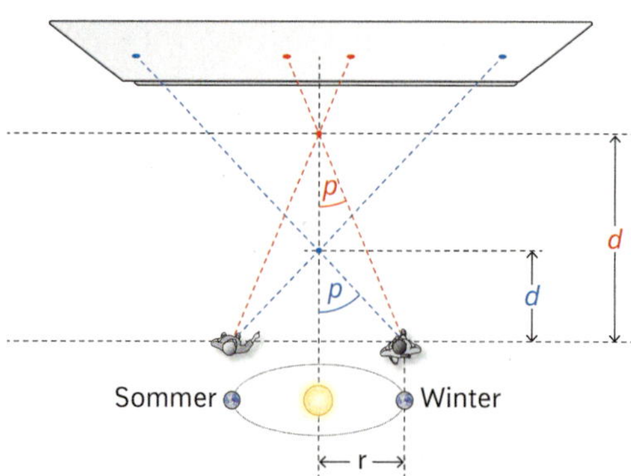

2 Scheinbare Positionsverschiebung

Parallaxe – Je weiter ein Gegenstand entfernt ist, desto kleiner ist seine scheinbare Verschiebung, wenn er aus verschiedenen Richtungen betrachtet wird. Die scheinbare Ortsveränderung naher Sterne aus verschiedenen Blickwinkeln wird zur Entfernungsbestimmung genutzt. Für einen möglichst großen Unterschied zwischen den beiden Betrachtungspositionen fotografiert man den Himmel im Abstand von einem halben Jahr, wenn die Erde etwa 300 Millionen Kilometer von ihrer ersten Position entfernt ist. Auf Fotografien lässt sich die scheinbare Bewegung des beobachteten Sterns im Vergleich zu weit entfernten Sternen ausmessen. Sie wird in einen Winkel umgerechnet, der als Parallaxe *p* definiert ist. Weil dieser Winkel sehr klein ist, gibt man ihn in Winkelsekunden an: $1'' = \frac{1°}{3600}$. Daraus wird die Entfernung berechnet. Ein Stern mit einer Parallaxe von 1" ist $3{,}086 \cdot 10^{16}$ m von der Erde entfernt.

Mit der Parallaxe lässt sich die Entfernung von Sternen berechnen.

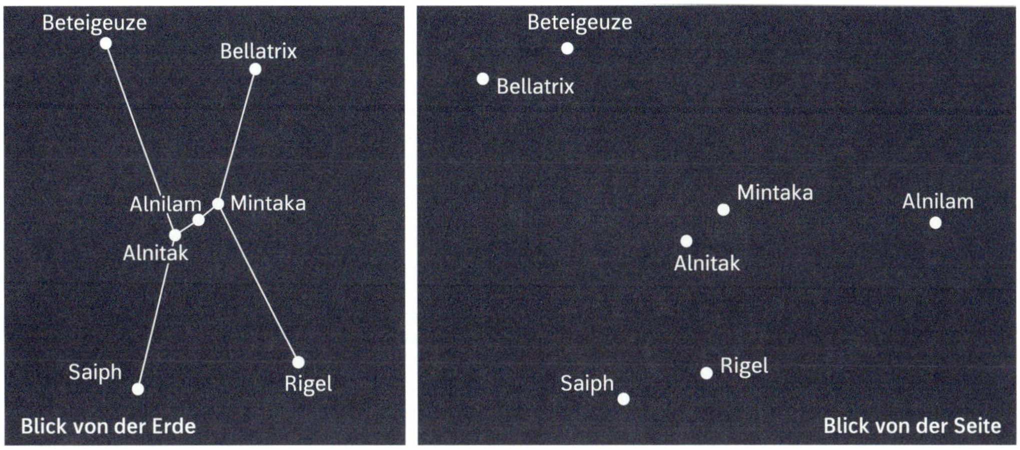

3 Die Sterne des Sternbilds Orion sind in Wirklichkeit weit voneinander entfernt

Lichtjahr – Die Sternentfernungen werden auch in einer Einheit angegeben, die die konstante Geschwindigkeit des Lichts von etwa 300 000 $\frac{km}{s}$ als Grundlage hat. Es ist festgelegt, dass die Strecke, die das Licht in einem Jahr zurücklegt, die Entfernung ein Lichtjahr (ly) angibt. Es gilt: $1\,ly = 9{,}461 \cdot 10^{15}\,m$. Damit beträgt bei einer Parallaxe $p = 1"$ die Entfernung 3,26 ly.

Die Entfernungen der Sterne werden in Lichtjahren angegeben.

MATERIAL MIT AUFGABEN

A Entfernungen

Stern	Parallaxe
Beteigeuze	0,00656 "
Alnilam	0,00217 "
Rigel	0,00378 "

1 Ordne die Sterne nach wachsender Erdentfernung ohne zu rechnen. ●○○
2 Beteigeuze ist etwa 500 ly von der Erde entfernt. Gib an, wie lange das Licht von dort benötigt. ●○○
3 Erläutere mithilfe von Bild 2, warum die Entfernung eines Sterns durch $d = \frac{r}{\tan(p)}$ berechnet werden kann. ●●○

MATERIAL MIT AUFGABEN

B Lichtgeschwindigkeit

Im 16. Jahrhundert hatte GALILEI folgende Idee zur Bestimmung der Lichtgeschwindigkeit. Er und sein weit entfernter Assistent hielten Laternen in der Hand. Galilei deckte seine Laterne auf. Wenn der Assistent das Licht von GALILEIS Laterne sah, sollte er seine Laterne aufdecken.

1 Beschreibe wie GALILEI mit diesem Versuch die Lichtgeschwindigkeit bestimmen wollte. ●●○
2 Der Assistent sollte 15 km von GALILEI entfernt stehen. Berechne, welche Zeit sich zwischen dem Aufdecken von Galileis Laterne und seinem Erkennen, dass die zweite Laterne auch aufgedeckt wurde, ergibt. ●●○
3 Vergleiche das Ergebnis mit der mittleren Reaktionszeit eines Menschen von 0,2 s. ●○○

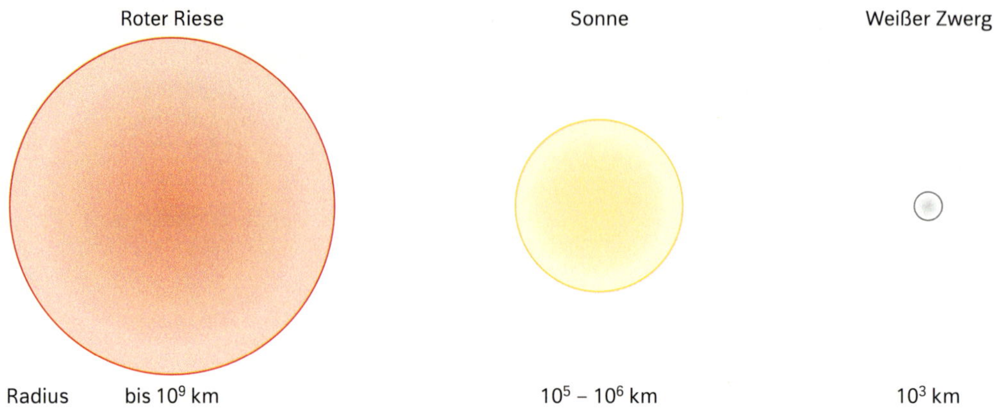

4 Größenvergleich zwischen der Sonne und anderen Sternen

Sonne – Der Stern, der uns am nächsten steht, ist die Sonne. Sie hat einen Durchmesser von 1400000 km und eine Masse von $2 \cdot 10^{30}$ kg. Auf der sichtbaren Oberfläche beträgt ihre Temperatur etwa 6000 °C. Im Innern ist die Sonne noch viel heißer. Dort herrschen Temperaturen von etwa 15 Millionen °C. Die Sonne als Stern in unserer Nähe ist für unsere Beobachtungen gut zugänglich. Deshalb ist die Erforschung der Sonne wichtig für unser Wissen über die Sterne.

Gewöhnliche Sterne – Für mehr als 90 % der Sterne gilt: Je größer ihre Masse ist, desto größer sind auch ihr Radius und ihre Helligkeit. Ebenso steigt die Oberflächentemperatur dieser Sterne mit ihrer Helligkeit. Bei einer kleinen Masse haben diese Sterne einen kleinen Radius, sind weniger hell und haben eine vergleichsweise niedrige Oberflächentemperatur.

Besondere Sterne – Einige Sterne erreichen den zehn- bis tausendfachen Sonnendurchmesser. Gleichzeitig sind sie um ein Vielfaches heller als die Sonne. Ihre Oberflächentemperaturen sind aber verhältnismäßig niedrig und betragen 3000 °C bis 5000 °C. Dass sie trotz ihrer geringen Oberflächentemperaturen so hell stahlen, verdanken sie ihrer großen Oberfläche. Bei diesen kühleren Sternen erscheint das Licht rötlich. Deshalb werden sie als **rote Riesen** bezeichnet.

Andere Sterne haben einen Radius, der viel kleiner ist als der Sonnenradius und besitzen trotzdem eine sehr hohe Oberflächentemperatur von über 10000 °C. Ihr Licht ist weiß bis bläulich. Sie werden als **weiße Zwerge** bezeichnet. Trotz ihrer hohen Oberflächentemperatur ist die Helligkeit nur gering. Das liegt an ihrer Größe, die nur zwischen tausenden und zehntausenden Kilometern liegt.

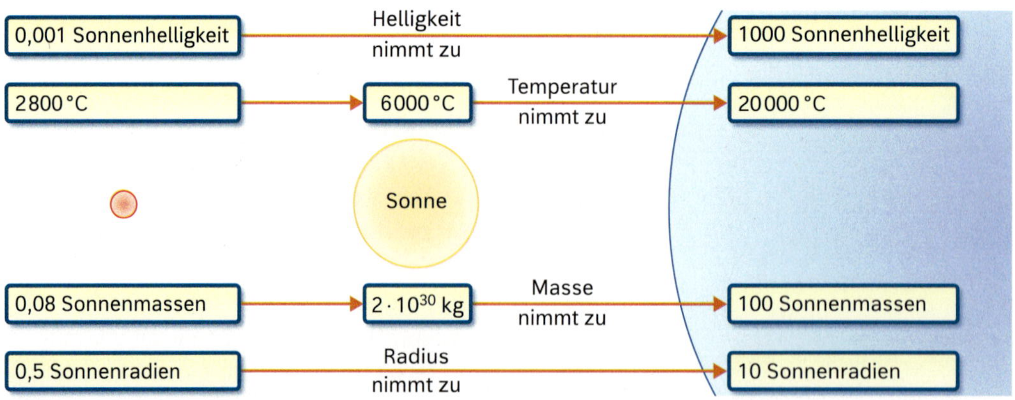

5 Masse, Radius, Helligkeit und Oberflächentemperatur hängen bei gewöhnlichen Sternen zusammen

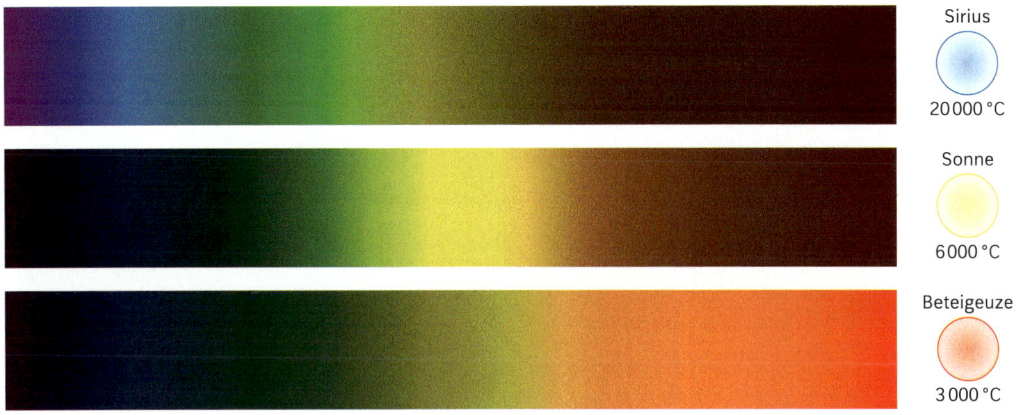

6 Spektren und Farben unterschiedlich heißer Sterne

Temperaturbestimmung – Die Oberflächentemperatur eines Sterns kann man aus der Farbe seines Lichts bestimmen. Kältere Sterne im Bereich 2500 °C bis 5000 °C strahlen mehr rötliches Licht aus. Bei sehr heißen Sternen von 10 000 °C bis 25 000 °C ist das Licht bläulich. Sterne mit einer Oberflächentemperatur wie die Sonne haben ein gelbliches Licht. Eine genaue Temperaturbestimmung kann anhand des Spektrums vorgenommen werden. Je heißer der Stern, desto intensiver ist der blaue Bereich des Spektrums und umso schwächer wird der rote Bereich.

MATERIAL MIT AUFGABEN

C Arten von Sternen

Stern	Radius verglichen mit Sonne	Helligkeit verglichen mit Sonne	Temperatur	Sternfarbe	Sterntyp
Sonne	1	1		gelblich	
Wega	größer	größer			gewöhnlicher Stern
Arctur	viel größer				Roter Riese
Proxima	kleiner				gewöhlicher Stern
Sirius B					Weißer Zwerg

1 Übertrage die Tabelle in dein Heft und fülle die freien Stellen aus. Recherchiere die Temperaturangaben. ●●○

2 Ein roter Riese hat den zehnfachen Sonnenradius und die 20-fache Masse der Sonne. Ein weißer Zwerg hat ein Hundertstel Sonnenradius und ein Viertel der Masse der Sonne. Berechne und vergleiche die mittleren Dichten des Riesensterns, der Sonne und des weißen Zwergs. Geh für die Volumenberechnung davon aus, dass es sich bei den Sternen um Kugeln handelt. ●●●

3 Begründe, warum man nichts darüber aussagen kann, ob zwei uns gleich hell erscheinende Sterne an ihrer Oberfläche wirklich die gleiche Helligkeit haben. ●●○

1 A Gasnebel im Sternbild Orion; B Staubnebel im Sternhaufen der Plejaden

2.2 Entwicklung von Sternen

Die Sonne und die Sterne am Himmel scheinen schon ewig dort zu sein und sich nicht zu verändern. Aber auch Sterne haben einen „Lebenslauf". Wo und wie entstehen Sterne? Wie sieht ihre Entwicklung aus?

Orte der Sternentstehung – Zwischen den Sternen befinden sich große Ansammlungen von Materie, die als Nebel bezeichnet werden. Gasnebel bestehen überwiegend aus Wasserstoff, der angeregt durch Sternenlicht selbst leuchtet.

2 Der Pferdekopfnebel vor einem Gasnebel

Andere Nebel bestehen aus fein verteilten kleinen Teilchen fester Stoffe. Solche Staubnebel können nur gesehen werden, wenn sie das Licht benachbarter Sterne streuen. Wenn sie nicht angestrahlt werden, kann man sie nur vor einem hellen Hintergrund wie zum Beispiel einem Gasnebel beobachten. Die Dichte der Staubnebel ist sehr gering. In einem Würfel von 100 m Kantenlänge kommt durchschnittlich ein Teilchen vor. Die meisten Nebel bestehen sowohl aus Gas als auch aus Staub.

Durch die Explosion eines benachbarten Sterns können in den Nebeln Stellen mit einer größeren Dichte entstehen. Diese wirken als Gravitationszentrum und ziehen weitere Teilchen zu sich heran. Der Nebel verdichtet sich immer mehr und heizt sich dabei durch Teilchenzusammenstöße auf. Im Großen Orionnebel gibt es heute ein solches Sternentstehungsgebiet.

Die Sternentstehung beginnt in Gas- und Staubnebeln durch Verdichtung.

Vorgänge der Sternentstehung Je mehr sich der Nebel unter dem Einfluss seiner eigenen Gravitation zusammenzieht, desto heftiger stoßen seine Teilchen zusammen und die Temperatur in seinem Innern steigt. Wie jeder warme Körper beginnt der Nebel im Infrarotbereich zu strahlen. Dieses Vorstadium eines Sterns wird als **Protostern** bezeichnet. Untersuchungen seines Spektrums zeigen, dass der Protostern überwiegend aus Wasserstoff besteht. Er ist um ein Vielfaches größer als der Stern, der einmal aus ihm entstehen wird.

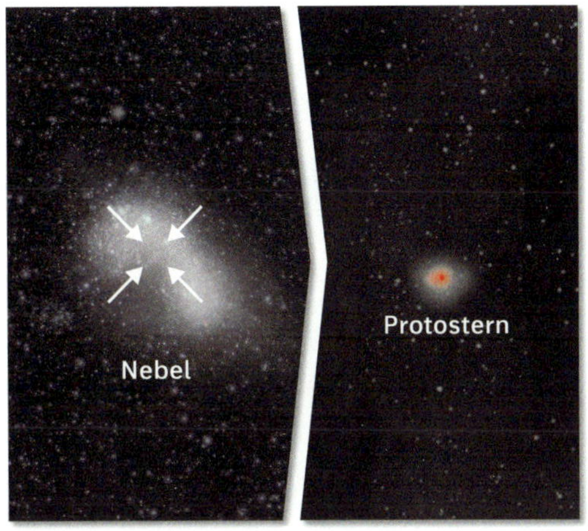

3 Entstehung eines Protosterns

Beim weiteren Verdichten des Protosterns durch die Gravitation nehmen in seinem Innern die Temperatur und der Druck stark zu, sodass Wasserstoffkerne unter Energiefreisetzung zu Heliumkernen verschmelzen können. Diese Verschmelzung wird als **Kernfusion** bezeichnet. Durch die freigesetzte Energie erhöhen sich der Druck und die Temperatur weiter und die Verdichtung kommt schließlich zum Stillstand. Der Stern erreicht ein stabiles Stadium. Seine Oberfläche ist so heiß, dass sie im Bereich des sichtbaren Lichts leuchtet.

Bei ausreichender Größe des Nebels können benachbart mehrere Stellen größerer Dichte entstehen, aus denen sich gleichzeitig mehrere Sterne und auch Planeten entwickeln können. Man bezeichnet sie als Doppel- oder Mehrfachsternsysteme.

Die gewöhnlichen Sterne gewinnen ihre Energie aus der Kernfusion von Wasserstoffkernen zu Heliumkernen.

MATERIAL MIT AUFGABEN

A Proton-Proton-Prozess

1. Schritt: $^{1}_{1}H + ^{1}_{1}H \rightarrow ^{2}_{1}H + ^{0}_{1}e$

2. Schritt: $^{2}_{1}H + ^{1}_{1}H \rightarrow ^{3}_{2}He$

3. Schritt: $^{3}_{2}He + ^{3}_{2}He \rightarrow ^{4}_{2}He + 2 \cdot ^{1}_{1}H$

Diese Gleichungen beschreiben den Ablauf der Kernfusion im Innern eines gewöhnlichen Sterns. Weil Wasserstoffkerne Protonen sind, wird diese Art der Kernfusion auch Proton-Proton-Prozess genannt.
Neben den bekannten Teilchen kommt bei dieser Fusion auch das Positron $^{0}_{1}e$ vor, das massenmäßig einem Elektron entspricht, aber positiv geladen ist.

1 Beschreibe die Reaktionsgleichungen mit Worten. ●●○

2 Erläutere, dass bei diesem Prozess je vier Protonen zu einem Heliumkern verschmelzen. ●●●

3 Begründe, warum für diesen Prozess eine hohe Temperatur und ein großer Druck nötig sind. ●●○

4 Beim Proton-Proton-Prozess wird eine Energie von etwa $4 \cdot 10^{-12}$ J frei. Die Sonne strahlt in jeder Sekunde eine Energie von etwa $3{,}7 \cdot 10^{26}$ J ab. Berechne, wie viele Fusionsprozesse pro Sekunde stattfinden. ●●○

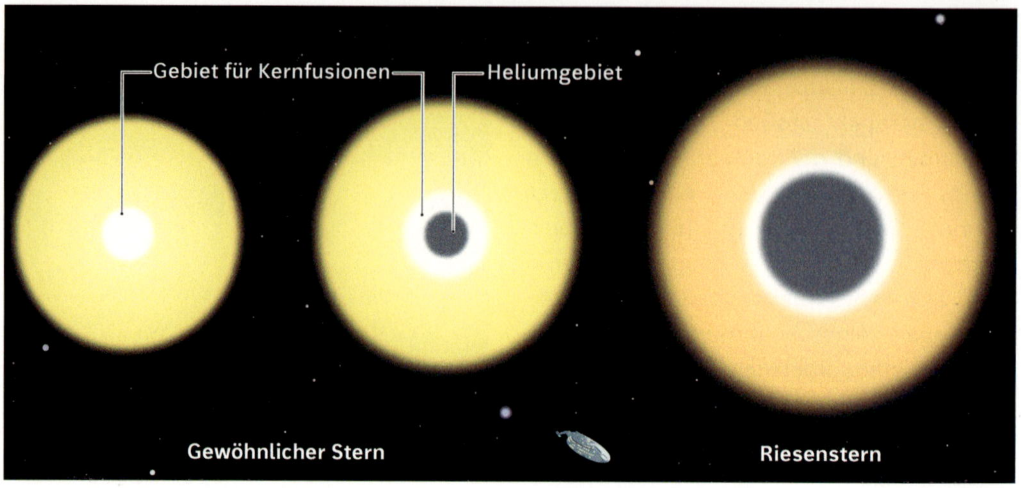

4 Entwicklung eines Sterns vom gewöhnlichen Stern zum Riesenstern

Vom Stern zum Riesen Die entstandenen Sterne haben unterschiedliche Massen. Sie reichen von etwa 0,07 Sonnenmassen bis 120 Sonnenmassen. Je größer die Masse eines gewöhnlichen Sterns, desto größer sind seine Helligkeit und seine Oberflächentemperatur.

Durch den ständigen Ablauf der Kernfusion nimmt die Menge an verfügbarem Wasserstoff im Stern ab. Im Zentrum des Sterns sammelt sich das entstandene Helium und verdrängt so das Gebiet, in dem Protonen fusionieren, immer weiter nach außen. Der Stern wird instabil. Die Temperatur im Innern des Sterns sinkt und damit auch der Druck. Schließlich drückt der Stern durch seine riesige Gravitation das Heliumgebiet im Innern zusammen, das sich dadurch weiter erhitzt. Es setzt die Fusion von Helium zu schweren Elementen ein. Dabei entstehen unter anderem Kohlenstoff und Sauerstoff. Gleichzeitig bläht sich dabei die Hülle des Sterns auf und kühlt ab. Der Stern hat sich zu einem roten Riesen entwickelt.

In massereichen Sternen laufen viel mehr Kernfusionsprozesse gleichzeitig ab als in massearmen Sternen. Deshalb ist ihr Brennstoff bereits in wenigen Millionen Jahren verbraucht und sie erreichen eher das Riesenstadium als masseärmere Sterne, die in diesem Stadium mehrere Milliarden Jahre bleiben.

MATERIAL MIT AUFGABEN

B Sternstadien

Sterntyp	Radius	Mittlere Dichte
Weißer Zwerg	10^3 km	$10^6\ \frac{g}{cm^3}$
Gewöhnlicher Stern	10^6 km	$1\ \frac{g}{cm^3}$
Roter Riese	10^9 km	$10^{-6}\ \frac{g}{cm^3}$

1 Nenne die zeitlich richtige Entwicklungsreihenfolge der drei Sterntypen in der Tabelle. ●○○

2 Erkläre die unterschiedlichen Werte für die mittlere Dichte. ●●○

3 Berechne die Masse eines Würfels von 10 cm Kantenlänge, der jeweils aus der Materie der drei Sterntypen bestehen würde. Verwende passende Einheiten. ●●○

Spätstadien der Sterne – Durch die immer neuen Kernfusionsprozesse entstehen immer schwerere Elemente. Dabei wird weniger Energie gewandelt als beim Proton-Proton-Prozess. Das schwerste Element, das in Sternen entstehen kann, ist Eisen. Irgendwann geht den Sternen der Brennstoff aus. Sie stürzen infolge ihrer eigenen Gravitation in sich zusammen und stoßen ihre Hülle ab. Die weitere Entwicklung des Sternenrests ist abhängig von der verbliebenen Masse.

Bei massearmen Sternen bleibt nach dem Abstoßen der Hülle nur der sehr heiße kleine Innenbereich des Sterns übrig. Dieser als weißer Zwerg bezeichnete Sternenrest kühlt langsam aus. Er sendet immer weniger sichtbares Licht und überwiegend IR-Strahlung aus und ist irgendwann erloschen.

Sternenreste mit mehr als 1,2 Sonnenmassen bleiben übrig, wenn massereichere Sterne ihre Hülle explosionsartig abstoßen. Das ist von einem riesigen Anstieg der Helligkeit begleitet und wird als **Supernova** bezeichnet. Hierbei entstehen durch Fusion auch schwerere Elemente als Eisen. Der übrig gebliebene Sternrest hat eine so große Gravitation, dass die Atome nicht mehr dem hohen Druck standhalten können und die Elektronen in die Atomkerne gepresst werden. Dadurch wandeln sich die Protonen in Neutronen. Der Sternenrest besteht nur noch aus Neutronen und heißt **Neutronenstern**. Er ist nur wenige Kilometer groß.

Bei noch schwereren Sternenresten stürzt der Stern vollständig in sich zusammen. Seine Gravitationswirkung wird dabei so stark, dass nicht einmal Licht den Sternenrest verlassen kann. Dieses Endstadium bezeichnet man als **schwarzes Loch**.
Solche Sternenreste können selbst nicht gesehen werden. Man kann aber die Auswirkungen ihrer starken Gravitation auf das Licht dahinterliegender Objekte oder auf die Bewegung nahegelegener Himmelskörper feststellen.

Sonne – Die Sonne und ihr Planetensystem sind vor etwa 4,7 Milliarden Jahren aus Gas- und Staubnebeln entstanden. Diese Nebel enthielten Elemente, wie sie bei Supernovaexplosionen entstehen. So zeigt das Sonnenspektrum nicht nur Wasserstoff, sondern auch schwerere Elemente wie Nickel oder Quecksilber.
Sterne mit Sonnenmasse sind etwa 10 Milliarden Jahre lang gewöhnliche Sterne, bevor ihnen der Wasserstoffvorrat ausgeht. Wenn die Sonne in etwa 4 Milliarden Jahren in das Riesenstadium übergeht, wird sie so groß, dass sie über die Bahnen von Merkur und Venus hinaus reicht. Millionen Jahre später werden die äußeren Schichten des Riesensterns abgestoßen und zurück bleibt ein weißer Zwerg, der noch einige Milliarden Jahre lang auskühlt.

MATERIAL MIT AUFGABEN

C Sirius

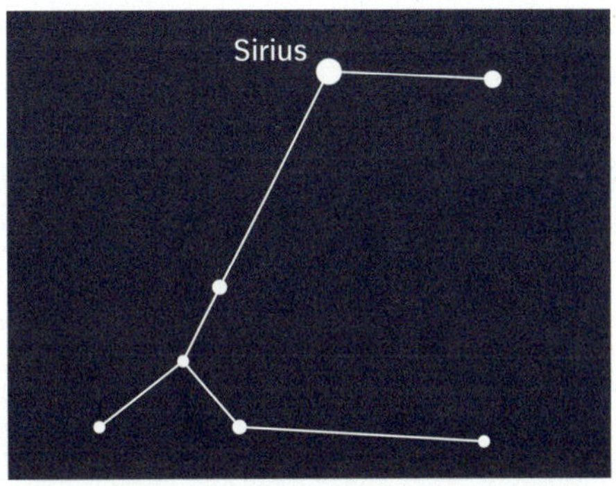

Der hellste Stern Sirius im Sternbild Großer Hund ist ein Doppelstern.

1 Recherchiere, in welchen Sternstadien sich Sirius A und Sirius B befinden. ●○○

2 Beide Sterne sind zu gleicher Zeit entstanden. Erläutere, warum sie sich in verschiedenen Stadien befinden. ●●●

3 Recherchiere die Namen der weißen Zwerge, die noch mit dem bloßen Auge am Himmel zu sehen sind. ●○○

Supernova
Nova = neu geht von der falschen Annahme aus, dass wegen der plötzlichen großen Helligkeit ein neuer Stern entstanden ist

1 Milchstraße

2.3 Ein Blick ins Universum

In dunklen Nächten kann man in wenig beleuchteten Gegenden ein faszinierend leuchtendes Band am Himmel beobachten, die Milchstraße. Woraus besteht sie? Ist sie die einzige im All?

Milchstraße – In griechischen Sagen ergoss sich die Milch der Göttin Hera über den Himmel. So entstand die Bezeichnung Milchstraße oder **Galaxis**. Doch bereits Galileo GALILEI erkannte mithilfe seines Fernrohrs, dass das leuchtende Band aus Sternen besteht. Von unserer Position im Innern der Milchstraße ist es schwierig, sich eine Vorstellung über die Anordnung der Sterne in ihr zu machen. Nach heutigen Erkenntnissen besteht die Milchstraße aus etwa 200 Millionen Sternen sowie Gas- und Staubnebeln. Sie rotieren in einer flachen Scheibe um ein Zentrum und bilden drei Spiralarme. Die Sonne befindet sich außerhalb des Zentrums in einem Spiralarm der Milchstraße. Im Zentrum der Galaxis wurde ein schwarzes Loch mit mehr als 5 Millionen Sonnenmassen entdeckt.

griechisch galaktos: Milch

Die Sonne und ihr Planetensystem befinden sich in einer Sternansammlung, die Milchstraße oder Galaxis heißt.

2 Ansicht der Milchstraße von oben und von der Seite (Illustration)

3 Andromedagalaxie

4 Galaxienhaufen (Aufnahme des HST)

Galaxien – Seit etwa hundert Jahren ist bekannt, dass es außerhalb der Milchstraße ähnliche Sternsysteme gibt. Sie werden als extragalaktische Systeme bezeichnet. Am bekanntesten ist die etwa 2 Millionen Lichtjahre entfernte Andromedagalaxie. Sie ist das entfernteste Objekt, das man am Himmel mit bloßem Auge sehen kann.

In **Spiralgalaxien** wie der Milchstraße oder der Andromedagalaxie bilden die Sterne Spiralarme. Es gibt auch **elliptische Galaxien** wie die Begleitgalaxie der Andromedagalaxie, die keine Struktur aufweisen. Weitere, seltenere Formen werden als **unregelmäßigen Galaxien** bezeichnet.

Galaxien kommen meist nicht alleine vor, sondern sind in großräumigen Gruppen angeordnet. Solche Galaxienhaufen können hunderte bis tausende Galaxien umfassen, die durch Gravitationskräfte zusammengehalten werden. Aufnahmen des Hubble Space Telescope (HST) zeigen viele Galaxienhaufen im Universum. Die Milchstraße gehört zu einem Haufen von 17 Galaxien, der bis zur Andromedagalaxie reicht.

> Galaxien sind riesige Ansammlungen von Sternen, Gas und Staub, die durch Gravitation zusammengehalten werden.

MATERIAL MIT AUFGABEN

A Milchstraße

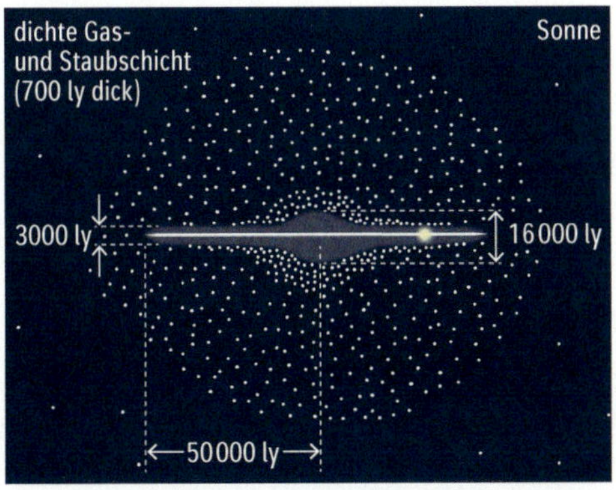

1 Beschreibe den Aufbau der Milchstraße. ●○○

2 Rechne die in der Abbildung gegebenen Entfernungen in Kilometer um. ●○○

3 Die Sonne ist etwa $2{,}6 \cdot 10^{17}$ km vom Zentrum der Galaxis entfernt. Berechne, wie lange das Licht von dort zu uns unterwegs ist. ●○○

4 Erläutere, warum es schwierig ist, Informationen über den Aufbau der Milchstraße zu bekommen. ●●○

Ausdehnung des Universums – Der Astronom Edwin HUBBLE (1889–1953) machte in den Jahren 1924 bis 1929 die Entdeckung, dass sich alle Galaxien voneinander entfernen. Dabei nimmt ihre Geschwindigkeit mit der Entfernung von uns zu. Diese Erscheinung wird als **Galaxienflucht** bezeichnet. Es bedeutet aber nicht, dass sich die Galaxien nur von uns entfernen, sondern dass sich insgesamt alle Abstände im Universum vergrößern. Das Weltall dehnt sich aus.

Früher muss also alles viel dichter zusammen gewesen sein, vielleicht sogar in einem Punkt vereinigt. Wenn man annimmt, dass die Ausbreitungsgeschwindigkeit konstant ist, liegt dieser Zeitpunkt 13,8 Milliarden Jahre zurück. Zu diesem Zeitpunkt war das Universum extrem dicht und unvorstellbar heiß. An diesem verdichteten Punkt entstanden mit dem **Urknall** Raum und Zeit. Das Universum begann sich auszudehnen. Diese Ausdehnung dauert bis heute an. Nach neuen Messungen beschleunigt sich die Ausdehnung sogar. Nach dem Urknall war das Universum eine superdichte Mischung aus Strahlung und Teilchen, die noch kleiner als Protonen waren. Die Temperatur war trillionenmal höher als die der Sonne. Ständig bildeten sich Teilchen aus Strahlung und es wandelten sich Teilchen in Strahlung um. Mit der Ausdehnung des Universums sank seine Temperatur. Nun bildeten sich die stabilen Elemente Wasserstoff und Helium. Daraus entstanden schließlich die Sterne und die Galaxien.

Die Strahlung, die das Universum erfüllte, wurde durch die Ausdehnung immer mehr abgeschwächt. Sie ist aber immer noch vorhanden und kann mit Radioteleskopen gemessen werden. Weil sie das gesamte Weltall gleichmäßig erfüllt, wird sie als **Hintergrundstrahlung** bezeichnet. Neben der Galaxienflucht ist sie eine wichtige Stütze für die Theorie vom Urknall.

> Das Universum ist mit dem Urknall entstanden und dehnt sich seitdem aus.

MATERIAL MIT AUFGABEN

B Vorstellungen über die Entstehung der Welt

1 Beschreibe die Karikatur. ●○○
2 Recherchiere, wie die Erschaffung der Welt in der Bibel beschrieben wird. ●○○
3 Recherchiere die Vorstellungen über die Entstehung der Welt eines anderen Kulturkreises (z. B. Vorstellungen der Griechen, der Germanen, der Ureinwohner von Amerika, im Buddhismus oder im Hinduismus). ●●○
4 Vergleiche deine Antworten zu den Aufgaben 2 und 3 mit der Theorie vom Urknall und bewerte sie kritisch. ●●○

Sternkarten

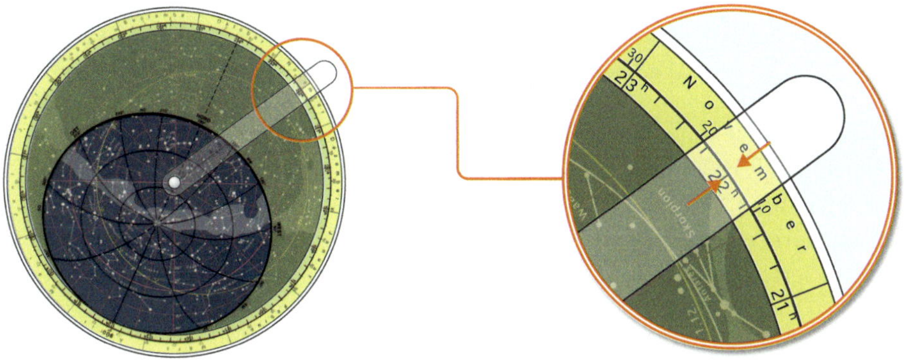

Mit Sternkarten kann man sich am Sternhimmel orientieren und Sternbilder auffinden. Eine einfache Form ist die drehbare Sternkarte. Vor der Verwendung müssen an dieser Sternkarte Datum und Uhrzeit der Beobachtung eingestellt werden. So wird zum Beispiel für die Beobachtung am 15. November um 22 Uhr die drehbare Deckscheibe so lange gedreht, bis 22 Uhr auf der Deckscheibe dem 15. November im Monatsring auf der Grundplatte gegenübersteht. Der durchsichtige Teil der Karte zeigt nun den gerade sichtbaren Sternenhimmel. Am Rand des Ausschnitts, der den Horizont darstellt, sind zur leichteren Orientierung die Himmelsrichtungen eingetragen.

Zum Auffinden der Sternbilder am Himmel hält man die Karte so über seinen Kopf, dass die Himmelsrichtungen auf der Karte mit den Himmelsrichtungen in der Realität übereinstimmen. So findet man in der aktuellen Einstellung im Osten den Kleinen Hund und den Orion, im Süden den Walfisch und im Norden den Großen Wagen. Im Westen steht noch der Schwan. Der Adler geht gerade unter.

Da die Sonne, der Mond und die Planeten ihre Positionen am Himmel ständig ändern, sind sie nicht auf der Sternkarte eingezeichnet. Ihre Bahnen liegen in der Nähe der roten Linie.

Während der Sommerzeit muss von der aktuellen Uhrzeit jeweils eine Stunde abgezogen werden. Zum Beispiel wird statt 23 Uhr 22 Uhr eingestellt. Den Beobachtungsort kann man nicht verändern. Eine Sternkarte für Berlin kann aber für ganz Deutschland und andere Orte mit ähnlicher geografischer Breite verwendet werden.

Für digitale Geräte stehen eine Vielzahl von Apps zur Verfügung, die den jeweils aktuellen Sternenhimmel anzeigen. Den Beobachtungsort kann man bei einigen Programmen frei einstellen. Vielfach bieten die Apps Zusatzfunktionen wie Anzeige der Sternbilder, der Sternnamen und der Planetenpositionen.

Aufgaben:

1 Bestimme mit einer drehbaren Sternkarte oder mit der Karte im Vorsatz, welche Sternbilder sich am 1. Mai um 2.00 Uhr Sommerzeit in den vier Himmelsrichtungen beobachten lassen. Gib zwei weitere Tage mit Uhrzeit an, an denen der Himmel denselben Ausschnitt zeigt. ●●○

2 Gib einige Sternbilder an,
a) die in der Milchstraße liegen
b) durch die die Bahn von Sonne und Planeten verläuft. ●●○

Alles auf einen Blick

1.1 Teleskope.

Mit einem Hohlspiegel entstehen seitenverkehrte, kopfstehende, reelle Bilder. Das wird in Spiegelteleskopen, sogenannten Reflektoren, genutzt. Dabei wird das durch den Hohlspiegel erzeugte Zwischenbild durch ein Okular vergrößert betrachtet.

1.2 Spektralanalyse

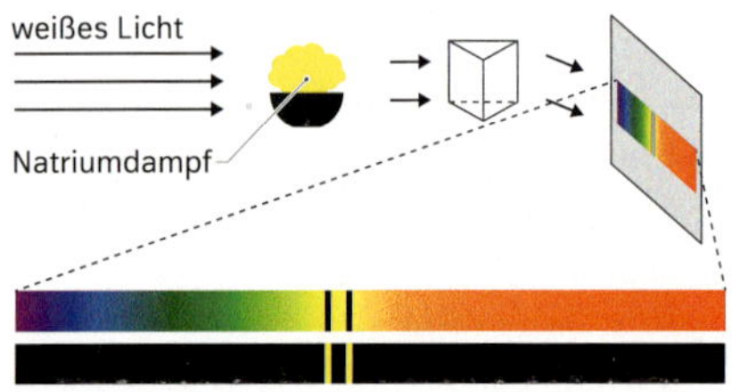

Jedes leuchtende Gas sendet ein für das Gas charakteristisches Linienspektrum aus. Fällt weißes Licht durch das Gas, ergibt sich ein ebenso charakteristisches Absorptionsspektrum. Anhand der Farbhelligkeiten im kontinuierlichen Spektrum kann man auch auf die Temperatur des Körpers schließen. Mit der Spektralanalyse kann deshalb die chemische Zusammensetzung und die Temperatur von Sternen bestimmt werden.

2.1-2.2 Sterne

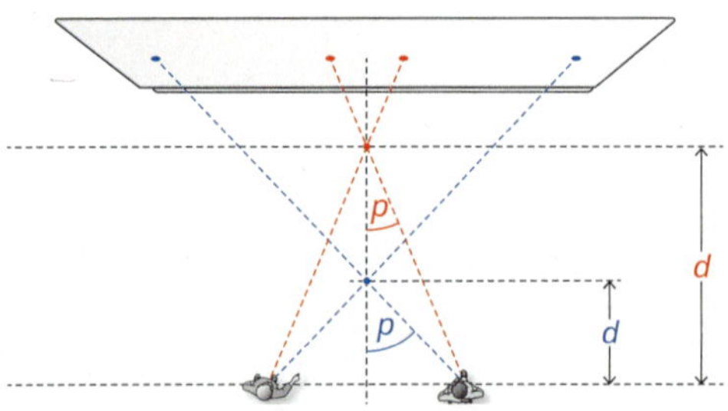

Mit der Parallaxe lässt sich die Entfernung von Sternen von der Erde berechnen. Entfernungen im Weltall werden in Lichtjahren angegeben.
Es gilt: 1 Lichtjahr = 1 ly = $9{,}461 \cdot 10^{15}$ m.

Sterne unterscheiden sich durch Masse, Radius, Helligkeit und Farbe. Kühlere Sterne strahlen rötliches, heißere Sterne bläuliches Licht aus.

In Gas- und Staubnebeln entstehen durch Verdichtung gewöhnliche Sterne. Die gewöhnlichen Sterne, wie unsere Sonne, gewinnen ihre Energie aus der Kernfusion von Wasserstoffkernen zu Heliumkernen.

Geht der Wasserstoffvorrat zur Neige, fusionieren die Heliumkerne zu schwereren Kernen. Dabei bläht sich die Sternhülle auf und die gewöhnlichen Sterne werden zu roten Riesen. Schließlich stürzen sie infolge ihrer eigenen Gravitation in sich zusammen und stoßen ihre Hülle ab. Zurück bleibt ein weißer Zwerg.

Je nach Masse des Sterns dauert eine solche Sternentwicklung wenige Millionen Jahre bis hin zu mehreren Milliarden Jahren.

2.3 Ein Blick ins Universum

Die Sonne und ihr Planetensystem befinden sich in einer Sternansammlung, die Milchstraße oder Galaxis heißt. Galaxien sind riesige Ansammlungen von Sternen, Gas und Staub, die durch Gravitation zusammengehalten werden.

Beobachtungen zeigen, dass sich alle Galaxien voneinander entfernen. Das Universum dehnt sich aus. Dies führt im Umkehrschluss zu der Annahme, dass mit dem Urknall Raum und Zeit entstanden sind. Nach dem Urknall war das Universum eine superdichte Mischung aus Strahlung und Teilchen. Diese Strahlung ist auch heute noch als Hintergrundstrahlung messbar.

Teste dich

A Sommerdreieck

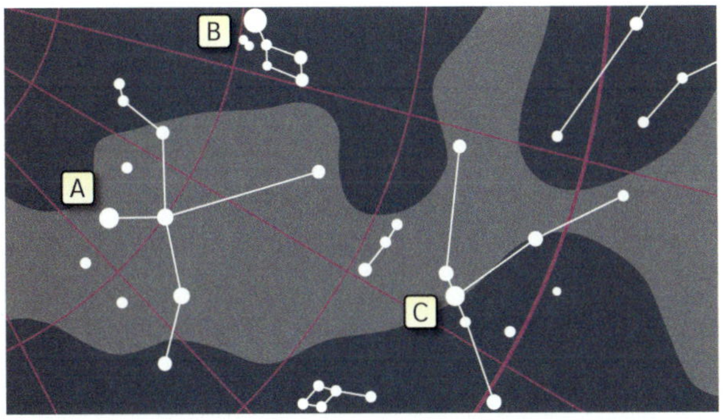

Hauptstern	Parallaxe p
Atair	0,18″
Deneb	
Wega	0,13″

Die Hauptsterne des Sommerdreiecks

B Sternentwicklung

Fernrohrbild Albireo im Sternbild Schwan

Hubble Space Telescope (HST)

AUFGABEN

Bearbeite die Aufgaben mit Material A

1 Ordne mithilfe einer Sternkarte die Hauptsterne den Buchstaben A, B und C zu und benenne die drei Sternbilder des Sommerdreiecks. ●○○

2 Erläutere anhand einer Skizze den Zusammenhang zwischen Parallaxe und Entfernung eines Sterns von der Erde. ●●○

3 Das Material gibt die Parallaxen von zwei Sternen des Sommerdreiecks an. Gib an, welcher der beiden Sterne näher an der Erde ist. ●○○

4 Der Stern Deneb ist 1400 Lichtjahre von der Erde entfernt. Begründe, warum die Bestimmung der Entfernung dieses Sterns mithilfe der Parallaxe sehr ungenau ist. ●●●

5 Begründe, warum die Parallaxe eines Sterns anhand mehrerer schwach leuchtender Nachbarsterne gemessen wird. ●●●

Bearbeite die Aufgaben mit Material B

1 Erläutere die Aussage: Ein Blick durch das Fernrohr ist immer ein Blick in die Vergangenheit. ●●○

2 Bei der Betrachtung von Albireo durch ein Fernrohr erkennt man zwei dicht beieinander stehende Sterne. Erläutere, welche Ursache die unterschiedliche Färbung der beiden Sterne hat. ●○○

3 Beide Sterne des Albireo sind vermutlich zur selben Zeit entstanden. Der rötliche Albireo A ist ein roter Riese, der bläuliche Albireo B ein gewöhnlicher Stern. Erläutere, welche Energie liefernden Vorgänge in jedem der beiden Sterne stattfinden. Gib eine mögliche Ursache dafür an, dass sich die Sterne trotz gleichen Alters in verschiedenen Entwicklungsphasen befinden. ●●○

4 Das HST umkreist die Erde 600 km über der Erdoberfläche. Erläutere die Vorteile, die dieses Teleskop gegenüber einem auf der Erde hat. ●●○

Energieversorgung

Dieses Kapitel hat folgenden Inhalt:

Regenerative Energieanlagen sollen die Energieversorgung in Zukunft sicher stellen

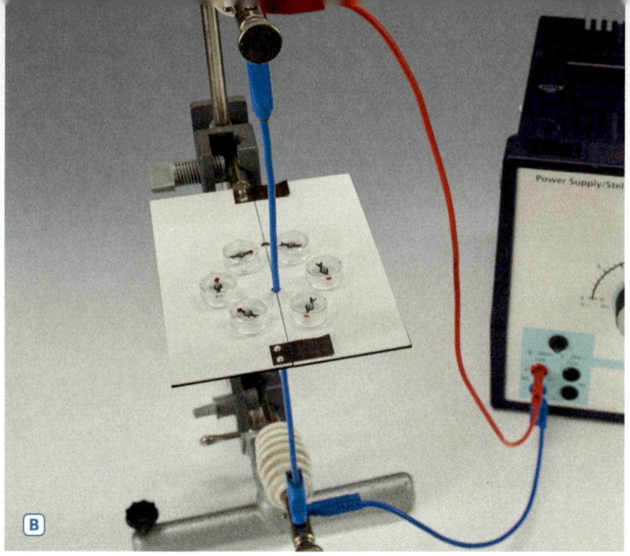

1 **A** Hochspannungsleitung; **B** Magnetnadeln zeigen das Magnetfeld eines geraden Leiters

1.1 Magnetfelder stromdurchflossener Leiter

Direkt unter einer Hochspannungsleitung zeigt ein Kompass oder eine Kompass-App die Nordrichtung nicht mehr richtig an. Was hat eine solche Hochspannungsleitung mit Magnetfeldern zu tun?

Konzentrisch bedeutet hier, dass alle Kreise ihren Mittelpunkt im Leiter haben.

Versuch – Ein Experimentierkabel ist senkrecht montiert und an ein Netzgerät angeschlossen. Mehrere kleine Kompassnadeln stehen auf einer Platte in der Nähe des Kabels. Im stromlosen Zustand des Kabels richten sich die Kompassnadeln am Erdmagnetfeld aus. Das Netzgerät wird eingeschaltet, sodass ein starker Strom von etwa 10 A durch das Kabel fließt. Die Kompassnadeln ordnen sich nun kreisförmig um den Draht an. Bei Umpolung der Spannung drehen sich alle Nadeln in die entgegengesetzte Richtung und bilden dann wieder einen Kreis.

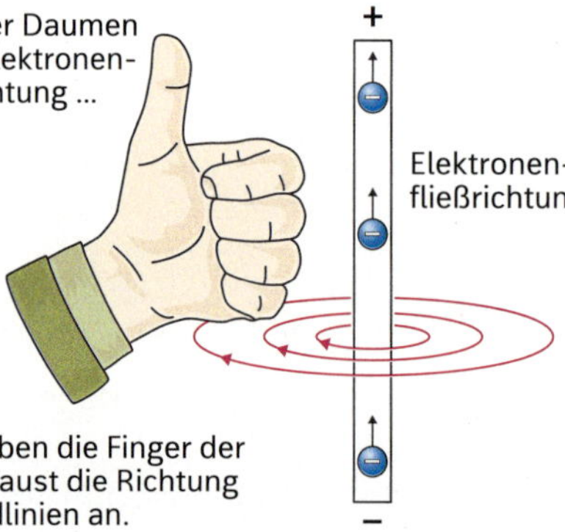

2 Linke-Faust-Regel

Gerader Leiter – Die Beeinflussung der Kompassnadeln zeigt, dass um den stromdurchflossenen, geraden Leiter ein Magnetfeld vorhanden ist. Die Feldlinien dieses Magnetfeldes sind geschlossene Kreislinien, die konzentrisch um den Leiter verlaufen. Die Richtung der Feldlinien wird durch die Kompassnadeln angezeigt und kann mit der Linke-Faust-Regel ermittelt werden.
Genauso wie das Kabel im Versuch sind die Hochspannungsleitungen von kreisförmigen Magnetfeldern umgeben. Neben dem Erdmagnetfeld beeinflussen auch diese Magnetfelder einen Kompass.

> Ein gerader, stromdurchflossener Leiter ist von einem Magnetfeld umgeben. Die magnetischen Feldlinien sind konzentrische Kreise um den Leiter.

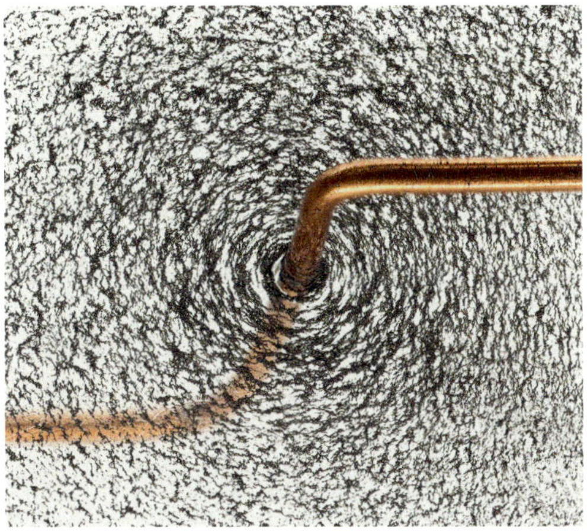

3 Magnetfeld eines geraden Leiters mit Eisenspänen

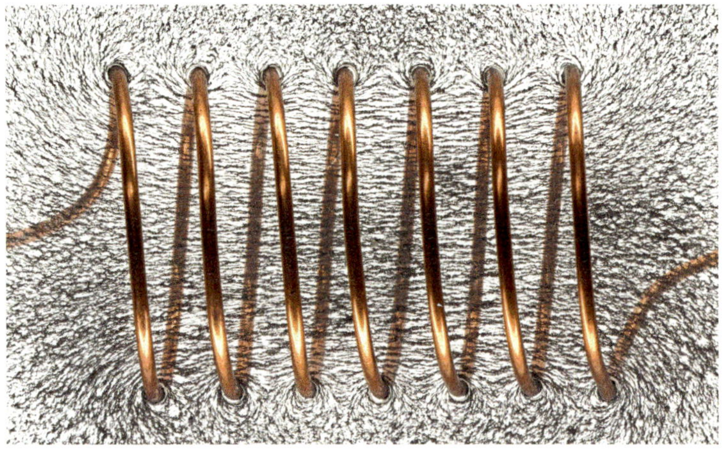

4 Magnetfeld einer Spule mit Eisenspänen

Spule – Magnetfelder lassen sich auch mit Eisenspänen sichtbar machen. Bei einem geraden Leiter sieht man konzentrische Kreise. Bei einer Spule sind um jede einzelne Windung feine kreisförmige Linien wie beim einzelnen Leiter zu sehen. Im Inneren der Spule sind parallele Linien zu beobachten. Dort ist das Magnetfeld **homogen** und damit an jeder Stelle gleich stark. Im äußeren Bereich der Spule ist schwach ein Feldlinienbild wie bei einem Stabmagneten erkennbar.

Um jedes Leiterstück besteht das Magnetfeld aus konzentrischen Kreisen. Diese Felder überlagern sich. Bei entgegengesetzter Feldlinienrichtung löschen sie sich teilweise aus. Bei gleicher Richtung verstärken sie sich. Dies ist im Inneren der Spule der Fall.

Dort, wo Feldlinien sehr dicht verlaufen, ist das Magnetfeld besonders stark. Das Magnetfeld der Spule ist in ihrem Inneren deutlich stärker als außen.

Das Magnetfeld einer stromdurchflossenen Spule ähnelt dem eines Stabmagneten. Die Spule hat wie der Stabmagnet einen Nord- und einen Südpol. Im Inneren der Spule verlaufen die magnetischen Feldlinien parallel zueinander.

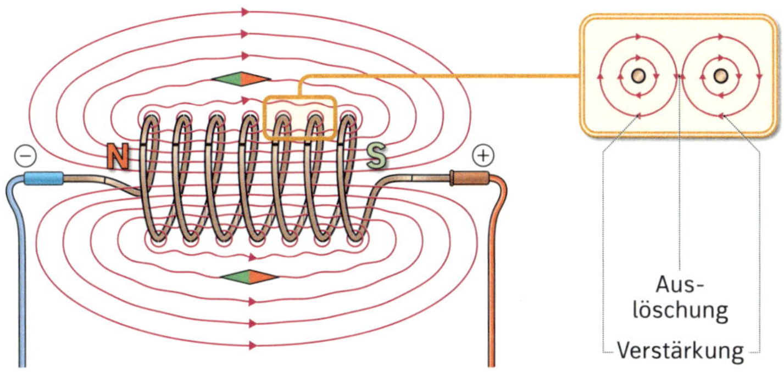

5 Feldlinienbild einer stromdurchflossenen Spule

MATERIAL MIT AUFGABEN

A Magnetfelder

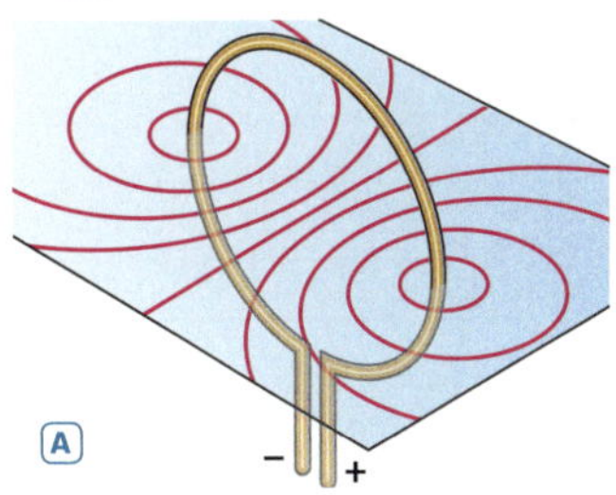

A

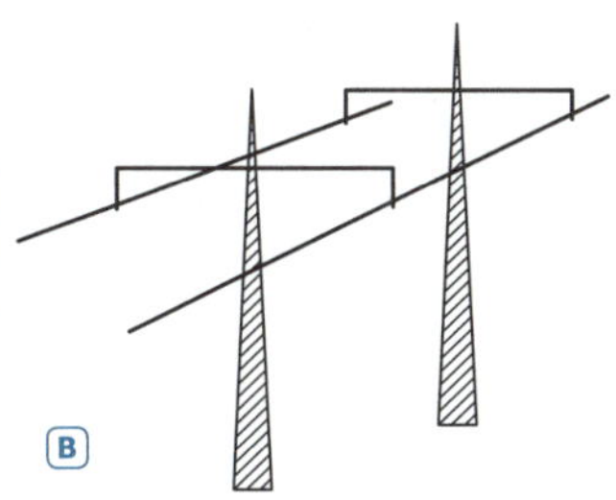

B

1 Übertrage Bild A ins Heft. Zeichne für jede Feldlinie ihre Richtung ein. Begründe. ●●○

2 Bild B zeigt vereinfacht eine Hochspannungsleitung.
   a) Übertrage es ins Heft und zeichne einige Feldlinien der Magnetfelder der Leitungen (ohne Feldlinienrichtung). ●●○
   b) Triff unter Beachtung von Bild 3 eine begründete Aussage zur Stärke des Magnetfeldes am Erdboden. ●●○

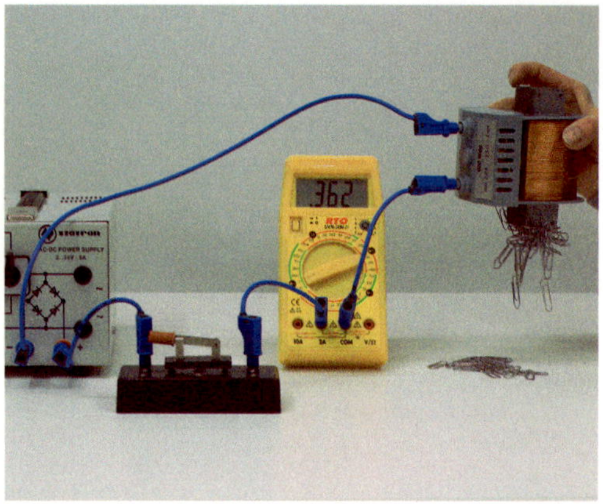

6 Elektromagnet

I in A	0,2	0,4	0,6	0,8
m in g	5	21	39	50

7 Messreihe bei 600 Windungen

n	300	600	1200
m in g	8	27	57

8 Messreihe bei $I = 0{,}5$ A

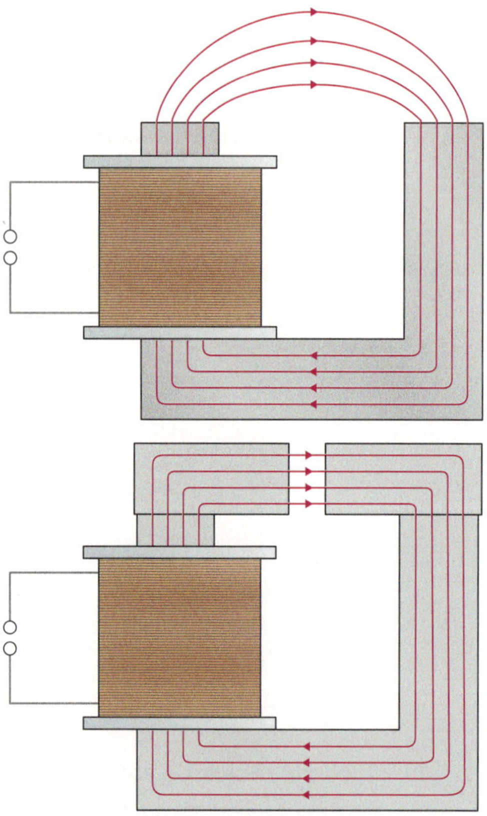

9 Feldlinienverlauf im Elektromagnet

Elektromagnet – Die stromdurchflossene Spule stellt einen Elektromagneten dar. Der Eisenkern verstärkt das Magnetfeld und damit die Anziehungskraft erheblich. Mithilfe des Schalters kann der Elektromagnet ein- und ausgeschaltet werden. Ein Polungswechsel der elektrischen Quelle vertauscht auch die Pole des Magneten.

Lässt man den Elektromagneten Büroklammern anziehen, kann über die Gesamtmasse *m* der angezogenen Klammern eine Aussage zur Stärke des Elektromagneten getroffen werden. Je größer die Stromstärke *I* durch die Spule und je größer Windungszahl *n* der Spule ist, desto stärker ist der Elektromagnet.

In der Modellvorstellung liegen im Eisenkern die Elementarmagnete zunächst völlig ungeordnet. Fließt Strom durch die Spule, erfahren sie durch das Magnetfeld der Spule eine Kraftwirkung und ordnen sich. Deshalb verstärkt der Eisenkern das Feld der Spule.

Feldlinienverlauf im Eisenkern – Ein Eisenkern erhöht nicht nur die Stärke des Elektromagneten. Innerhalb des Eisenkerns sind die Feldlinien auch gebündelt. Im Bild befindet sich die Spule auf dem linken Schenkel eines U-förmigen Eisenkerns. Die beiden Enden des U-Kerns bilden den Nord- und Südpol des Elektromagneten. Nur dazwischen verlaufen Feldlinien außerhalb des Eisenkerns.
Durch zusätzliche Eisenblöcke wird der Abstand der Pole des Elektromagneten auf einen kleinen Spalt reduziert. In diesem Spalt ist das Magnetfeld sehr stark. Wenn die Eisenblöcke ganz zusammengeschoben werden, gibt es nur noch geschlossene Feldlinien, die ganz im geschlossen Eisenkern verlaufen.

Je größer die Windungszahl und die Stromstärke, desto stärker ist der Elektromagnet. Ein Eisenkern verstärkt das Magnetfeld einer Spule.

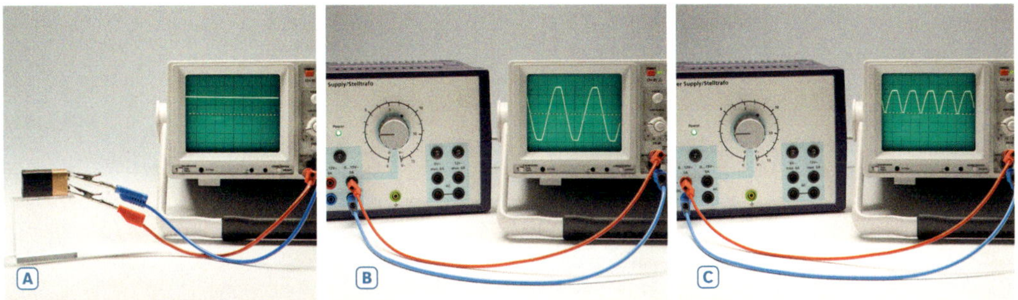

10 Anzeige eines Oszilloskops: A Konstante Gleichspannung; B Wechselspannung; C Pulsierende Gleichspannung

Spannungsarten – Unterschiedliche elektrische Quellen liefern meist auch unterschiedliche Spannungen. Bei der **konstanten Gleichspannung** einer Batterie erfolgt kein Polungswechsel und die Größe der Spannung ist zeitlich konstant. Die Batterie treibt die Elektronen stets gleich stark in die gleiche Richtung an. Mit einem Oszilloskop kann der zeitliche Verlauf einer Spannung sichtbar gemacht werden. Es zeigt für die Batterie eine horizontale Linie.

Das Netzgerät im mittleren Bild liefert eine **Wechselspannung**. Sie bewirkt, dass sich die Elektronen dauernd hin und her bewegen, da sich die Polung ständig ändert. Das Oszilloskop zeigt eine wellenförmige Kurve. Auch die Spannung, die eine Steckdose liefert, hat solch einen zeitlichen Verlauf.

Wie bei Tönen gibt man bei Wechselspannungen die **Frequenz** an. Sie beschreibt, wie oft pro Sekunde ein Polungswechsel von + nach – und wieder zurück erfolgt. Die Wechselspannung, die an jeder Steckdose zur Verfügung steht, hat eine Frequenz von 50 Hz.

Das Bild der Gleichspannung desselben Netzgerätes unterscheidet sich sowohl von der Wechselspannung als auch von der Gleichspannung der Batterie. Auch bei dieser Gleichspannung liegt kein Polungswechsel vor, denn der Graph verläuft oberhalb der Nulllinie. Durch diese Quelle werden die Elektronen stets in die gleiche Richtung getrieben. Dies geschieht aber mit sich ständig ändernder Stärke. Man spricht von einer **pulsierenden Gleichspannung**.

Gleichspannung wird mit DC abgekürzt für Englisch, direct current, Wechselspannung mit AC für Englisch alternating current

MATERIAL MIT AUFGABEN

B Ein einfacher Lautsprecher

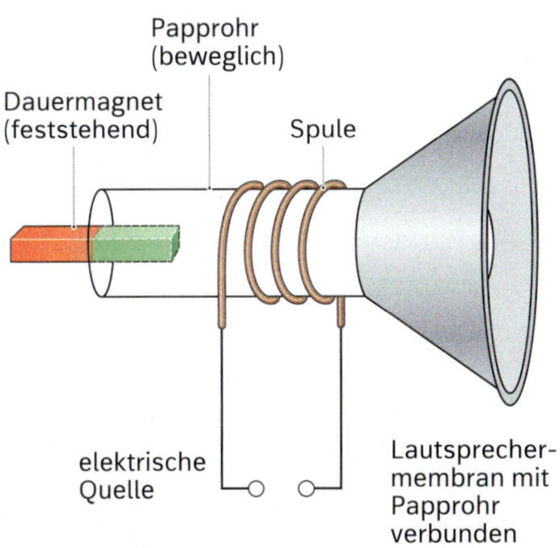

1 Die Spule wird an Gleichspannung angeschlossen. Begründe, dass sich die Lautsprechermembran entweder nach links oder nach rechts bewegt und dann in dieser Position verharrt. ●●○

2 Der Lautsprecher wird an eine elektrische Quelle mit einer Wechselspannung veränderlicher Frequenz angeschlossen. Beschreibe und erkläre das Verhalten der Membran, wenn die Frequenz kontinuierlich erhöht wird. ●●●

1 **A** Nabendynamo im Vorderrad eines Fahrrads; **B** Versuchsaufbau

1.2 Elektromagnetische Induktion

Der Nabendynamo eines Fahrrads stellt eine zuverlässige Quelle für die Beleuchtung dar, deren Energie nie erschöpft ist, solange sich das Vorderrad dreht. Welche Bauteile und Vorgänge erzeugen im Dynamo die nötige Spannung?

Mehrpolig bedeutet hier, dass sich viele Nord- und Südpole abwechseln und dabei kreisförmig angeordnet sind.

Versuch – Ein Blick ins Innere des Dynamos zeigt einen komplizierten Aufbau aus einem mehrpoligen Magneten und Spulen. Die physikalischen Grundlagen lassen sich vereinfacht mit einem Stabmagneten und einer Spule verdeutlichen.
Wird der Stabmagnet in die Spule hineinbewegt, schlägt der Zeiger des angeschlossenen Spannungsmessgerätes nach einer Seite aus. Wird der Stabmagnet wieder herausgezogen, schlägt der Zeiger in die entgegengesetzte Richtung aus. Wird der Stabmagnet festgehalten und die Spule bewegt, so ist die gleiche Bewegung des Zeigers zu beobachten. Bei langsamerer Bewegung ist der Ausschlag geringer.

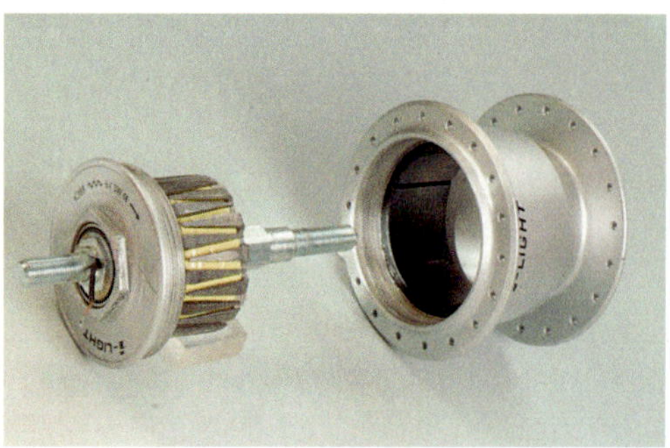

2 Innerer Aufbau eines Nabendynamos

Induktion bei Bewegung – Bei einer Relativbewegung von Spule und Magnet entsteht zwischen den Enden der Spule eine elektrische Spannung. Sie wird **Induktionsspannung** genannt. Den Vorgang selbst nennt man **Induktion.** Die Spule, in der die Spannung entsteht, heißt **Induktionsspule.** Rotiert wie in Bild 3 der Stabmagnet vor einer Spule, so wird dauerhaft eine Spannung induziert. Diese Spannung ändert laufend ihre Polung, es ist eine Wechselspannung.
Im Nabendynamo befindet sich der Magnet auf der Radachse. Bei Drehung des Rades rotiert auch der Magnet, wodurch eine Wechselspannung in der Spule erzeugt wird.

> Die Erzeugung von elektrischer Spannung durch Magnet und Spule wird Induktion genannt.

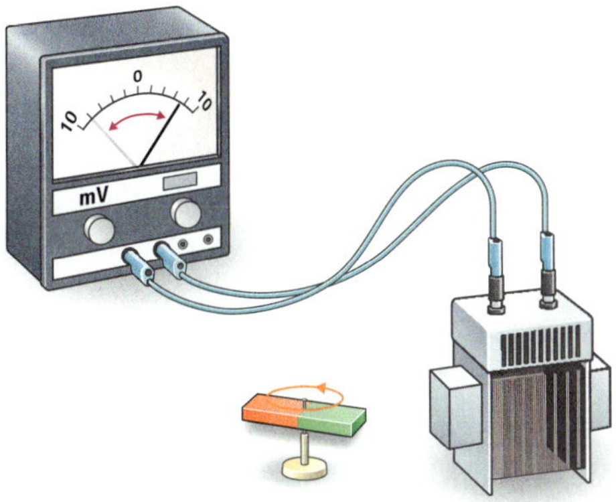

3 Rotierender Stabmagnet vor der Spule

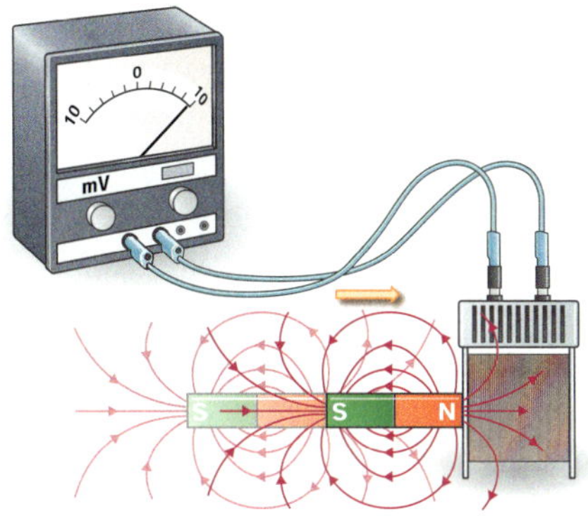

4 Änderung des Magnetfelds in der Spule

Magnetfeldänderung – In den vorherigen Versuchen wird immer dann eine Spannung induziert, wenn sich Magnet und Spule relativ zueinander bewegen. Ruht der Magnet oberhalb, vor oder in der Spule, so wird keine Spannung induziert. Die Feldlinien des Magnetfeldes des Stabmagneten durchsetzen die Spule. Nähert sich der Stabmagnet der Spule, wird das Magnetfeld in der Spule immer stärker. Dies ist erkennbar an der Dichte der Feldlinien in der Spule. Beim Herausziehen nimmt die Anzahl der Feldlinien ab. Das Feld wird schwächer. Die Versuchsbeobachtungen können deshalb auch so interpretiert werden, dass immer dann eine Spannung induziert wird, wenn sich das Magnetfeld ändert, das die Spule durchsetzt. Je schneller die Magnetfeldänderung erfolgt, desto größer ist die induzierte Spannung. Die Polung der Spannung hängt davon ab, ob das Magnetfeld zu- oder abnimmt. Ruht der Magnet in der Spule, so ist das Feld zwar stark. Es ändert sich aber nicht, deshalb wird auch keine Spannung induziert.

VERSUCH

V1 Spannung induzieren durch Bewegung

Materialien:
Spulen mit verschiedenen Windungszahlen (zum Beispiel 200, 400, 800), zwei gleiche Stabmagnete, Spannungsmessgerät mit mV-Bereich, Experimentierkabel, Klebefilm

1 Schließe eine Spule mit hoher Windungszahl an das Spannungsmessgerät in Mittenstellung und mV-Bereich. Tauche den Stabmagnet erst langsam, dann immer schneller in die Spule. Notiere deine Beobachtungen, auch beim Herausziehen des Magneten.
2 Tauche den Stabmagnet mit immer gleicher Geschwindigkeit in Spulen verschiedener Windungszahlen. Du kannst die Spulen dazu alle in Reihe an das Messgerät anschließen. Notiere die Beobachtungen.
3 Verbinde die beiden Stabmagnete mit Klebefilm zu einem stärkeren Stabmagneten. Wiederhole 1 und 2. Formuliere ein Ergebnis deiner Versuche.

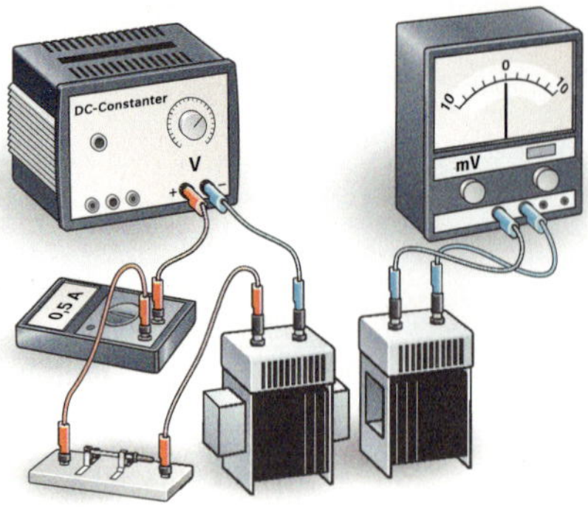

5 Induktion beim Ein- und Ausschalten

VERSUCH

V2 Große Spannungen induzieren

Materialien:
Spulen mit verschiedenen Windungszahlen, Eisenkern, Spannungsmessgerät mit mV-Bereich, Stromstärkemessgerät, Kabel, Netzgerät.

Beachte die maximal zulässige Stromstärke der Spulen! Benutze bei einem analogem Spannungsmessgerät die Mittenstellung des Zeigers.
Achte bei digitalem Messgerät auf das angezeigte Vorzeichen der Spannung.

1 Baue den Versuch wie in Bild 5 auf. Untersuche, wie du auf verschiedene Arten eine möglichst hohe Spannung induzieren kannst. Du kannst auch beide Spulen auf den Eisenkern setzen. Dokumentiere dein Vorgehen und deine Ergebnisse.
2 Stelle die Messgeräte auf Wechselstrom bzw. Wechselspannung. Schließe an die Feldspule mit Eisenkern eine Wechselspannung an. Verändere auch die Größe der Wechselspannung. Notiere und erkläre deine Beobachtungen.

Induktion ohne Bewegung – Die bisherigen Induktionsversuche lassen vermuten, dass auch eine Spannung induziert wird, wenn das Magnetfeld geändert wird, ohne dass Bewegung stattfindet. Anstelle eines Dauermagneten wird deshalb ein Elektromagnet benutzt. Die Spule des Elektromagneten wird als **Feldspule** bezeichnet.

Ein- und Ausschalten – Der Elektromagnet befindet sich vor der Induktionsspule. Der Schalter wird mehrmals geschlossen und wieder geöffnet. Nur während des Schaltvorgangs wird jeweils kurzfristig eine Spannung induziert. Beim Ausschalten ist die Spannung andersherum gepolt als beim Einschalten. Beim Einschalten baut sich das Magnetfeld auf, beim Ausschalten wieder ab. Das Magnetfeld ändert sich in beiden Fällen.

Änderung der Stromstärke – Bei geschlossenem Schalter wird die Stromstärke durch die Feldspule abwechselnd erhöht und erniedrigt. Solange sich die Stromstärke ändert, ändert sich auch die Stärke des Magnetfeldes. Dabei wird eine Spannung induziert. Bei einer Zu- und Abnahme der Stromstärke ist die Spannung entgegengesetzt gepolt. Bleibt die Stromstärke konstant, wird keine Spannung induziert, denn das Magnetfeld ändert sich nicht.

Eisenkern und Windungszahl – Die Induktionsspannung ist größer, wenn die Induktionsspule mit auf den Eisenkern geschoben wird, da sie dann besser vom Magnetfeld durchsetzt wird. Auch eine Erhöhung der Windungszahl der Induktionsspule führt zu einer höheren Induktionsspannung.

Induktionsgesetz:
Es wird immer dann eine Spannung induziert, wenn sich das Magnetfeld, das eine Induktionsspule durchsetzt, ändert. Je stärker diese Änderung ist, desto größer ist die Induktionsspannung.

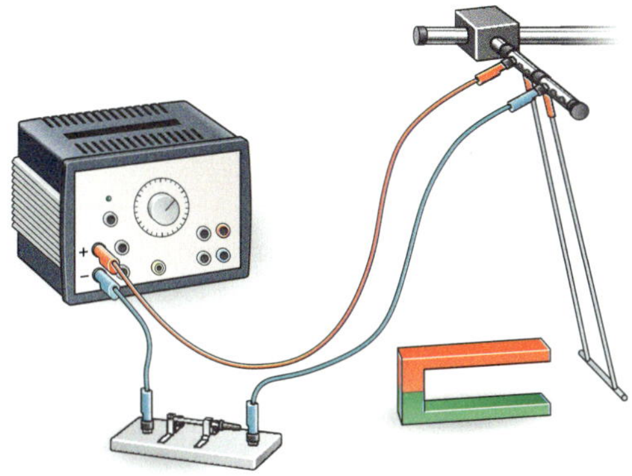

6 Lorentzkraft bei stromdurchflossenem Leiter

Lorentzkraft – Ein Aluminiumstab hängt an leitenden Metallbändern im Feld eines Hufeisenmagneten. Nach dem Schließen des Schalters bewegt er sich nach rechts.
Fließt Strom, bewegen sich die Elektronen im waagerechten Aluminiumstab senkrecht zum Magnetfeld. Wie bei freien Elektronen wirkt auf sie die Lorentzkraft nach der Linke-Hand-Regel. Hier ist die Lorentzkraft auf jedes Elektron nach rechts gerichtet. Dadurch bewegt sich der gesamte Stab nach rechts.

Lorentzkraft und Induktion – Der Aluminiumstab ist jetzt nur mit einem Spannungsmessgerät verbunden. Er wird ausgelenkt und losgelassen. Beim Hin- und Herpendeln wird eine Wechselspannung angezeigt. Die Elektronen im Stab bewegen sich beim Pendeln im Feld des Hufeisenmagneten dauernd hin und her. Nach der Linke-Hand-Regel erfahren sie eine Kraft, die eine Verschiebung der Elektronen innerhalb des Leiters verursacht. Die Ansammlung von Elektronen an der einen Seite des Leiters und der dadurch auftretende Elektronenmangel an der anderen Seite bewirkt eine Spannung zwischen den Enden des Leiters.

Elektronen in stromdurchflossenen Leitern erfahren im Magnetfeld eine Kraft nach der Linke-Hand-Regel.
Die Entstehung einer Induktionsspannung bei Bewegung kann mithilfe der Lorentzkraft erklärt werden.

MATERIAL MIT AUFGABEN

A Induktionskochplatte

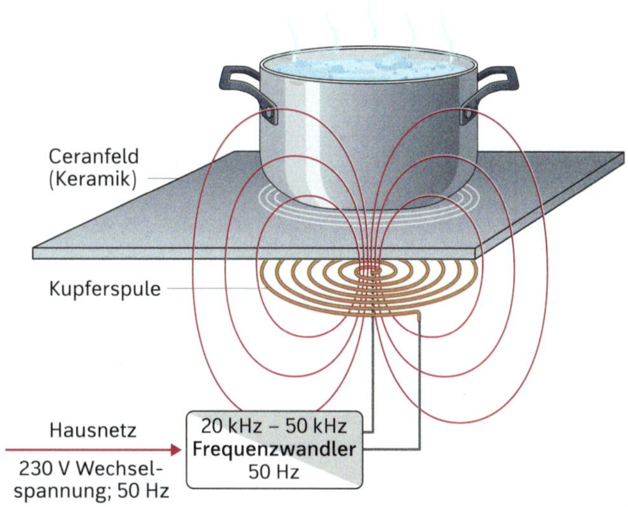

Wirkungsweise der Induktionskochplatte
- *Die Induktionsspannung führt zu einem starken kreisförmigen Stromfluss im Topfboden.*
- *Die Kupferspule ist von einem Wechselstrom sehr hoher Frequenz durchflossen.*
- *Der Topfboden stellt quasi die Windung einer Induktionsspule dar.*
- *Das Magnetfeld der Kupferspule durchsetzt den Topfboden.*
- *Durch die hohe Frequenz ändert sich das Magnetfeld der Kupferspule sehr stark.*
- *Das sich stark ändernde Magnetfeld induziert im Topfboden eine Spannung.*
- *Durch diesen Wirbelstrom im Topfboden erwärmt sich der Boden.*

1 Die Sätze zur Wirkungsweise der Induktionskochplatte sind durcheinander geraten. Schreibe sie in sinnvoller Reihenfolge auf. ●●○

2 Skizziere den Verlauf einer Wechselspannung geringer Frequenz und den einer Wechselspannung hoher Frequenz. Erkläre, welchen Einfluss die hohe Frequenz auf die Änderung des Magnetfeldes der Kupferspule und auf die Induktionsspannung hat. ●●●

3 Der Topfboden ist aus magnetischem Material, damit durch Ummagnetisierung die Erwärmung verstärkt wird. Recherchiere und erläutere diese Aussage. ●●○

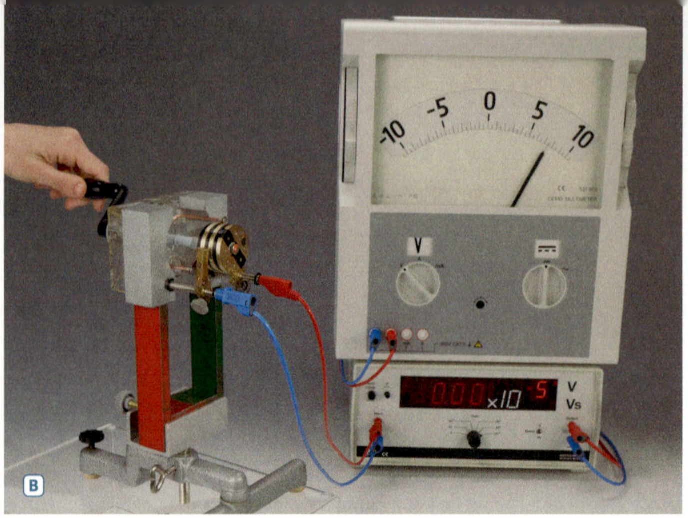

1 **A** Windräder; **B** Leiterschleife im Magnetfeld

1.3 Generator und Elektromotor

Ähnlich wie der Dynamo am Fahrrad liefert auch der Generator im Windrad elektrische Energie, wenn das Windrad sich dreht. Wie erzeugt ein Generator Spannung?

Versuch – Generatoren enthalten Spulen, die sich im Magnetfeld drehen. Zur Untersuchung der Vorgänge im Generator wird zuerst statt einer Spule eine Leiterschleife als einfachste Form einer Spule mit nur einer Windung verwendet. Diese Leiterschleife ist drehbar zwischen den Polen eines Hufeisenmagneten gelagert. An die Leiterschleife ist ein empfindliches Spannungsmessgerät angeschlossen. Wenn man die Leiterschleife langsam dreht, dann schlägt der Zeiger des Messgeräts abwechselnd nach rechts und links aus. Bei einer schnelleren Drehung werden die Ausschläge schneller und größer.

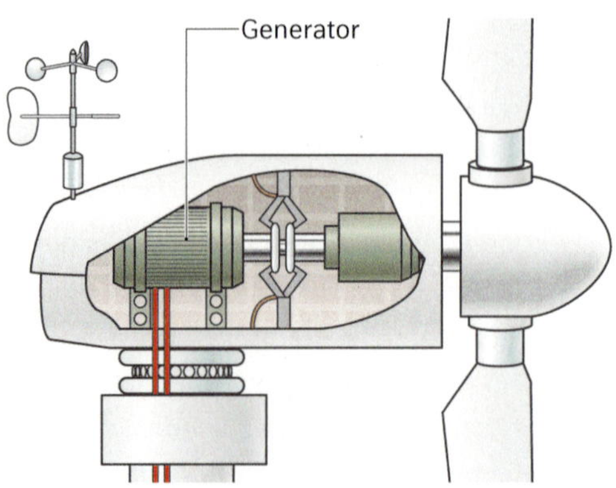

2 Generator im Motorhaus des Windrads

Induktion bei Rotation – Zwischen den beiden Magnetpolen im Versuchsaufbau existiert ein nahezu homogenes Magnetfeld. Durch die Drehung der Leiterschleife verändert sich ständig die Zahl der Feldlinien, die die Leiterschleife durchsetzen. In der Leiterschleife wird eine Spannung induziert. Die induzierte Spannung ist nicht konstant und ändert ihr Vorzeichen nach einer halben Drehung. Es entsteht eine Wechselspannung. Je schneller sich die Leiterschleife dreht, desto schneller ändert sich die Zahl der Feldlinien, die die Leiterschleife durchsetzen, und desto größer sind die induzierte Spannung und die Frequenz dieser Wechselspannung.

Bei Drehen von Magneten und Leiterschleifen oder Spulen relativ zueinander wird sowohl beim Fahrraddynamo als auch beim Generator im Windrad eine Spannung erzeugt.

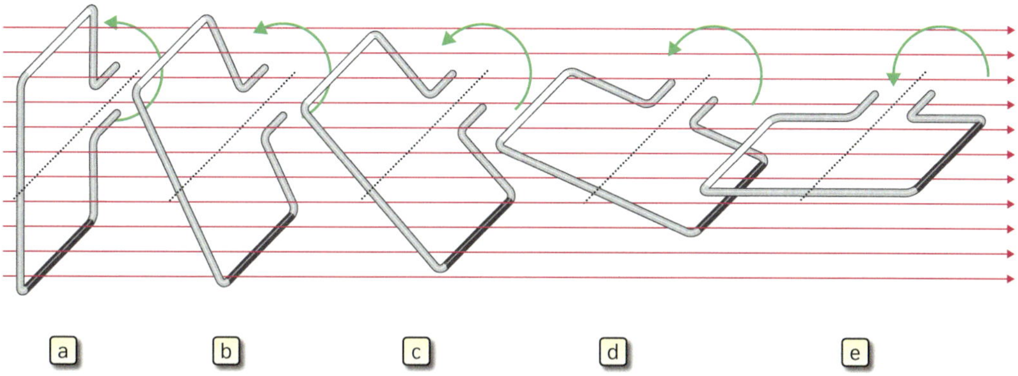

3 Leiterschleife und Feldlinien

Wechselspannung – Im Bild kann man die Anzahl der Feldlinien betrachten, die die Leiterschleife durchsetzen. In Stellung (a) verändert sich die Anzahl der Feldlinien durch eine leichte Drehung kaum. Die Induktionsspannung ist null.

In den nachfolgenden Abschnitten (b), (c) und (d) nimmt die Zahl der Feldlinien ab, die die Leiterschleife durchsetzen. Zu Beginn ist diese Veränderung klein, dann wird sie größer. Entsprechend nimmt auch die Induktionsspannung zu.

In Stellung (e) bewegen sich Teilstücke der Leiterschleife kurzzeitig senkrecht zu den Feldlinien, sodass sich die Zahl der Feldlinien, die die Leiterschleife durchsetzen, stark ändert. Hier ist die Induktionsspannung am größten.

Bei weiterer Drehung nimmt die Induktionsspannung wieder ab. Nach einer halben Drehung hat sich die Orientierung der Leiterschleife im Magnetfeld umgekehrt. Der Vorgang beginnt von Neuem, aber mit entgegengesetzter Polung der Induktionsspannung.

> Bei der Drehung einer Leiterschleife im konstanten Magnetfeld wird in der Leiterschleife eine Spannung induziert, weil sich die Zahl der Feldlinien ändert, die die Leiterschleife durchsetzen.

MATERIAL MIT AUFGABEN

A Lorentzkraft

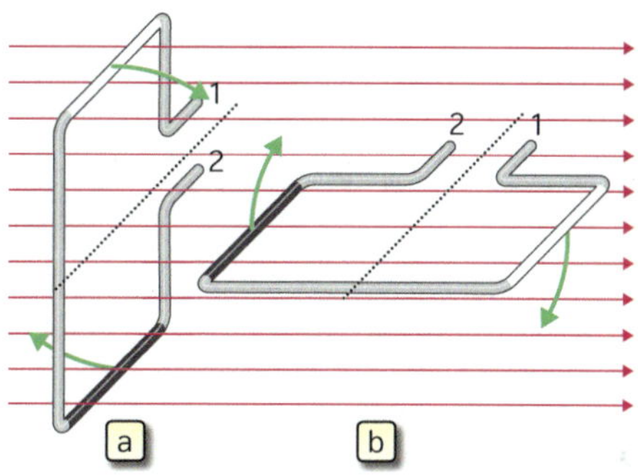

Eine Leiterschleife dreht sich im homogenen Magnetfeld im Uhrzeigersinn.

1 Gib an, in welchem Bild die Bewegung der betrachteten Leiterstücke parallel und in welchem Bild senkrecht zu den Feldlinien erfolgt. ●●○

2 Mit den Teilstücken des Leiters bewegen sich auch die Elektronen des Leiters im Magnetfeld. Erkläre mithilfe der Lorentzkraft, warum sich deshalb in Stellung (b) am Anschluss 1 ein Elektronenüberschuss (-) und am Anschluss 2 ein Elektronenmangel (+) einstellt. ●●○

3 Betrachte die Situation (b) nach einer Drehung der Leiterschleife um 180°. Erkläre, was sich gegenüber Stellung (b) geändert hat. ●●●

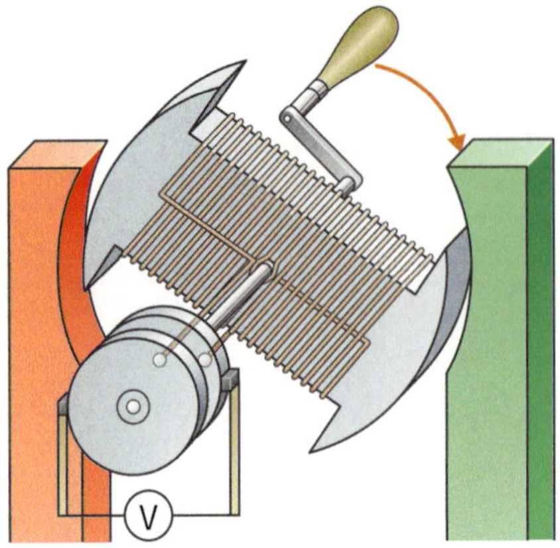

4 Aufbau eines Generators mit Hufeisenmagnet

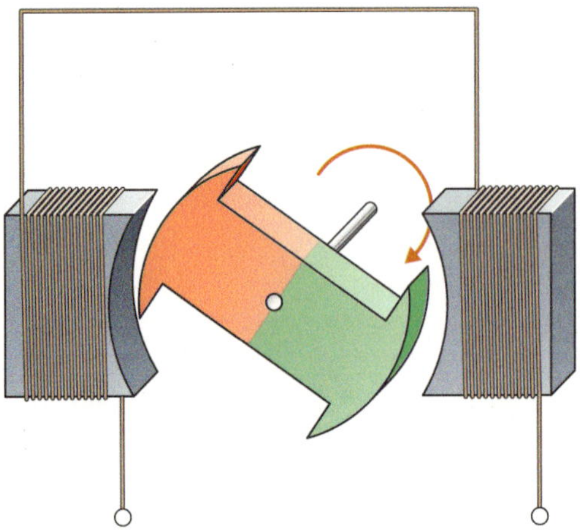

5 Aufbau eines Generators mit rotierenden Magnet

Aufbau eines Generators – Statt einer Leiterschleife wird im Generator eine Spule eingesetzt, die aus vielen in Reihe geschalteten Leiterschleifen besteht. Da der Induktionsvorgang in jeder Leiterschleife stattfindet, ist die induzierte Spannung in der Spule um ein Vielfaches größer als in einer Leiterschleife. Ein Eisenkern in der Spule verstärkt das Magnetfeld und vergrößert die induzierte Spannung zusätzlich.

Damit sich die Zuleitungsdrähte der Spule bei der Drehung nicht aufwickeln, müssen die Induktionsspannung und der damit fließende Strom über Schleifkontakte aus der Spule herausgeführt werden. Solche Schleifkontakte haben den Nachteil, dass sie schnell abnutzen oder verschmutzen.

Wenn sich dagegen der Magnet zwischen feststehenden Spulen dreht, ist die Ableitung des Stroms aus den Spulen einfacher. Deshalb sind der Fahrraddynamo, die Lichtmaschine im Auto und alle Generatoren in Kraftwerken mit feststehenden Induktionsspulen und rotierenden Magneten aufgebaut. Als Magnet eignen sich sowohl Dauermagnete als auch Elektromagnete.

MATERIAL MIT AUFGABEN

B Pixii-Generator

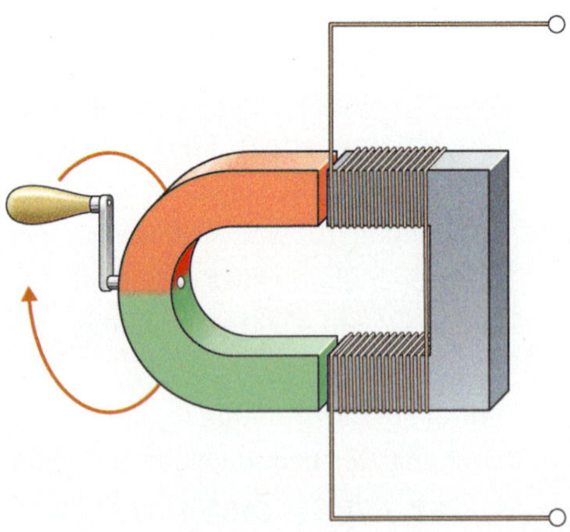

1832 erfand der französische Mechaniker Pixii den nach ihm benannten Generator.

1 Beschreibe den Aufbau des Pixii-Generators. ●○○
2 Vergleiche den Pixii-Generator mit den oben besprochenen Generatoren. Stelle in einer Tabelle Vor- und Nachteile zusammen. ●●○
3 Recherchiere und erläutere, wie ein selbsterregender Dynamo aufgebaut ist und wie er funktioniert. ●●●

Aufbau eines Elektromotors – Wird an eine drehbar gelagerte Generatorspule eine Gleichspannung gelegt, wird diese Spule zum Elektromagneten. Durch die zwischen den Polen dieses Elektromagneten und den Polen des äußeren Magneten wirkenden Kräfte führt die Spule eine Drehbewegung aus.

Spätestens nach einer halben Drehung würde die Spule jedoch zum Stillstand kommen, weil sich nun ungleichnamige Pole gegenüberstehen und anziehen. Für eine weitere Drehung muss das Magnetfeld der Spule umgepolt werden, damit sich wieder gleichnamige Pole gegenüberstehen und abstoßen. Der dafür nötige Wechsel der Stromrichtung geschieht in Gleichstrommotoren durch eine spezielle Konstruktion der Stromzufuhr mittels **Kommutator**. Die Schleifkontakte berühren jeweils eine Hälfte eines zweigeteilten Schleifringes. Jede Hälfte des Schleifrings ist mit einem Ende der Spulenwicklungen verbunden. Nach jeweils einer halben Drehung berührt jeder Kontakt den anderen Halbring und der Strom fließt mit umgekehrter Richtung durch die Spule. Die Pole des Magnetfelds der Spule drehen sich um.

Wenn der Motor so stehen bleibt, dass die Schleifkontakte den Zwischenraum der Halbringe berühren, dann kann er nicht von alleine anlaufen, weil kein Strom durch die Spule fließen kann. Deshalb baut man Motoren mit mehreren versetzten Spulenwicklungen und entsprechend mehrfach geteilten Schleifringen. So kann man erreichen, dass die Kontakte immer stromführende Teile des Schleifrings berühren und der Motor aus jeder Position anlaufen kann.

Beim Elektromotor dreht sich eine stromdurchflossene Spule in einem Magnetfeld oder umgekehrt. Ein Kommutator sorgt für den selbstständigen Wechsel der Stromrichtung und der Magnetpole der Spule.

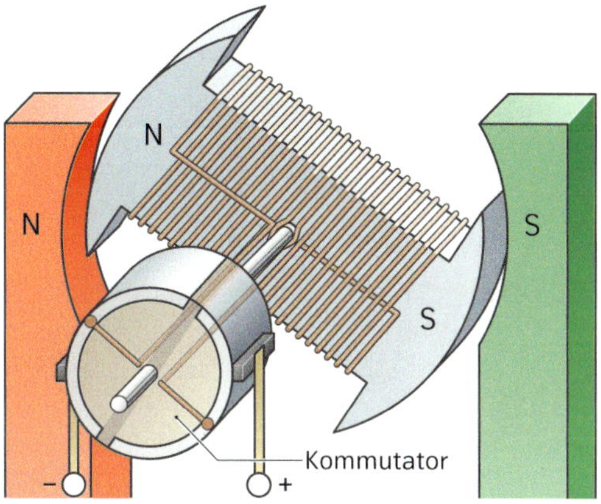

6 Aufbau eines Elektromotors

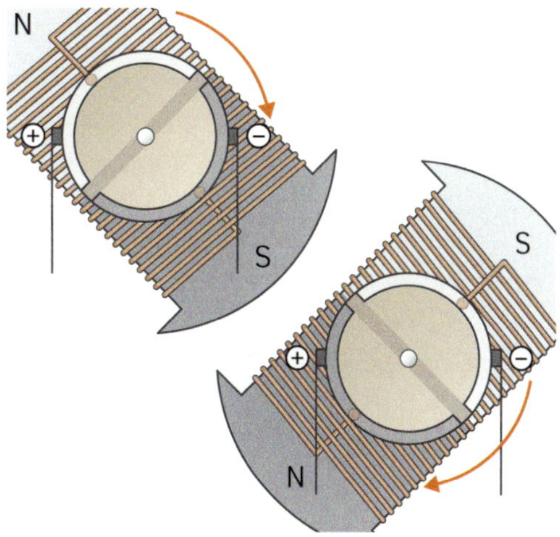

7 Schleifkontakte am Kommutator

Commutare (lat.) vertauschen

Ein Kommutator vertauscht die Stromrichtung

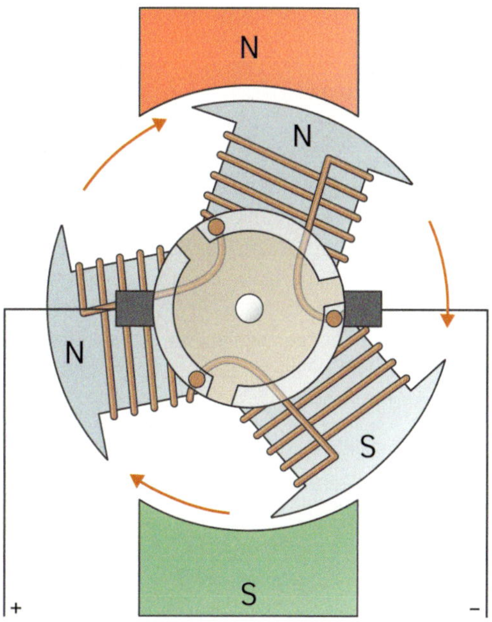

8 Elektromotor mit mehreren Spulenwicklungen

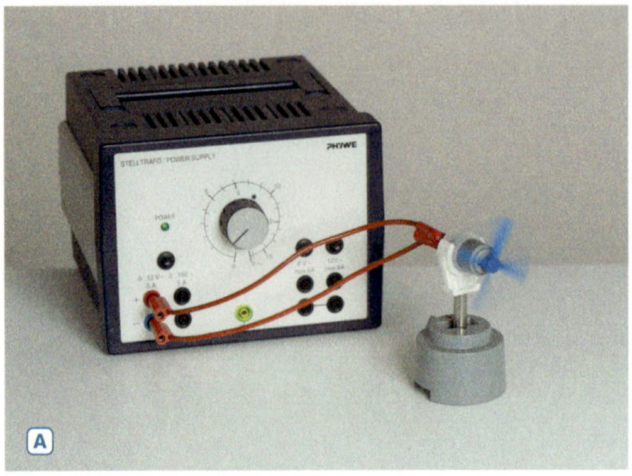

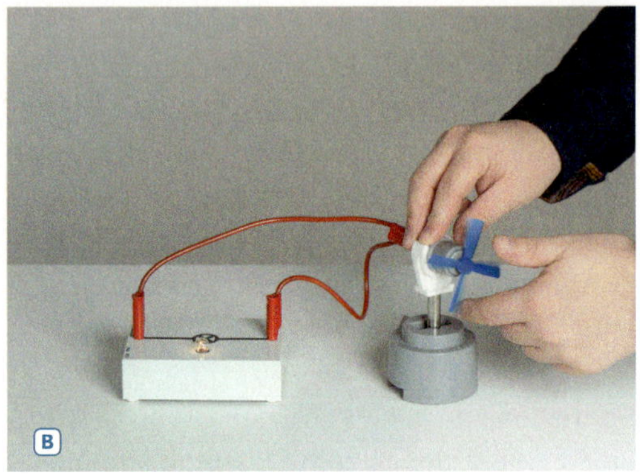

9 Dasselbe Gerät. A als Motor; B als Generator

Generator-Motor-Prinzip – Ein und dasselbe Gerät kann sowohl als Motor als auch als Generator betrieben werden. Wird ein Gleichstrommotor mit Kommutator als Generator genutzt, erzeugt er eine pulsierende Gleichspannung.

Das Generator-Motor-Prinzip wird in Elektroautos genutzt. Um zu bremsen wird der Motor zum Generator und gewinnt aus der Bewegungsenergie des Fahrzeugs wieder elektrische Energie. Die elektrische Energie wird in der Autobatterie gespeichert. Auch elektrisch betriebene Züge nutzen das Prinzip und speisen die elektrische Energie in die Fahrleitungen zurück. Diese Rückgewinnung elektrischer Energie heißt **Rekuperation**. Elektromotoren wandeln elektrische Energie in Bewegungsenergie. Ihr Wirkungsgrad kann bis zu 85 % betragen. Mindestens 15 % der zugeführten elektrischen Energie wird nicht in Bewegungsenergie, sondern in thermische Energie gewandelt und somit entwertet. Generatoren wandeln Bewegungsenergie in elektrische Energie. Dabei wird ein Wirkungsgrad von bis zu 98 % erreicht.

Die „Autobatterie“ ist eigentlich ein Akku, weil sie wiederaufgeladen werden kann

Ein Generator kann als Elektromotor genutzt werden und umgekehrt.

MATERIAL MIT AUFGABEN

C Rekuperation

Energie sparen beim Bremsen?
... Wenn nun ein PKW mit Benzinmotor bremst, dann entsteht aus der Bewegung Wärme, die einfach nutzlos in der Umwelt verloren geht. Anders beim Elektroauto: beim Bremsen wird aus der Bewegung wieder Elektrizität und die lädt die Batterien auf...

In einem Zeitungsbeitrag wird mit einfachen Worten das Prinzip der Rekuperation erklärt.

1 Korrigiere den nebenstehenden Zeitungsbeitrag, indem du die richtigen Fachbegriffe verwendest. ●●○

2 Begründe durch eine Energiebetrachtung, warum das Auto durch die Rekuperation abgebremst wird. ●●○

3 Begründe, warum E-Autos neben der Bremsunterstützung durch Rekuperation auch immer eine normale Bremse haben müssen. ●●○

4 Begründe, warum die Rekuperation bei einem E-Auto im Stadtverkehr nützlicher ist als bei Überlandfahrten. ●●●

MATERIAL MIT AUFGABEN

D Generator-Motor-Prinzip

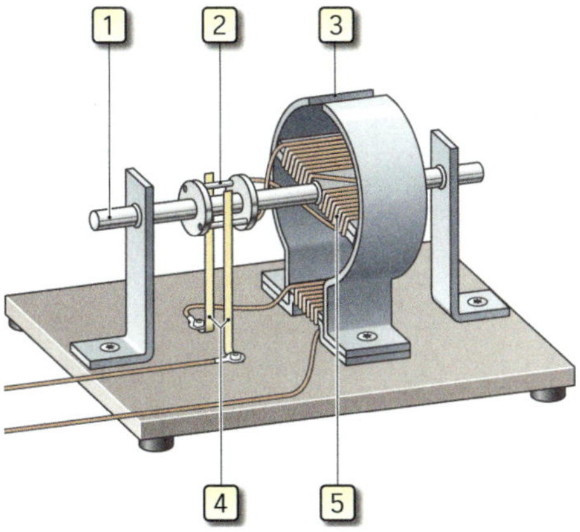

Mit vorgefertigten Bausätzen lassen sich einfache Modellmotoren bauen.

1 Ordne den nummerierten Teilen des Elektromotors die Begriffe Spule, Magnet, Kommutator, Stromzufuhr und Achse zu. ●○○
2 Erläutere die Unterschiede zwischen dem hier dargestellten und dem bisher im Lehrbuchtext behandelten Elektromotor. ●●○
3 Skizziere und erläutere, wie der hier dargestellte Kommutator die Stromrichtung in der Spule umkehrt. ●○○
4 Beschreibe, wie der Versuchsaufbau geändert werden müsste, damit der Bausatz als Generator verwendet werden kann. ●○○
5 Begründe, ob es sich bei der hier erzeugten Spannung um eine Wechselspannung oder eine pulsierende Gleichspannung handelt. ●●○

MATERIAL MIT AUFGABEN

E Notstromaggregat

Bei einem Stromausfall können Notstromaggregate zum Einsatz kommen, um die Versorgung mit elektrischer Energie sicherzustellen.

1 Beschreibe den Aufbau eines Notstromaggregats. ●○○
2 Erkläre seine Funktionsweise. ●●○
3 Zeichne das zugehörige Energieflussdiagramm. ●○○
4 Begründe, warum Krankenhäuser über Notstromaggregate verfügen müssen. Recherchiere, welche weiteren Einrichtungen Notstromaggregate haben. ●○○
5 Ein Liter Benzin setzt beim Verbrennen eine Energie von 35 MJ frei. Berechne die daraus resultierende nutzbare Energie in kWh, wenn der Benzinmotor einen Wirkungsgrad von 35 % und der Generator einen Wirkungsgrad von 98 % hat. ●●○

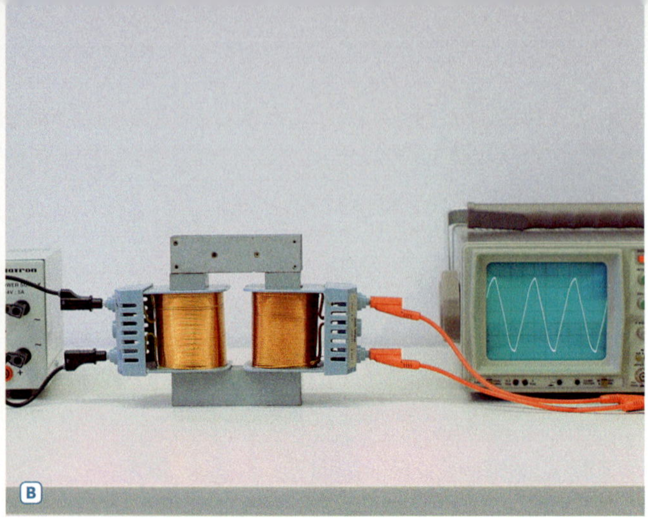

1 **A** Teslatransformator; **B** Wechselspannung am Transformator

1.4 Transformator

Transformatoren werden im täglichen Sprachgebrauch kurz als Trafos bezeichnet

Beim Teslatransformator ist die Spannung so groß, dass die Luft leitfähig wird und Blitze überspringen. Im Alltag werden unterschiedliche, niedrigere Spannungen gebraucht. Wie kann man Spannungen wandeln?

Versuch – Zwei Spulen befinden sich auf einem Eisenkern. Diese Anordnung wird als Transformator bezeichnet. An die linke Spule wird zunächst Wechselspannung gelegt. Das an der rechten Spule angeschlossene Oszilloskop zeigt ebenfalls den typischen Verlauf einer Wechselspannung. Wird Gleichspannung an die linke Spule gelegt, ist am Oszilloskop nur die Nulllinie zu sehen.

Schaltzeichen des Trafos

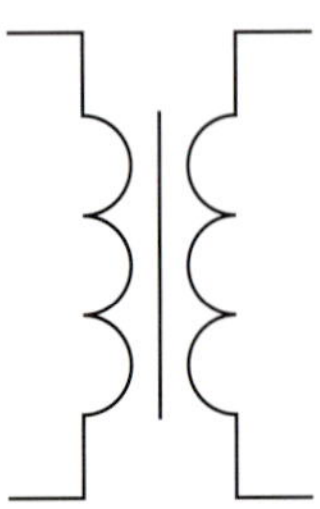

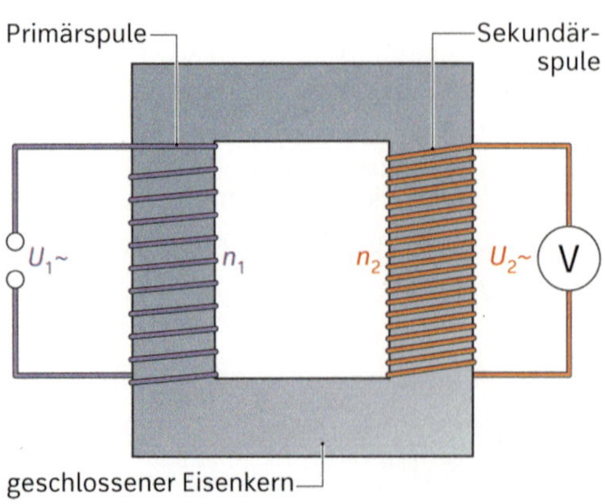

2 Aufbau eines Transformators

Aufbau und Wirkungsweise – Die linke Spule wirkt als Feldspule und wird beim Transformator als **Primärspule** bezeichnet. In ihr fließt Wechselstrom. Dieser erzeugt ein Magnetfeld, dessen Richtung und Stärke sich ständig ändern. Durch den Eisenkern ist das Magnetfeld besonders stark und durchsetzt auch die rechte Spule. Diese wirkt als Induktionsspule und heißt beim Trafo **Sekundärspule**. In ihr wird durch das sich ständig ändernde Magnetfeld eine Wechselspannung induziert, die an ihren Enden gemessen werden kann.

Fließt Gleichstrom durch die Primärspule, ändert sich deren Magnetfeld nur beim An- und Ausschalten. Nur dann wird kurzzeitig eine Spannung induziert. Ansonsten ändert sich das Magnetfeld nicht. Deshalb wird in der Sekundärspule keine Spannung induziert.

In einem Transformator erzeugt der Wechselstrom in der Primärspule ein veränderliches Magnetfeld. Dadurch wird in der Sekundärspule eine Wechselspannung induziert.

Spannungswandlung – An die Primärspule eines Transformators wird eine Wechselspannung U_1 gelegt. Im Experiment wird untersucht, welchen Einfluss das Verhältnis der Windungszahlen von Sekundärspule und Primärspule auf die Sekundärspannung U_2 hat.

Die Windungszahl n_1 der Primärspule und die Primärspannung U_1 sind im Versuch konstant. Die Windungszahl n_2 der Sekundärspule wird verändert. Es ist zu erkennen, dass sich die Sekundärspannung U_2 ändert. Je größer n_2 ist, desto größer ist U_2. In jeder einzelnen Windung der Sekundärspule wird eine Wechselspannung induziert. Da die einzelnen Windungen in Reihe liegen, addieren sich die Induktionsspannungen aller Windungen zur Sekundärspannung U_2.

Es zeigt sich weiterhin, dass die Größe der Sekundärspannung mit dem Quotienten der Windungszahlen $\frac{n_2}{n_1}$ steigt.

Es gilt: $\frac{U_2}{U_1} = \frac{n_2}{n_1}$

Diese Formel gilt nur für einen idealen Trafo, an dem es keine Verluste von elektrischer Energie gibt. Bei einem realen Trafo ist U_2 etwas kleiner.

Beispiel – Ein Hochspannungstrafo hat eine Primärspule mit 15 Windungen und eine Sekundärspule mit 90 000 Windungen. Die Primärspannung beträgt 24 V. Wie groß ist die Sekundärspannung?

Aus $\frac{U_2}{U_1} = \frac{n_2}{n_1}$ folgt:

$$U_2 = \frac{U_1 \cdot n_2}{n_1} = \frac{24\,\text{V} \cdot 90\,000}{15} = 144\,000\,\text{V} = 144\,\text{kV}.$$

Die Sekundärspannung beträgt 144 kV.

> Mit einem Transformator können Spannungen gewandelt werden.
> Für einen idealen Transformator ohne elektrische Energieverluste gilt:
> $\frac{U_2}{U_1} = \frac{n_2}{n_1}$.

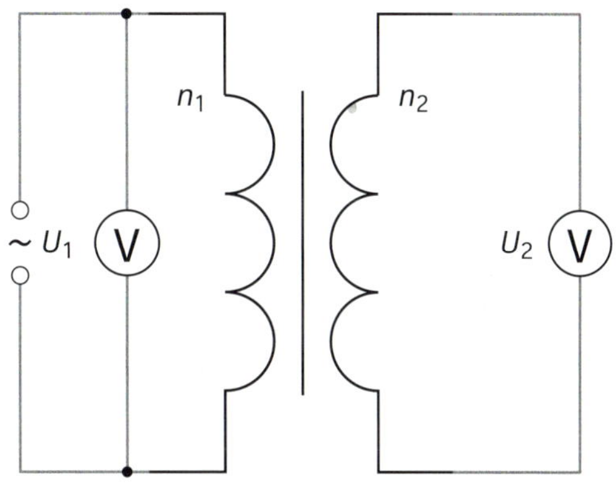

3 Schaltplan zur Spannungsmessung

n_1	n_2	U_1 in V	U_2 in V	$\frac{n_2}{n_1}$	$\frac{U_2}{U_1}$
300	300	4,0	3,9	1,0	0,98
300	600	4,0	7,9	2,0	1,98
300	900	4,0	11,8	3,0	2,95
300	1200	4,0	15,7	4.0	3,93
300	100	4,0	1,3	0,33	0,33

4 Spannungen bei verschiedenen Windungszahlen

MATERIAL MIT AUFGABEN

A Netztrafo als Ladegerät

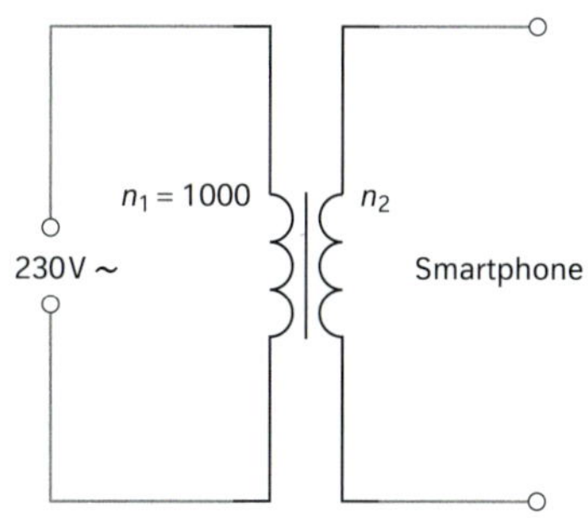

1 Berechne, wie groß die Windungszahl der Sekundärspule n_2 sein muss, wenn die Netzspannung von 230 V mit diesem Transformator auf 5,0 V für ein Smartphone transformiert werden soll.

2 Erkläre, warum es wichtig ist, die Spannung für ein Smartphone heruntertransformieren.

MATERIAL MIT AUFGABEN

B Glühen eines Stahlnagels

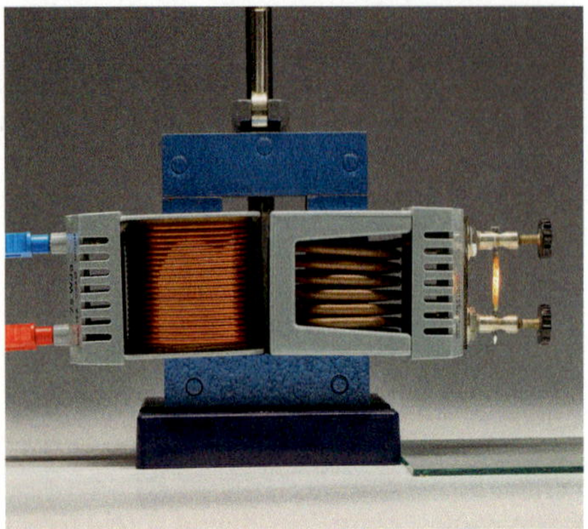

1 Berechne die Stromstärke in der Sekundärspule, die 6 Windungen hat, wenn die Stromstärke in der Primärspule 12 A beträgt und sie 75 Windungen hat. ●●○

2 Erkläre, warum der Stahlnagel nach einiger Zeit glüht, wenn Strom durch die Primärspule fließt. ●○○

3 Gib an und begründe, was geschieht, wenn an der Primärspule 25 V Gleichspannung liegen. ●○○

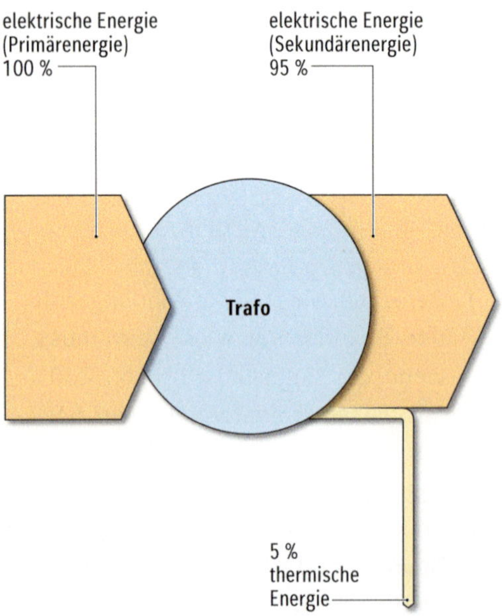

5 Energieflussdiagramm eines Transformators

Stromstärkewandlung – Aus dem Energieerhaltungssatz folgt, dass während des Wandlungsvorgangs beim Trafo die Energie erhalten bleiben muss. Dieses gilt auch für die elektrische Leistung $P = U \cdot I$.

Die Primärleistung $P_1 = U_1 \cdot I_1$ und die Sekundärleistung $P_2 = U_2 \cdot I_2$ sind gleich. Wird also die Spannung bei der Wandlung größer, muss die Stromstärke in gleichem Maß kleiner werden.
Aus $P_1 = P_2$ folgt: $U_1 \cdot I_1 = U_2 \cdot I_2$ und $\frac{U_1}{U_2} = \frac{I_2}{I_1}$.

Aus dem Gesetz für die Spannungswandlung folgt: $\frac{n_1}{n_2} = \frac{U_1}{U_2} = \frac{I_2}{I_1}$. Für die Stromstärkewandlung am Trafo gilt: $\frac{n_1}{n_2} = \frac{I_2}{I_1}$. Auch diese Gleichung ist nur für den Fall eines idealen Transformators gültig.

Wenn die Windungszahl der Sekundärspule viel kleiner ist als die der Primärspule, dann können hohe Stromstärken in der Sekundärspule erreicht werden.

Für die Stromstärke am idealen Transformator gilt:
$\frac{n_1}{n_2} = \frac{I_2}{I_1}$.

Wirkungsgrad des Trafos – Die elektrische Energie, die der Primärspule zugeführt wird, ist nicht zu 100 Prozent in der Sekundärspule nutzbar. Das vom Primärstrom erzeugte Magnetfeld durchsetzt die Sekundärspule nicht vollständig und trägt nicht in vollem Umfang zur Induktion bei. Außerdem wird ein Teil der elektrischen Energie in thermische Energie gewandelt. Dadurch wird elektrische Energie entwertet. Der Wirkungsgrad des Transformators gibt das Verhältnis von nutzbarer Sekundärenergie zu zugeführter Primärenergie an:

$$\eta = \frac{E_2}{E_1}.$$

Wegen $E = P \cdot t$ gilt dann:

$$\eta = \frac{P_2 \cdot t}{P_1 \cdot t} = \frac{P_2}{P_1}.$$

Schaltnetzteil – Jedes Ladegerät von Smartphones enthält einen Trafo, weil Smartphones im Allgemeinen mit 5 V geladen werden. Diese Trafos sind jedoch viel kleiner und leichter als die in normalen Netzteilen. Die Spannung wird in Schaltnetzteilen bei einer viel höheren Frequenz als der Netzfrequenz von 50 Hz gewandelt. Dadurch gibt es viel mehr Magnetfeldänderungen pro Zeit. Außerdem ist die Spannungswandlung effektiver. Die Frequenzerhöhung wird durch eine elektronische Schaltung realisiert.

6 Schaltnetzteil

VERSUCH

V1 Spannungswandlung am Trafo

Sicherheitshinweis:
Größte Vorsicht bei Versuchen mit Transformatoren. Bei jeder möglichen Windungszahlkombination darf die Sekundärspannung 25 V nicht übersteigen.

Materialien:
Experimentierspulen mit verschiedenen Windungszahlen, geschlossener Eisenkern, 2 Spannungsmessgeräte, elektrische Quelle, Verbindungsleitungen

1 Lege eine Messwerttabelle für alle zur Verfügung stehenden Windungszahlkombinationen an. Orientiere dich an der Tabelle im Bild 4 dieses Kapitels. Berechne jeweils die Quotienten der Windungszahlen $\frac{n_2}{n_1}$.
2 Baue die Schaltung nach Bild 3 dieses Kapitels auf. Wähle eine niedrige Primärspannung, beispielsweise $U_1 = 3$ V~.
3 Miss für jede Windungszahlkombination Primärspannung und Sekundärspannung und trage sie in eine Tabelle ein.
4 Überprüfe, ob gilt: $\frac{n_2}{n_1} = \frac{U_2}{U_1}$.

MATERIAL MIT AUFGABEN

C Variable Sekundärspannung

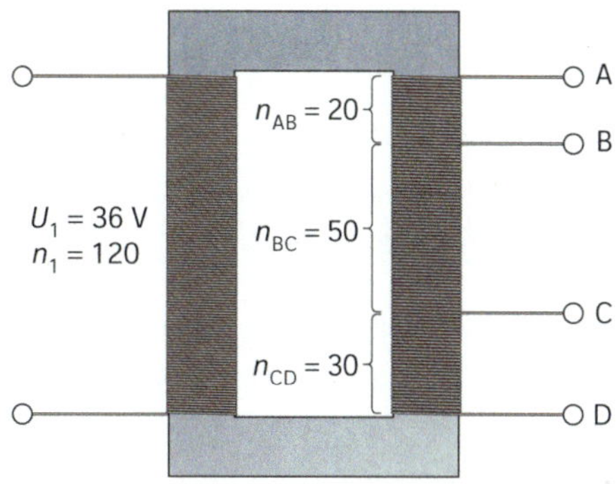

1 Berechne jeweils die Sekundärspannung, wenn sie zuerst zwischen den Kontakten A und B und danach zwischen A und C abgegriffen wird. ●●○
2 Gib alle möglichen Windungszahlkombiationen an, die mit diesem Transformator möglich sind, und ordne sie nach der abgreifbaren Sekundärspannung. Beginne mit der kleinsten. ●●○
3 Berechne die Stromstärke, die zwischen den Punkten A und B fließt, wenn sie leitend verbunden sind und die Primärstromstärke 0,5 A beträgt. ●●○
4 Entscheide und begründe, ob dieser Trafo zu kleineren Stromstärken wandeln könnte. ●●○

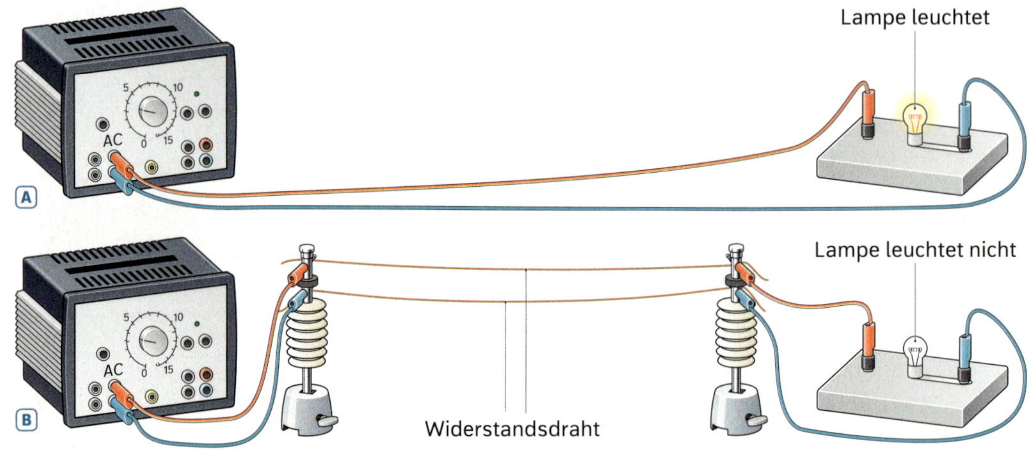

7 Glühlampe an elektrischer Quelle, **A** mit Verbindungsleitungen, **B** zusätzlich mit langem Widerstandsdraht

Hochspannungsleitungen – Kilometerlange Fernleitungen ziehen sich durch das Land und versorgen uns mit elektrischer Energie. In einem Modellversuch wird eine Fernleitung durch zwei 1 m lange Widerstandsdrähte nachgestellt. Diese haben einen viel größeren Widerstand als die normalen Verbindungsleitungen.

Im Versuch A ist die Lampe durch die Verbindungsleitungen mit der elektrischen Quelle verbunden und leuchtet. Im Versuch B wird zwischen Glühlampe und elektrischer Quelle jeweils ein 1 m langer Widerstandsdraht eingefügt. Die Lampe leuchtet nicht mehr, weil der elektrische Widerstand des Drahtes wesentlich größer als der der Glühlampe ist. Im Draht wird deshalb ein Großteil der elektrischen Energie in thermische Energie gewandelt und als Wärme an die Umgebung abgegeben. Dadurch sinkt die elektrische Energie, die für die Lampe zur Verfügung steht.

Im Versuch C werden an der elektrischen Quelle und den Drähten keine Veränderungen vorgenommen. Dieses Mal leuchtet die Lampe jedoch. Mithilfe eines Trafos wird die Spannung der elektrischen Quelle zunächst herauftransformiert. Die Sekundärspannung dieses Trafos ist sehr hoch, die Sekundärstromstärke im Widerstandsdraht dagegen klein. Deshalb wird weniger elektrische Energie in thermische Energie gewandelt und als Wärme abgegeben.
Nach der Übertragung im Widerstandsdraht muss die Spannung mit einem zweiten Transformator wieder auf die Betriebsspannung der Glühlampe heruntertransformiert werden. Dieses Prinzip wird auch bei Hochspannungsleitungen angewendet.

> Nur mithilfe von Hochspannung lässt sich elektrische Energie verlustarm über große Entfernungen übertragen.

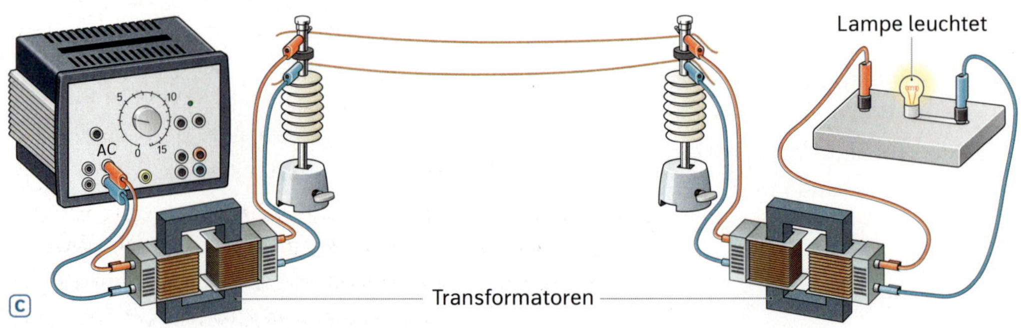

8 Glühlampe an elektrischer Quelle, **C** Spannung wird herauf und herunter transformiert

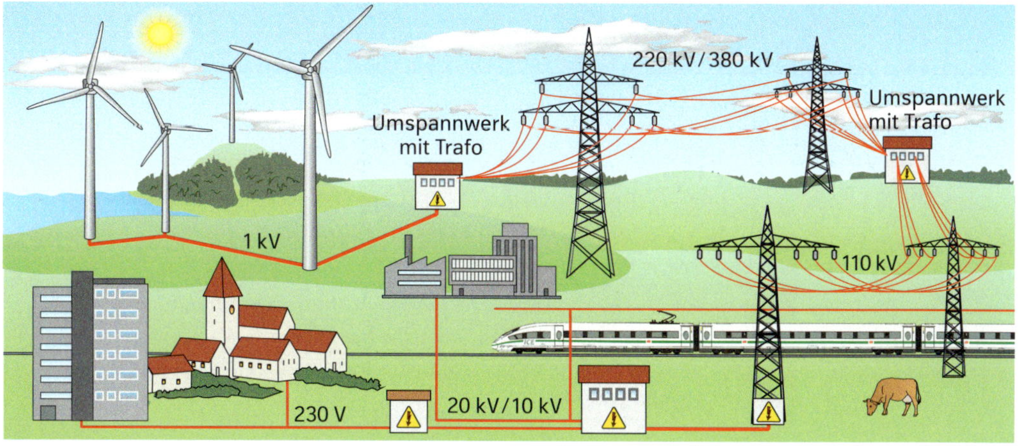

9 Weg der elektrischen Energie vom Kraftwerk zum Haushalt

Vom Kraftwerk zum Haushalt – Mithilfe des Stromnetzes wird die elektrische Energie dahin gebracht, wo sie gebraucht wird. Die elektrische Energie wird mit dem elektrischen Strom durch die Leitungen übertragen. Das Stromnetz ist in verschiedene Spannungsstufen eingeteilt. In Deutschland erfolgt die Übertragung mit sehr hohen Spannungen von 380 kV, 220 kV oder 110 kV. Mit dem Mittelspannungsnetz mit Spannungen zwischen 1 kV und 50 kV werden Stadtnetze und Industriebetriebe versorgt. Für Haushalte wird im Niederspannungsnetz die Netzspannung von 230 V bereitgestellt. Zwischen den einzelnen Netzen befinden sich Transformatoren.

In den Fernleitungen werden etwa 6 % der elektrischen Energie in thermische Energie gewandelt und als Wärme an die Umgebung abgegeben. Die thermische Energie ist umso größer, je größer der elektrische Widerstand der Kabel und die Stromstärke des durch sie fließenden Stroms ist. Um den Widerstand der Drähte zu verringern, könnte man größere Leitungsquerschnitte verwenden. Dadurch würden diese Kabel jedoch sehr schwer und durch den erhöhten Materialeinsatz auch teuer werden.

Für die Übertragung elektrischer Energie über große Entfernungen wird verstärkt die **Hochspannungsgleichstromübertragung** (HGÜ) verwendet. Mit ihr kann elektrische Energie über große Entfernungen effektiver als mit Wechselstrom übertragen werden. Allerdings muss die Gleichspannung zum Herauf- und Heruntertransformieren in Umrichtern elektronisch in Wechselspannung gewandelt werden.

MATERIAL MIT AUFGABEN

D Metalle für Fernleitungen

Metall	Aluminium	Stahl	Kupfer
ρ in $\Omega \cdot \frac{mm^2}{m}$	0,028	0,097	0,017

1 Berechne den Widerstand einer 100 km langen Fernleitung aus Aluminium, die einen Querschnitt von 270 mm² hat. Hinweis: $R = \rho \cdot \frac{l}{A}$. ●○○

2 Entscheide begründet, welches Metall aus physikalischer Sicht am besten für Fernleitungen geeignet wäre. Gib an, warum es nicht verwendet wird. ●●○

Alles auf einen Blick

1.1 Magnetfelder stromdurchflossener Leiter

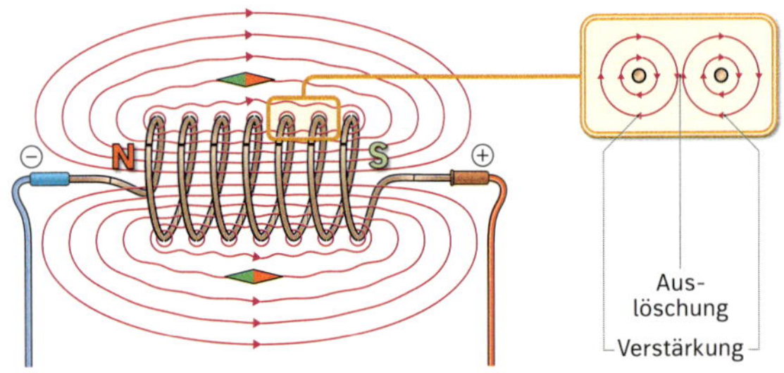

Jeder stromdurchflossene Leiter ist von einem Magnetfeld umgeben. Die magnetischen Feldlinien eines geraden Leiters sind konzentrische Kreise um den Leiter. Die Feldlinienrichtung ergibt sich mithilfe der Linke-Faust-Regel.

Im Inneren einer stromdurchflossenen Spule verlaufen die magnetischen Feldlinien parallel zueinander, im Äußeren ähneln sie dem eines Stabmagneten.

Eine stromdurchflossene Spule ist ein Elektromagnet. Je größer die Windungszahl und die Stromstärke, desto stärker ist der Elektromagnet. Ein Eisenkern verstärkt das Magnetfeld der Spule

1.2 Elektromagnetische Induktion

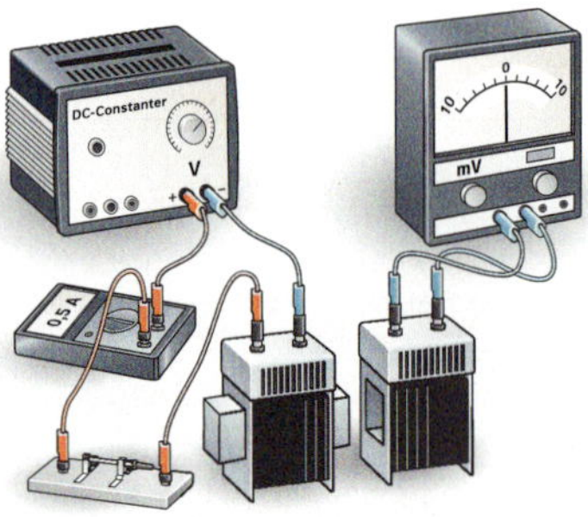

Spannungen lassen sich mithilfe eines Dauermagneten oder einer Feldspule und einer Induktionsspule erzeugen.

Induktionsgesetz: Es wird immer dann eine Spannung induziert, wenn sich das Magnetfeld, das eine Induktionsspule durchsetzt, ändert.

Magnetfeldänderungen ergeben sich

- beim Ein- und Ausschalten bzw. beim Erhöhen und Verringern der Stromstärke der Feldspule,
- bei Polungswechsel,
- bei Relativbewegungen zwischen Induktionsspule und Magnet.

Die Polung der Induktionsspannung hängt davon ab, ob das Magnetfeld zu oder abnimmt. Bleibt das Magnetfeld konstant oder ruht der Magnet, wird auch keine Spannung induziert.

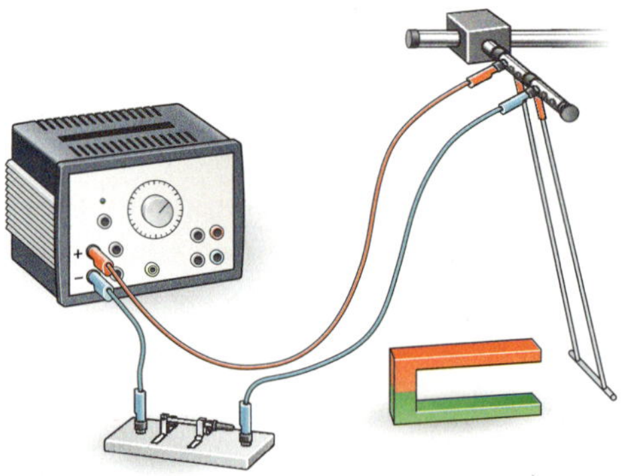

Elektronen in stromdurchflossenen Leitern erfahren im Magnetfeld eine Kraft nach der Linke-Hand-Regel. Umgekehrt führen bei Bewegung eines Leiters im Magnetfeld Lorentzkräfte zur Verschiebung von Elektronen im Leiter und dadurch zur Erzeugung einer Induktionsspannung.

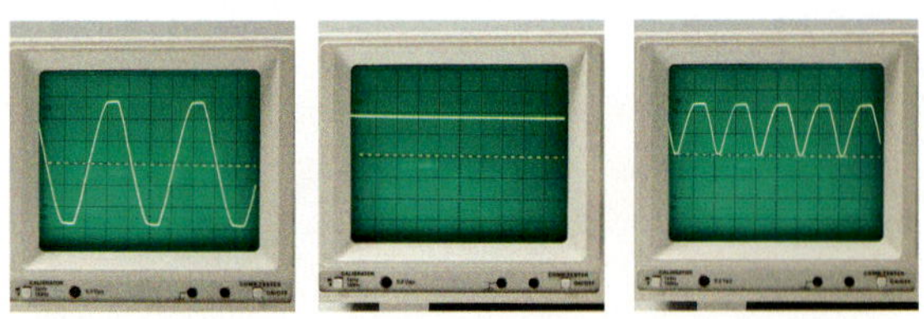

Wechselspannungen und Gleichspannungen lassen sich mit einem Oszilloskop darstellen.

1.3 Generator und Elektromotor

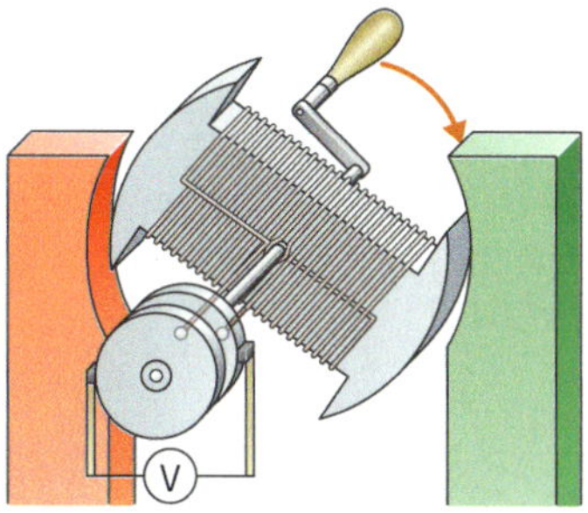

In Generatoren oder Dynamos wird die Induktion genutzt, um durch Bewegung elektrische Spannung zu erzeugen. Bei der Drehung einer Leiterschleife bzw. Spule im konstanten Magnetfeld wird eine Wechselspannung induziert, weil sich ständig die Zahl der Feldlinien ändert, die die Leiterschleife durchsetzen. Zur Erhöhung der Spannung sind im Generator statt einer Leiterschleife Spulen mit Eisenkern vorhanden. Häufig dreht sich ein Magnet zwischen festen Spulen, um die elektrischen Anschlüsse zu vereinfachen.

Ein Generator kann als Elektromotor genutzt werden und umgekehrt. Bei einem mit Gleichstrom betriebenen Elektromotor dreht sich eine stromdurchflossene Spule in einem Magnetfeld. Der Kommutator sorgt für den selbstständigen Wechsel der Stromrichtung und der Magnetpole der Spule, damit es zu einer dauerhaften Drehung kommen kann.

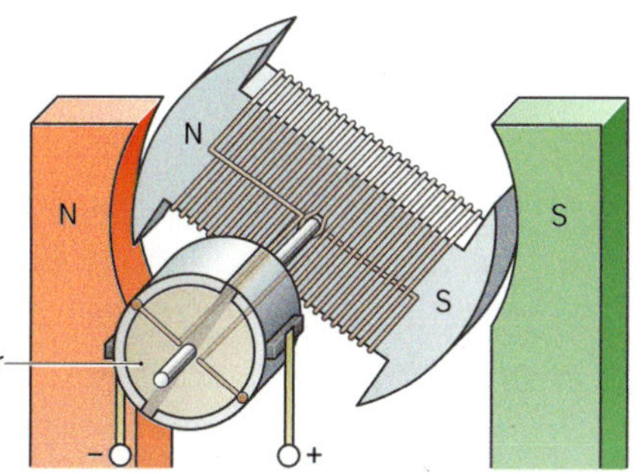

1.4 Transformator

In einem Transformator erzeugt Wechselstrom in der Primärspule mit der Windungszahl n_1 ein veränderliches Magnetfeld. Dadurch wird in der Sekundärspule mit der Windungszahl n_2 eine Wechselspannung induziert.

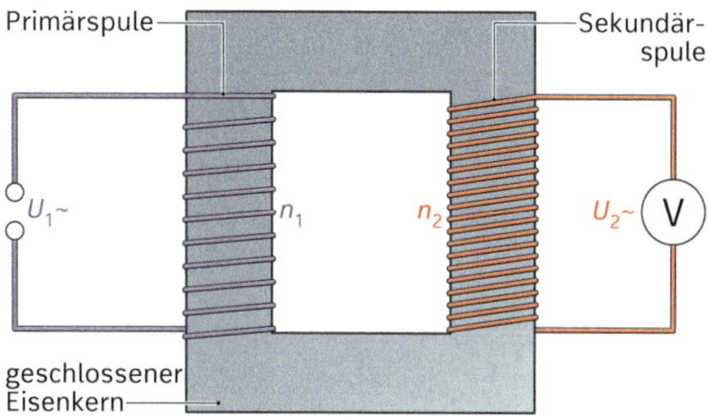

Mit Transformatoren werden Spannungen und Stromstärken gewandelt. Für einen idealen Transformator ohne elektrische Energieverluste gilt:

$\frac{U_2}{U_1} = \frac{n_2}{n_1}$ sowie $\frac{I_2}{I_1} = \frac{n_1}{n_2}$.

In Netzteilen elektrischer Haushaltsgeräte wandelt ein Transformator die 230 V Netzspannung in die niedrigere Betriebsspannung des Gerätes.

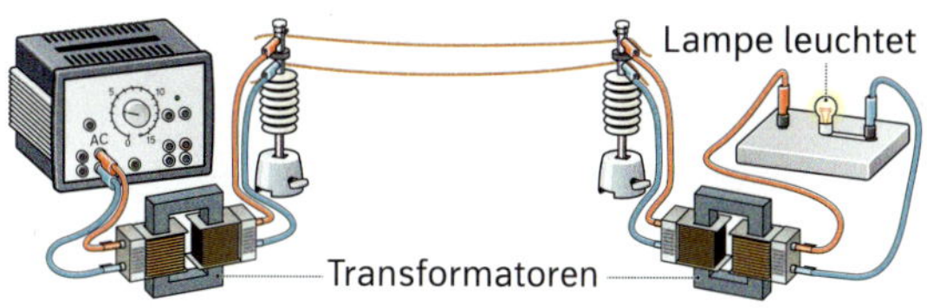

Transformatoren sind für die Übertragung elektrischer Energie wichtig. Denn nur mithilfe von Hochspannung lässt sich elektrische Energie verlustarm über große Entfernungen übertragen. Längs der Hochspannungsleitungen fließt bei hoher Energieübertragung wegen $P = U \cdot I$ ein vergleichsweise geringer Strom, so dass die Abgabe thermischer Energie an die Umwelt und damit die Energieverluste gering bleiben.

Teste dich

A Magnetfelder

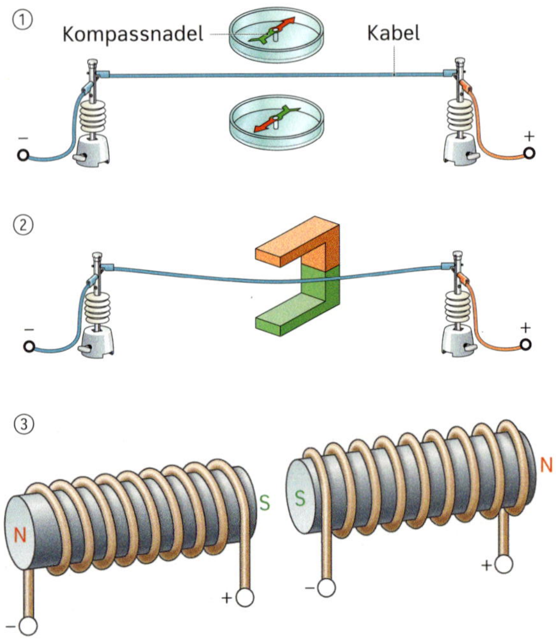

B Induktion

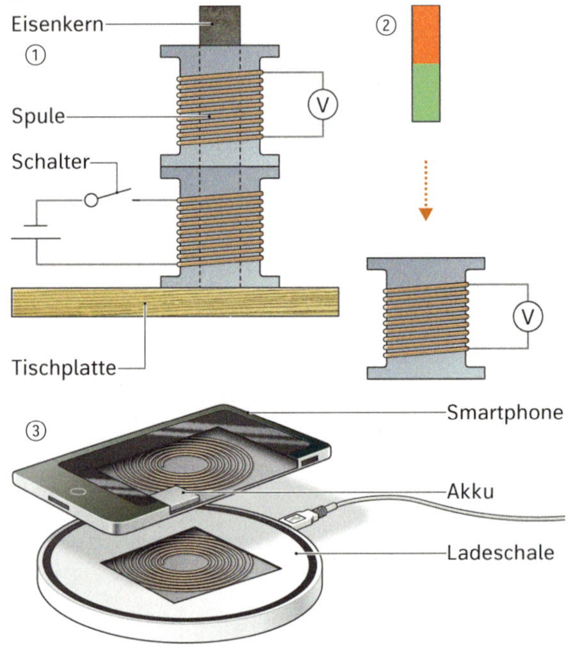

AUFGABEN

Bearbeite die Aufgaben mit Material A

1 Skizziere zu Bild ① das Kabel mit einigen magnetischen Feldlinien, wenn es von Strom durchflossen wird. Gib auch die Feldlinienrichtung an. ●○○

2 Beschreibe und begründe die Ausrichtung der Kompassnadeln in Bild ① mithilfe der Linke-Faust-Regel. ●●○

3 In Bild ② sind die Isolierstützen etwas zusammengeschoben, sodass das Kabel locker hängt. Beschreibe und begründe die Wirkung des Hufeisenmagneten auf das stromdurchflossene Kabel. ●●○

4 Die Spulen in Bild ③ haben auf unterschiedlichen Seiten ihren Nord- und Südpol, obwohl die elektrische Quelle gleich angeschlossen ist. Begründe dies mithilfe der Linke-Faust-Regel. ●●●

Bearbeite die Aufgaben mit Material B

1 Beschreibe und begründe je zwei Möglichkeiten, in denen in Bild ① eine Spannung induziert wird bzw. keine Spannung induziert wird. ●○○

2 Der Stabmagnet in Bild ② wird losgelassen und fällt durch die Spule. Beschreibe die Anzeige des Spannungsmessgerätes. Erläutere drei verschiedene Möglichkeiten, die induzierte Spannung zu erhöhen. ●●○

3 Zum Laden wird das Smartphone auf die Ladeschale gelegt. Erkläre anhand von Bild ③ die zugehörigen physikalischen Vorgänge. Begründe auch, weshalb im Smartphone ein Gleichrichter eingebaut sein muss, der Wechselspannung in Gleichspannung wandelt. ●●●

C Elektromotor und Generator

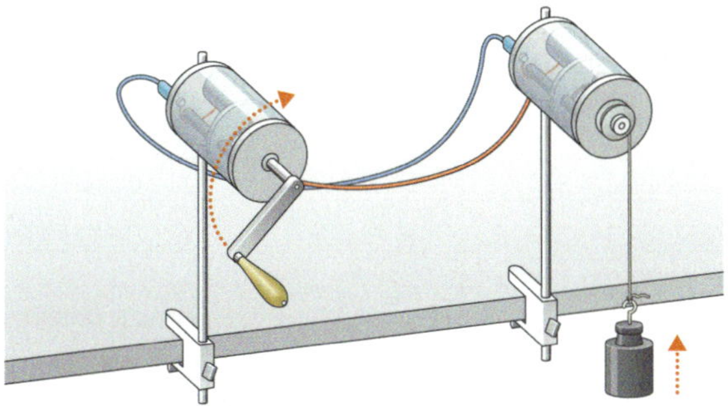

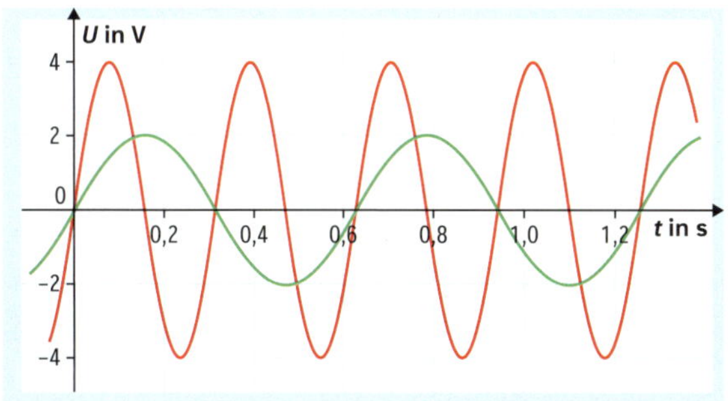

D Transformator

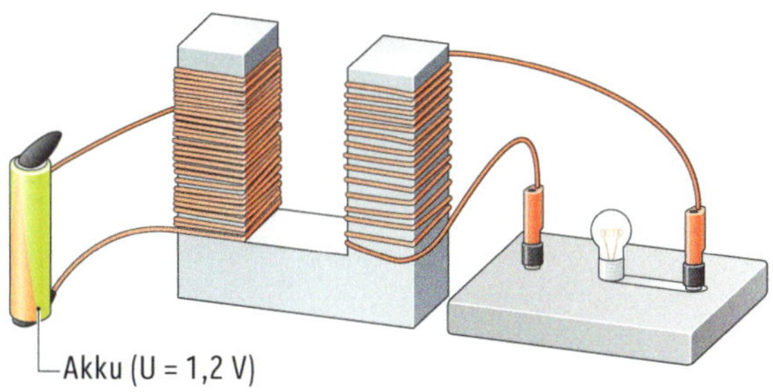

AUFGABEN

Bearbeite die Aufgaben mit Material C

1 Gib an, welches Gerät in der oberen Abbildung als Motor und welches als Generator arbeitet. ●○○

2 Beschreibe, welche Aufgaben jeweils die Bauteile von Elektromotor und Generator haben. ●●○

3 Erläutere, welche Funktion der Kommutator beim Gleichstrommotor hat. ●●○

4 Zeichne zum oberen Versuch das Energieflussdiagramm und erläutere es. Beginne beim Drehen der Kurbel. ●●○

5 Die untere Abbildung zeigt den Verlauf der im Generator erzeugten Wechselspannung beim langsamen und beim schnelleren Drehen. Vergleiche die Kurven und begründe die Unterschiede. ●●●

Bearbeite die Aufgaben mit Material D

1 Mithilfe riesiger Trafos wird die für den Bahnbetrieb benötigte Spannung von 110 kV auf 15 kV gewandelt. Berechne die Windungszahl der Sekundärspule, wenn die Primärspule 20 000 hat. ●○○

2 Vergleiche jeweils Primär-und Sekundärstromstärke sowie Primär- und Sekundärleistung dieses Trafos. ●●○

3 Begründe die Notwendigkeit von Hochspannung zur Übertragung elektrischer Energie über große Strecken. ●●○

4 Mithilfe des Transformators im unteren Bild soll die 6 V-Lampe durch einen 1,2 V Akku betrieben werden. Begründe, dass die Schaltung nicht funktioniert und korrigiere alle Fehler. ●●○

1 **A** Windräder vor einem Kraftwerk; **B** Energieeinstrahlung auf die Hand durch Plexiglas

2.1 Treibhauseffekt und Klimawandel

Über die Schornsteine fossiler Kraftwerke gelangt das unsichtbare Treibhausgas Kohlenstoffdioxid, kurz CO_2, in die Atmosphäre. Was bewirkt dieses Gas?

Versuch – Eine Rotlichtlampe bestrahlt eine Hand. Die Wärme ist deutlich zu spüren. Auch wenn die Lampe ausgeschaltet wird, spürt man noch Wärmestrahlung. Sie wird aber allmählich weniger. Wird eine Plexiglasscheibe zwischen eingeschaltete Lampe und Hand geschoben, ist weniger Wärmestrahlung wahrzunehmen. Schaltet man die Lampe aus, ist hinter dem Plexiglas keine Strahlung mehr wahrnehmbar. Wird der wärmeempfindlichere Handrücken sehr nahe an die noch warme Plexiglasplatte gehalten, ist zu spüren, dass diese nach beiden Seiten Wärme abstrahlt.

Ein sehr heißer Körper wie der Glühfaden in der Lampe strahlt sichtbares Licht und unsichtbare **Wärmestrahlung**, auch Infrarotlicht oder IR-Licht genannt, aus. Beides wird absorbiert und ist als Erwärmung der Haut zu spüren. Deshalb fühlt es sich zu Versuchsbeginn am wärmsten an. Normales Glas und Plexiglas absorbieren das IR-Licht von warmen Körpern vollständig. Hinter der Scheibe ist deshalb nur die Erwärmung durch die Absorption des sichtbaren Lichts zu spüren. Die abgeschaltete Lampe im Versuch sendet noch IR-Licht aus, weil sie heiß ist. Das Plexiglas verhindert aber, dass diese Strahlung die Hand erreicht. Die warme Scheibe sendet nach beiden Seiten IR-Licht aus.

Treibhauseffekt – In einem Gewächshaus, auch Treibhaus genannt, sind die Verhältnisse ähnlich wie im Versuch. Einfallendes Licht wird im Innern zum Teil absorbiert und zum Teil reflektiert. Das absorbierte Licht erwärmt die Objekte im Treibhaus, die nun IR-Strahlung aussenden. Das Glas des Treibhauses erwärmt sich als Folge der Absorption dieser IR-Strahlung ebenfalls und strahlt auch nach innen zurück. Die Temperatur im Gewächshaus steigt.

> Warme Körper senden IR-Licht aus, sehr heiße zusätzlich sichtbares Licht. Glas ist für IR-Licht undurchlässig.

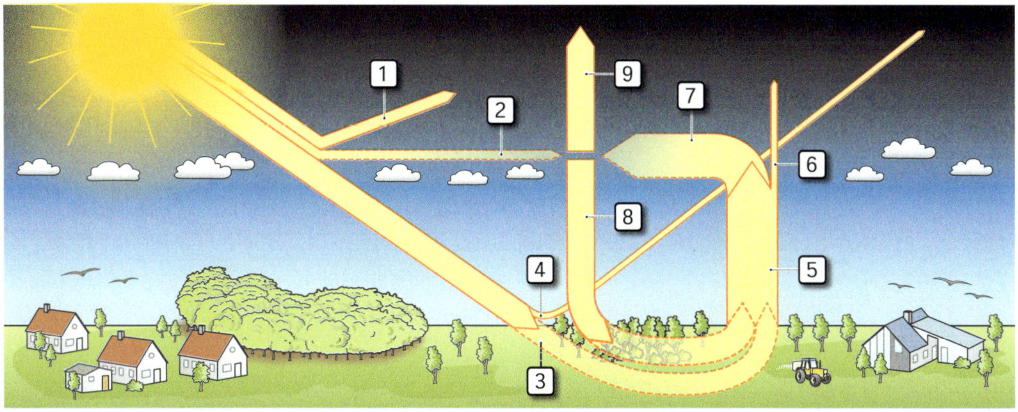

2 Treibhauseffekt durch die Atmosphäre

Natürlicher Treibhauseffekt – Einige Gase in der Atmosphäre, wie CO_2, Methan oder Ozon, wirken ähnlich wie das Glas eines Treibhauses. Sie werden deshalb Treibhausgase genannt. Für IR-Licht sind sie nur teilweise durchlässig. Ein Teil der IR-Strahlung wird absorbiert.

Ein Teil des Sonnenlichts wird an der Atmosphäre und an den Wolken reflektiert (1). Ein anderer Teil wird in der Atmosphäre absorbiert (2). Etwa die Hälfte des Sonnenlichts gelangt zur Erdoberfläche und wird dort absorbiert (3) oder reflektiert (4). Die durch Absorption erwärmte Oberfläche strahlt IR-Licht aus (5), das zum Teil ins Weltall entweicht (6), größtenteils aber in der Atmosphäre absorbiert wird (7).

Die Anteile (2) und (7) erwärmen die Atmosphäre. Diese emittiert daraufhin IR-Licht zur Erde (8) und ins All (9). Die zur Erde emittierte Strahlung (8) erhöht die Durchschnittstemperatur der Erde. Ohne Atmosphäre wäre die Durchschnittstemperatur auf der Erde statt 15 °C nur kalte –18 °C.

Klimawandel – Je mehr Treibhausgase aber in der Atmosphäre sind, desto stärker wird die Erderwärmung. Weil dann ein größerer Anteil des von der Erde ausgesandten IR-Lichts in der Atmosphäre absorbiert wird, erwärmt sich die Atmosphäre stärker. Das führt zu mehr IR-Abstrahlung der Atmosphäre. Die verstärkte Rückstrahlung auf die Erde erhöht ihre Temperatur. Durch das Verbrennen von Öl, Gas und Kohle ist die CO_2-Konzentration und die Temperatur der Atmosphäre kontinuierlich gestiegen. Nur mit grundlegenden Änderungen bei unserer Energieversorgung können wir das Ziel erreichen, den Anstieg der Erderwärmung auf 1,5° C zu begrenzen.

Die Begrenzung der Erderwärmung auf 1,5 °C ist das Ziel der Weltklimakonferenz.

> Die Zunahme von Treibhausgasen in der Atmosphäre führt zu einer zusätzlichen Erwärmung der Erde.

MATERIAL MIT AUFGABEN

A CO_2 und Erderwärmung

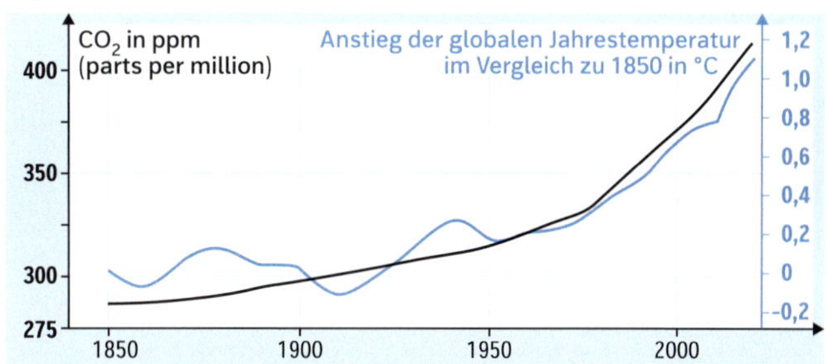

1 Beschreibe, welche Zusammenhänge im Bild dargestellt sind. ●○○

2 Vergleiche die beiden Graphen und interpretiere das Ergebnis. ●●○

3 Methan wirkt als Treibhausgas sehr viel stärker als CO_2, seine Konzentration in der Atmosphäre ist aber geringer. Recherchiere, welche Vorgänge Methan freisetzen und wodurch die Freisetzung gebremst werden könnte. ●●○

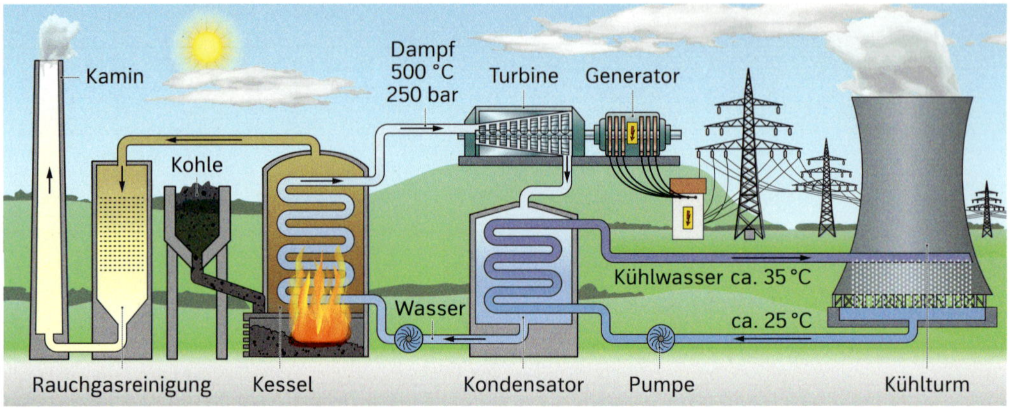

3 Vereinfachter Aufbau eines Kohlekraftwerks

KWK als Kurzform für Kraft-Wärme-Kopplung steht für die Kopplung von Kraft- (steht hier für elektrische Energie-) Erzeugung und die Wärmeerzeugung (steht hier für thermische Energie).

Fossile Kraftwerke – Die Verbrennung von Öl, Gas und Kohle in Kraftwerken ist ein Weg, schnell und viel elektrische Energie zu erzeugen. Dabei wird allerdings in sehr kurzer Zeit das CO_2 freigesetzt, das Pflanzen in Millionen von Jahren durch Fotosynthese der Atmosphäre entzogen haben. Deshalb sind solche Kraftwerke Treiber des Klimawandels.

Kohlekraftwerk – Zu Staub gemahlene Kohle wird im Kessel verbrannt und lässt Wasser eines geschlossenen Kreislaufs verdampfen. Durch Kühlung kondensiert der Dampf im Kondensator. Dort entsteht ein Unterdruck. Durch den Druckunterschied strömt der Dampf vom Kessel zum Kondensator und treibt dabei eine Turbine mit Generator an. Eine Pumpe befördert das kondensierte Wasser zurück in den Kessel. Die gereinigten Abgase gelangen über einen Schornstein in die Atmosphäre.

Zum Antrieb der Pumpe, die das kondensierte Wasser zurück in den Kessel pumpt, wird ein Teil der Energie der Kohle benötigt. Thermische Energie verbleibt in den Verbrennungsrückständen und entweicht mit dem Wasserdampf über den Kühlturm. Wegen dieser Verluste beträgt der Wirkungsgrad eines reinen Kohlekraftwerks höchstens 40 %.

Kraft-Wärme-Kopplung – Wenn das Kühlwasser von Kraftwerken zum Heizen und zur Warmwasserbereitung genutzt wird, ist ihr Wirkungsgrad deutlich größer. Die Erzeugung von elektrischer Energie ist dann an die Nutzung der thermischen Energie gekoppelt. Da die **Fernwärmeleitungen** das Kühlsystem des Kraftwerks ersetzen, kann das Kraftwerk nur bei Fernwärmeabnahme Strom erzeugen. Große Kraftwerke mit KWK speisen in Fernwärmenetze mit einer Länge von bis zu 10 km ein.

MATERIAL MIT AUFGABEN

B Fernwärmeleitungen

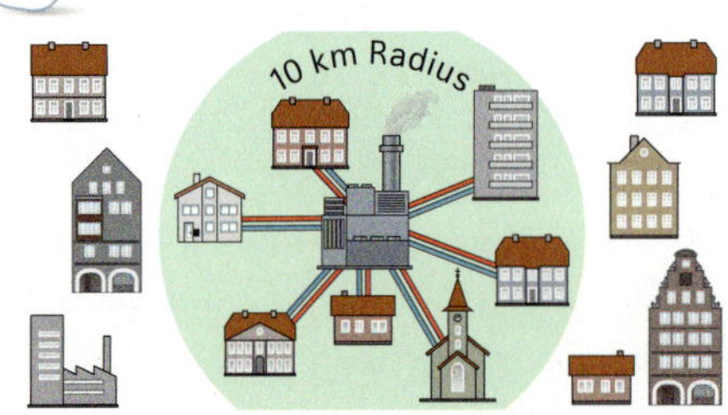

1 Erkläre die Vorteile, wenn bei nah zusammenstehenden Kraftwerken die Fernwärmenetze verbunden werden. ●○○

2 Erkläre, warum Fernwärmeleitungen oft sternförmig in dicht besiedelte Gebiete in nahen Regionen führen. ●●○

GuD-Kraftwerke – Die fossilen Kraftwerke mit dem höchsten Wirkungsgrad sind **Gas- und Dampfturbinenkraftwerke** (GuD). Mit Kraft-Wärme-Kopplung erzielen sie einen Wirkungsgrad von bis zu 85%. Ohne KWK beträgt der Wirkungsgrad nur 60%. Diese Kraftwerke können schnell ein- und ausgeschaltet und so flexibel auf schwankenden Energiebedarf eingestellt werden. Weil die Energieträger Öl und Gas teurer als Kohle sind, laufen GuD-Kraftwerke selten im Dauerbetrieb.

In GuD-Kraftwerken wird Gas oder Öl mit Luft vermischt und verbrannt. Die entstehenden sehr heißen Gase treiben über eine Gasturbine einen Generator an. Die noch etwa 600°C heißen Abgase aus der Gasturbine werden genutzt, um in einem geschlossenen Wasserkreislauf Dampf zu erzeugen. Mit dem Dampf wird ein zweiter Generator betrieben. Die Kühlung erfolgt über eine Kraft-Wärme-Kopplung mit Fernwärmeleitungen. In der Gasturbine wird im GuD-Kraftwerk etwa doppelt so viel elektrische Energie erzeugt wie in der Dampfturbine.

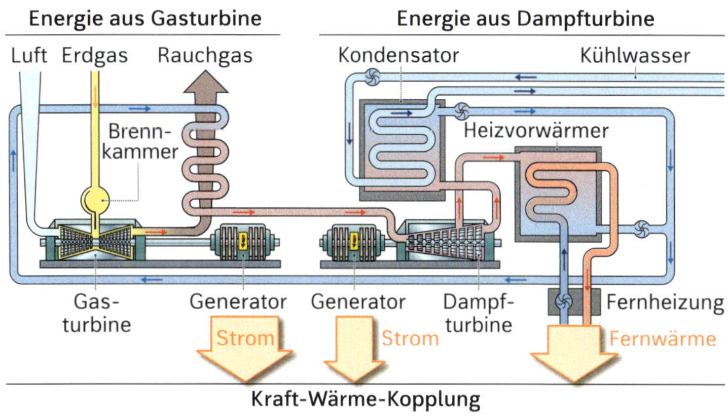

4 Schema eines GuD-Kraftwerks mit KWK

> GuD-Kraftwerke mit Kraft-Wärme-Kopplung haben die höchsten Wirkungsgrade aller fossilen Kraftwerke.

MATERIAL MIT AUFGABEN

C Wärmetauscher

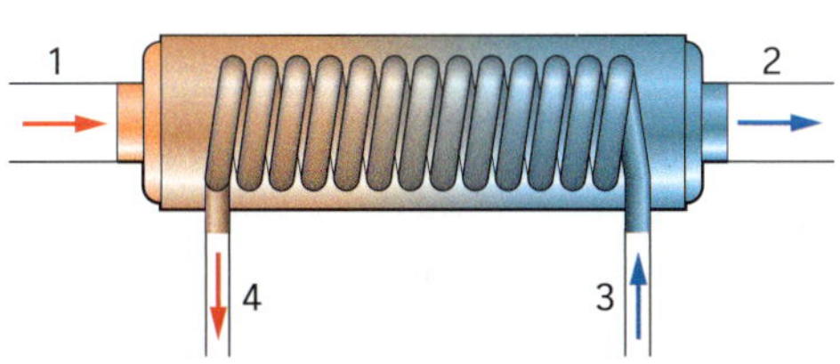

Wärmetauscher bestehen aus guten Wärmeleitern. Sie übertragen thermische Energie von dem Kreislauf, der zwischen den Anschlüssen 1 und 2 verläuft, auf einen zweiten Kreislauf, der über 3 und 4 fließt. Blockheizkraftwerke, abgekürzt BHKW, sind kleine GuD-Kraftwerke für die Versorgung mit elektrischer und thermischer Energie im Nahbereich. Auch in ihnen werden Wärmetauscher zur Kopplung der Kreisläufe benutzt.

1 Erkläre das Wirkungsprinzip bei der Energieübertragung. ●○○
2 Beschreibe den Vorteil getrennter Kreisläufe bei der Energieübertragung. ●●○
3 Recherchiere, wo Wärmetauscher außer in Kraftwerken eingesetzt werden. ●●○
4 Wärmetauscher können Energie zwischen geschlossenen und offenen Kreisläufen übertragen. Erläutere das anhand der Abbildungen 3 und 4. ●●○
5 Erkläre, welche Vorteile durch kleine, verbundene BHKW entstehen. ●●○
6 Erkläre, warum auch bei einer Stromversorgung durch ein BHKW ein Anschluss an das Stromnetz des Energieversorgers unerlässlich ist. ●●○
7 Es gibt auch Micro-BHKW für Privathaushalte. Recherchiere und beschreibe ihre Vor- und Nachteile. ●●○

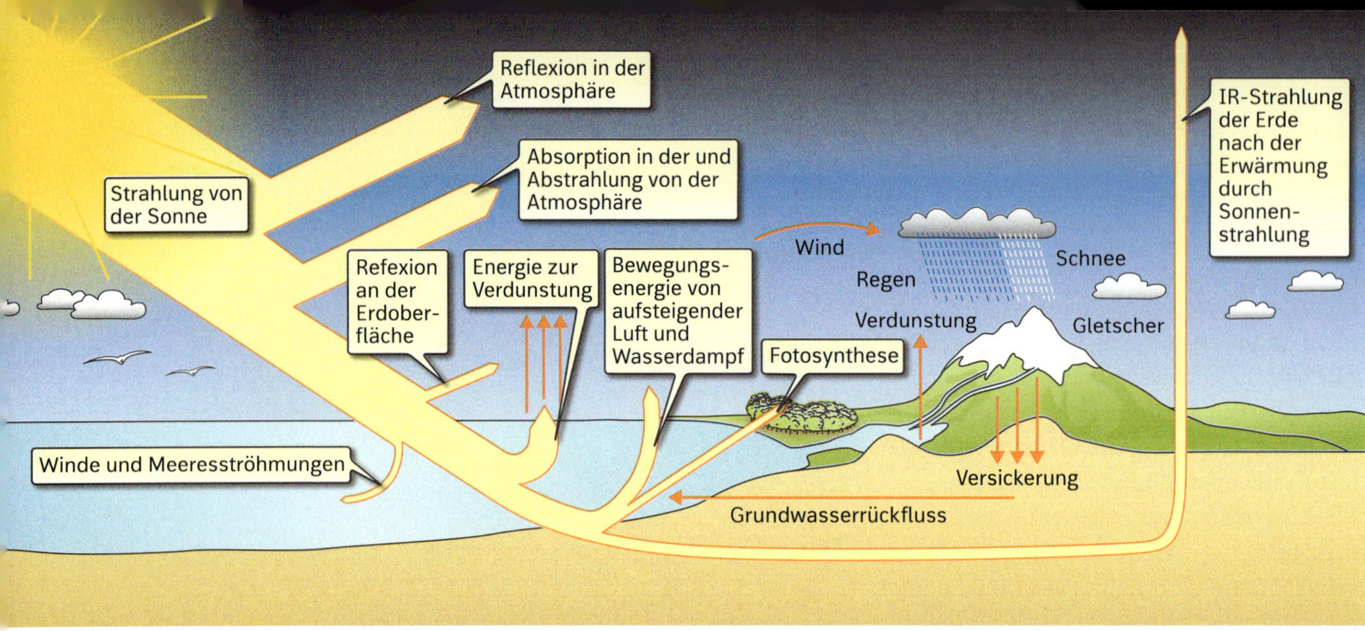

1 Der Weg der Strahlungsenergie der Sonne

2.2 Regenerative Energiequellen und ihre Nutzung

Die Sonne strahlt unvorstellbar viel Energie zur Erde. In welchen Energieträgern ist diese Energie gespeichert und wie kann sie nachhaltig genutzt werden?

Energie von der Sonne – Die Strahlung der Sonne wird in der Atmosphäre und an der Erdoberfläche teilweise reflektiert und teilweise absorbiert. Durch Absorption wird die Strahlungsenergie überwiegend in thermische Energie gewandelt. Der natürliche Treibhauseffekt, die Emission von IR-Strahlung, das Verdunsten und Aufsteigen von Wasser sowie die Entstehung von Wind, Wellen und Meeresströmungen sind vor allem Folgen der Sonneneinstrahlung.

Die Sonneneinstrahlung auf die Erdoberfläche variiert je nach Ort, Wetter und Jahreszeit. Im Meer verteilt sich die absorbierte Energie durch Wasserbewegung bis in tiefe Schichten. Die Meeresoberfläche erwärmt sich deshalb langsamer als der feste Boden. Die entstehenden Temperaturunterschiede verursachen Winde und Meeresströmungen.

Natürliche Kreisläufe – Im Wasserkreislauf mit Verdunsten, Kondensieren und Abregnen sind etwa 30 % der auftreffenden Sonnenenergie enthalten. Wind und Meeresströmungen enthalten etwa 0,3 %. Lebende Pflanzen speichern durch Fotosynthese etwa 0,1 % der Energie der Sonne in Kohlenwasserstoffen. Dabei wird der Luft CO_2 entzogen. Wenn die Pflanzen zersetzt oder verbrannt werden, gelangt der Kohlenstoff in Form von CO_2 wieder in die Atmosphäre.

Um den Energiebedarf der Weltbevölkerung zu decken, wird weniger als ein Tausendstel der Energie benötigt, die in den natürlichen Kreisläufen enthalten ist. Ihnen kann Energie entzogen werden und in elektrische Energie gewandelt werden. Dabei sollten jedoch die natürlichen Kreisläufe so wenig wie möglich gestört werden.
Beispielsweise sollte Holz nur in einem Maß genutzt werden, dass die Wälder erhalten bleiben. Anpflanzungen, etwa von Mais, für eine energetische Nutzung verringern Anbauflächen für Nahrungs- und Futtermittel.

Regenerative Energiequellen – Erneuerbar oder regenerativ nennt man Energiequellen, die in absehbaren Zeiträumen unerschöpflich sind. Ihre Nutzung ist nachhaltig. Neben der Sonnenenergie gehört dazu die thermische Energie im Erdinnern und die Bewegungsenergie durch Gezeitenströmungen. Gezeitenkraftwerke nutzen die Wasserströmungen ähnlich wie Wasserkraftwerke. Es gibt aber nicht viele wirtschaftlich geeignete Standorte für sie.

Die Bewegungsenergie der Wellen kann ebenfalls in elektrische Energie gewandelt werden. Dabei erzeugt die Wasserbewegung oft eine Luftströmung, die eine Turbine antreibt.

Geothermie – Fünfzig Meter unter der Erde beträgt die Temperatur durchschnittlich etwa 10 °C. Mit zunehmender Tiefe steigt sie pro 100 Meter um etwa 3 °C an. Mancherorts sind die Temperaturen auch deutlich höher. Es kann sogar heißes Wasser austreten. Dort kann die thermische Energie des Wassers über Wärmetauscher zur Warmwasserbereitung oder zum Heizen genutzt werden. Bei Wassertemperaturen von über 120 °C kann die thermische Energie auch wirtschaftlich in elektrische Energie gewandelt werden. Dazu wird heißes Wasser aus der Tiefe gefördert und nach der Nutzung zurück gepumpt.

Fossile Energiequellen – Die von der Sonne stammende Energie ist in den fossilen Energieträgern Erdöl, Erdgas und Kohle gespeichert. Sie entstanden vor sehr langer Zeit aus abgestorbenen Tieren und Pflanzen. Die Nutzung dieser Energieträger ist nicht nachhaltig, weil sie nach der Nutzung nicht mehr zur Verfügung stehen.

Fast alle für uns nutzbare Energie ist aus Sonnenlicht gewandelt worden. Nachhaltig ist nur die Nutzung von regenerativen und von nahezu unerschöpflichen Energiequellen.

MATERIAL MIT AUFGABEN

A Entstehung fossiler Energieträger

1 Beschreibe und erkläre anhand der Bilder die Entstehung von Erdöl. Recherchiere nach den Bedingungen, unter denen die Umwandlung stattfinden kann. ●●○

2 Recherchiere und beschreibe die Entstehung von Erdgas und Kohle. ●●○

3 Recherchiere, was unter CO_2-Neutralität verstanden wird. Begründe, weshalb die Verbrennung fossiler Energieträger nicht CO_2-neutral ist. ●●○

B Windkarte NRW

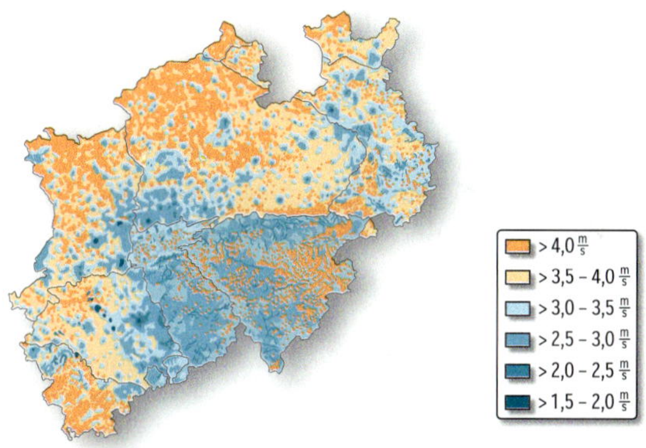

1 Recherchiere nach einer Karte mit Standorten für Windräder in NRW. Gib nach Vergleich mit der Windkarte Vermutungen für Übereinstimmung und Abweichungen an. ●●○

2 Geplant ist, für die Nutzung der Windenergie 2 % der Fläche Deutschlands auszuweisen. Recherchiere nach der ausgewiesen Fläche in NRW. Gib Gründe für Schwierigkeiten bei der Umsetzung des Plans an und erläutere widersprüchliche Interessen. ●●○

3 Die Leistung von Windrädern steigt mit der Windstärke sehr stark an. Nenne und beurteile geeignete Standorte und Bauhöhen von Windrädern. ●●○

2 Fotovoltaikanlage auf Einfamilienhaus

3 Spannungsmessung bei einer Solarzelle

Fotovoltaik – Mit **Solarzellen** kann die Energie der Sonne direkt in elektrische Energie gewandelt werden. Im Versuch wird eine Solarzelle mit Licht bestrahlt und dabei der Abstand der Lampe zur Solarzelle und damit die Beleuchtungsstärke verändert. Die an der Solarzelle gemessene Spannung ist umso größer, je mehr Licht auf die Solarzelle fällt. Aber auch bei stärkster Beleuchtung wird sie aber nicht größer als etwa 0,6 V.

Wie bei Batterien wird eine höhere Spannung erreicht, wenn mehrere Solarzellen in Reihe geschaltet werden. Es gilt: $U = U_1 + U_2 + \cdots$. Bei drei Solarzellen ist die Spannung dreimal so groß wie bei einer. Wird eine der drei Solarzellen abgedeckt oder ist sie defekt, sinkt die Gesamtspannung auf null.

Bei einer Parallelschaltung mehrerer Solarzellen bleibt die Spannung gleich. Die Stromstärkemessung bei einem angeschlossenen Motor zeigt, dass sich aber die Stromstärke vergrößert, wenn mehrere Solarzellen parallel geschaltet sind. Es gilt $I = I_1 + I_2 + ...$ Das Abdecken einer Solarzelle lässt die Gesamtstromstärke sinken, sie wird aber nicht Null.

Solarmodul – Um insgesamt eine höhere Spannung und Stromstärke zu erreichen, schaltet man mehrere Solarzellen in Reihe, und diese mit weiteren Solarzellen parallel zu einem Modul zusammen. Handelsübliche Module bestehen aus 60 oder 72 Solarzellen. Damit erreicht man, dass die Leistung $P = U \cdot I$ eines Solarmoduls um ein Vielfaches größer ist als die Leistung einer einzelnen Solarzelle. Mehrere Module bilden eine **Fotovoltaikanlage**. Mit einem Wechselrichter wird die gelieferte Gleichspannung in 230 V-Wechselspannung gewandelt. Die elektrische Energie kann im Haus direkt genutzt oder in das Stromnetz eingespeist werden.

Die von der Sonne eintreffende Lichtenergie wird in der Solarzelle nicht nur in elektrische Energie, sondern auch in thermische Energie gewandelt. Trotz Antireflexionsschichten wird auch ein Teil des Sonnenlichts reflektiert. Außerdem entstehen Verluste durch die Schattenbildung der elektrischen Kontakte an den Solarzellen. Der Wirkungsgrad üblicher Solarzellen beträgt je nach Bauart ungefähr 15–22 %.

Schaltzeichen einer Solarzelle

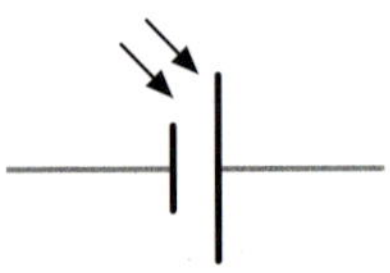

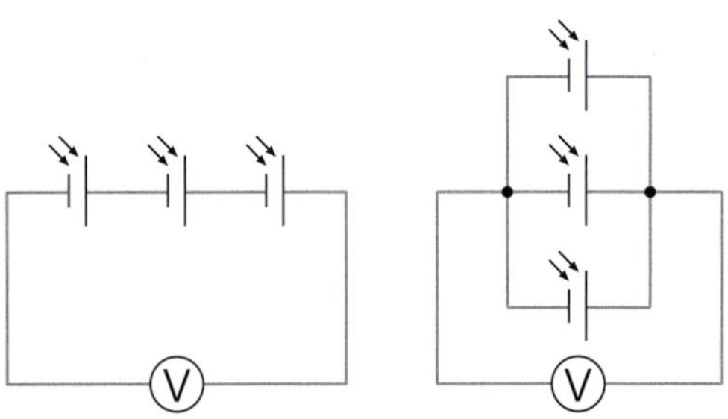

4 Reihen- und Parallelschaltung von Solarzellen

> Solarzellen wandeln die Strahlungsenergie der Sonne direkt in elektrische Energie.
> Sie werden parallel und in Reihe zu Modulen zusammengeschlossen, um die elektrische Leistung zu vergrößern.

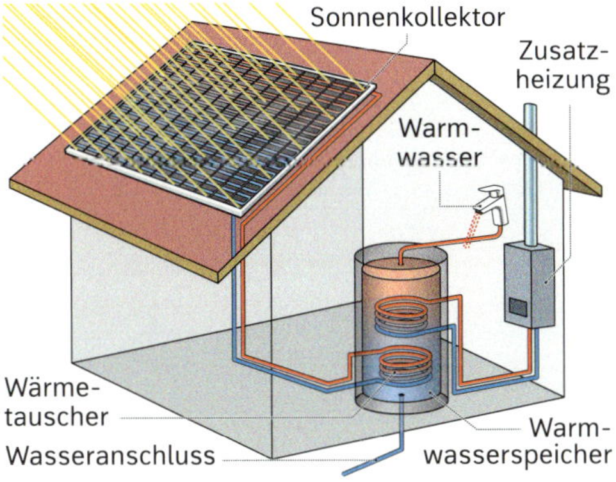

5 Solarthermieanlage

Solarthermie – Statt die Energie der Sonne in elektrische Energie zu wandeln, kann man die Wärmestrahlung der Sonne zur Warmwassererzeugung und Unterstützung der Heizung im Haus nutzen. Dazu werden Sonnenkollektoren genau wie Solarmodule auf dem Hausdach montiert, das möglichst nach Süden ausgerichtet ist und in voller Sonne liegt. In den Kollektoren fließt ein Gemisch aus Wasser und einem Frostschutzmittel, das von der Sonnenstrahlung erwärmt wird. Anschließend gelangt die heiße Flüssigkeit durch Rohre zu einem Warmwasserspeicher. Dort gibt sie ihre thermische Energie über einen Wärmetauscher an das Wasser für den Haushalt und eventuell auch für die Heizung ab. Anschließend wird die Flüssigkeit zurück in die Sonnenkollektoren gepumpt. Solche Anlagen werden **Solarthermieanlagen** genannt.

Im Warmwasserspeicher befindet sich neben dem Wärmetauscher der Solarthermieanlage auch der Wärmetauscher einer Zusatzheizung, die bei sonnenscheinarmen Tagen für die Wassererwärmung sorgt.

Solarthermieanlagen haben eine vergleichsweise einfache Technik und sind langlebig. Allerdings sind sie in der Anschaffung recht teuer. Im Sommer können sie als alleiniger Warmwassererzeuger dienen.

Solarthermieanlagen nutzen die Strahlungsenergie der Sonne zur Warmwasserbereitung.

MATERIAL MIT AUFGABEN

C Sonnenenergie ●○○

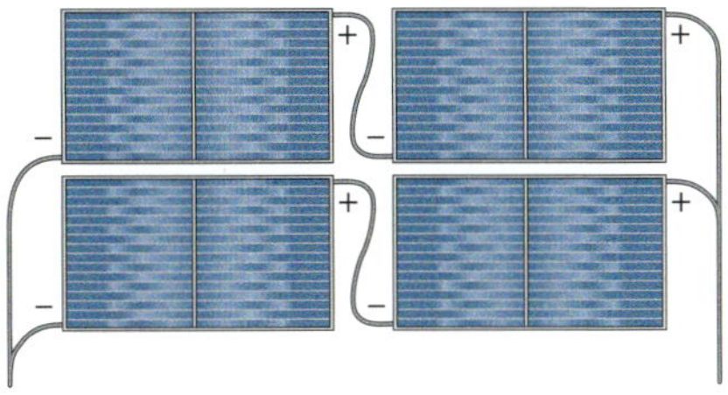

1 Beschreibe die elektrische Schaltung der abgebildeten Solarmodule. ●○○

2 Ein einzelnes Solarmodul liefert bei einer Spannung von 30 V eine Stromstärke von 8,2 A. Berechne die Spannung und die Stromstärke bei der dargestellten Schaltung. ●○○

3 Die Gesamtleistung einer Anlage aus Solarmodulen von Aufgabe 2 wird mit 3,9 kW angegeben. Berechne, aus wie vielen Modulen die Anlage besteht. ●●●

4 Die Anlage hat einen Wirkungsgrad von 20 %. Im Sommer wird eine Einstrahlung von 400 J Sonnenenergie pro Quadratmeter Fläche je Sekunde angenommen, im Winter von 250 J. Ein Modul hat eine Fläche von 1,35 m². Berechne die maximal nutzbare Energie pro Modul in beiden Jahreszeiten und erkläre den Unterschied bei den eingestrahlten Energien. ●●●

5 Begründe, warum bei einer Solarthermieanlage in den Kollektoren normalerweise kein reines Wasser verwendet werden kann. ●●○

6 Erläutere, welche Aufgaben der Wärmetauscher der Solarthermieanlage und die Heizspirale der Zusatzheizung im Wärmespeicher haben. ●●○

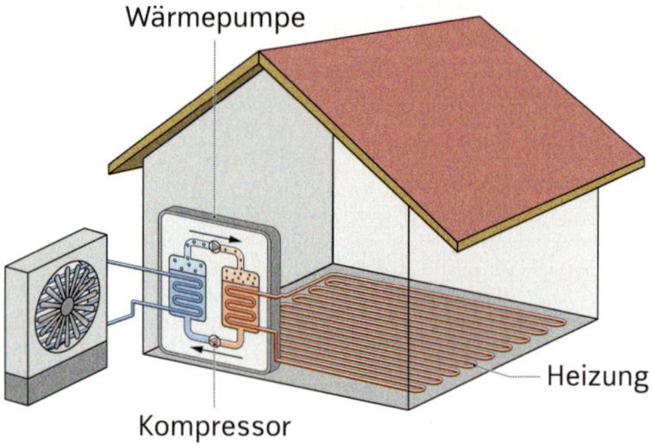

6 Prinzipskizze einer Luft-Wärmepumpe

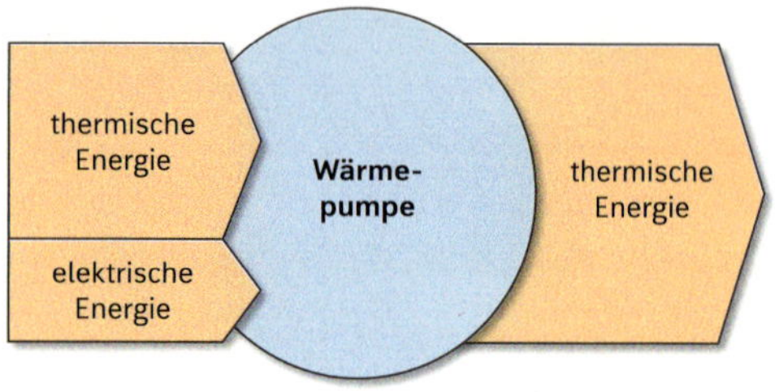

7 Energieflussdiagramm einer Wärmepumpe

Wärmepumpe Luft, Wasser und Erdboden enthalten thermische Energie, die man zum Heizen nutzen kann. Von selbst kann thermische Energie nur vom wärmeren zum kälteren Körper übergehen. Um mit der kühlen Umgebungsluft ein Haus zu heizen, muss der Luft mit einer Wärmepumpe aktiv Energie entzogen werden.

Ein Ventilator saugt Umgebungsluft an und leitet sie zu einem Wärmetauscher. Dieser wird von einem Kältemittel durchflossen, das schon bei sehr niedrigen Temperaturen verdampft. Die nötige Verdampfungsenergie wird der Umgebungsluft entzogen. Der kalte Dampf wird durch einen Kompressor zusammengedrückt, wodurch er sich erhitzt. In einem zweiten Wärmetauscher gibt der heiße Dampf Energie an den Heizkreislauf im Haus ab, kühlt dabei ab und kondensiert wieder. Ein Ventil setzt den Druck herab und der Prozess kann von Neuem beginnen.

Die Wärmepumpe entzieht der Umgebung thermische Energie, die das Heizungswasser auf bis zu 40 °C erwärmt. Zum Betrieb ist jedoch zusätzlich elektrische Energie für den Ventilator und den Kompressor nötig. Eine Wärmepumpe ist nur dann energetisch und wirtschaftlich effizient, wenn sie deutlich weniger elektrische Energie benötigt als der Umgebung entzogen wird. Bei modernen Wärmepumpen muss etwa ein Viertel der Energie, die insgesamt zum Heizen benötigt wird, elektrisch zugeführt werden. Für eine gute Umweltbilanz ist es wichtig, dass die eingesetzte elektrische Energie aus erneuerbaren Energieanlagen stammt.

Wärmepumpen entziehen der Umgebung thermische Energie und stellen sie zum Heizen bereit. Dazu wird elektrische Energie benötigt.

MATERIAL MIT AUFGABEN

D Erd-Wärmepumpe

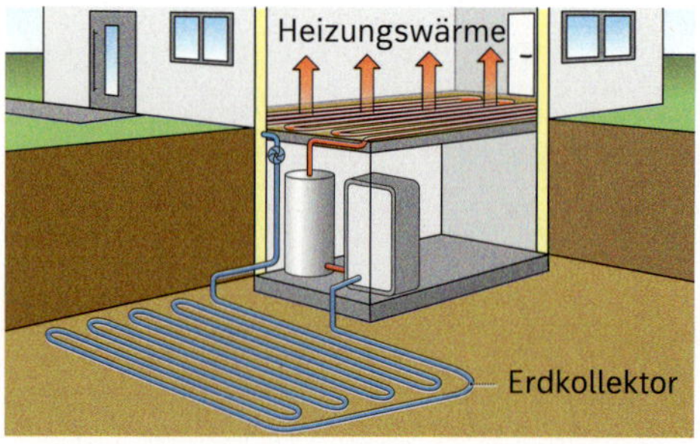

1 Beschreibe die Wirkungsweise der dargestellten Wärmepumpe.
2 Begründe, warum eine Heizung mit Wärmepumpe vergleichsweise große Heizkörper benötigt oder nur für Fußbodenheizungen eingesetzt wird.
3 Recherchiere und bewerte: „Die Wärmepumpe arbeitet mit COP-Wert 3“.

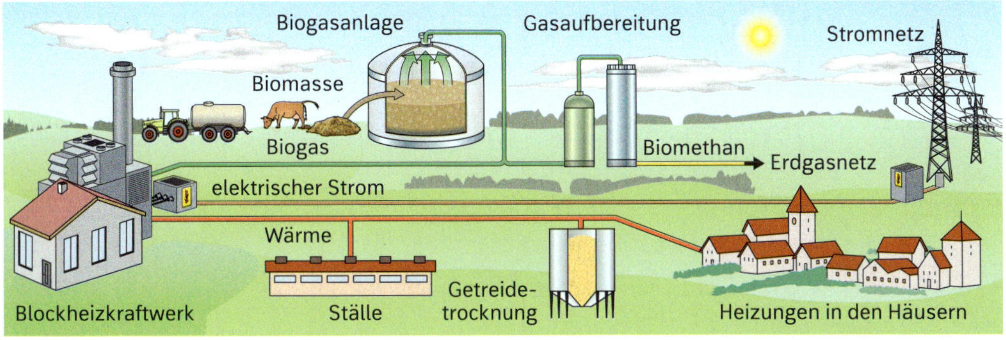

8 Biogasanlage mit Blockheizkraftwerk

Biogasanlage – Für den chemischen Prozess der Verbrennung kann neben den fossilen Energieträgern Kohle, Erdöl und Erdgas auch Gas verwendet werden, das aus organischen Materialien gewonnen wird. Dabei kommen Gülle, Energiepflanzen wie Mais, Getreide oder Gras, sowie Abfälle aus der Biotonne oder der Lebensmittelproduktion zum Einsatz. Energiepflanzen werden nur für die Energiegewinnung angebaut. Die Biomasse wird in Biogasanlagen vergoren und setzt dabei brennbare Gase frei. Mit Biogasanlagen kann die Strom- und Wärmeversorgung benachbarter Ortschaften gewährleistet werden. Das entstandene Gas wird in großen Behältern gelagert und meist gleich vor Ort zum Betrieb von Blockheizkraftwerken (BHKW) genutzt. In Blockheizkraftwerken wird bei der Verbrennung des Biogases thermische Energie freigesetzt und mittels angeschlossener Generatoren in elektrische Energie gewandelt. Die Abwärme des BHKW kann zum Beispiel zum Heizen von Gebäuden oder zur Trocknung von Getreide genutzt werden. Die entstandenen Abgase werden gereinigt, um ihnen Schadstoffe und Gerüche zu entziehen. Die Gärreste können zu Dünger aufbereitet werden.

Nach einer speziellen Aufbereitung kann aus den erzeugten Biogasen auch Biomethan gewonnen werden, das in das normale Erdgasnetz zur Versorgung der Haushalte eingespeist werden kann. Diese Aufbereitung ist derzeit aber noch teuer und nur für große Biogasanlagen rentabel.

In Biogasanlagen entsteht durch Vergärung von Biomasse brennbares Gas als Energiequelle für ein BHKW.

MATERIAL MIT AUFGABEN

E Biogasanlage

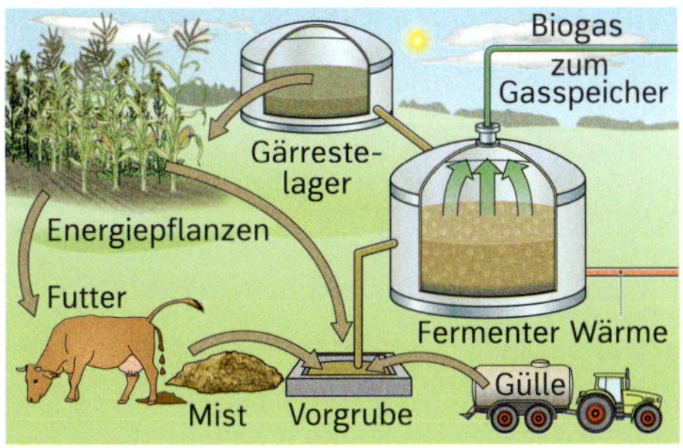

1 Beschreibe die Vorgänge, die in der Abbildung dargestellt werden. ●○○
2 Erkläre, wie das brennbare Biogas und wie die Abwärme genutzt werden könnten. ●●○
3 Erkläre, warum die Erzeugung von Biogas regenerativ und nachhaltig ist. ●○○

Energieanlagen im Vergleich

Energieanlage	Kohlekraftwerk	Kernkraftwerk	GuD-Kraftwerk
Bild			
Wirkungsgrad	ca. 40 %	ca. 35 %	ca. 85 % mit KWK, ca. 60 % ohne KWK
Elektrische Leistung	100 MW bis 1000 MW	1000 MW bis 1700 MW	mehrere 100 MW
Brennstoff	Braun- oder Steinkohle	Uran	Gas oder Öl
Abwärme	60 % der zugeführten Energie geht als thermische Energie an die Umwelt	65 % der zugeführten Energie geht als thermische Energie an die Umwelt	win Teil der thermischen Energie kann durch KWK genutzt werden, Fernwärme wird zum Heizen genutzt
Umweltbelastung/ CO_2-Belastung im Betrieb	CO_2-Ausstoß erhöht den Treibhauseffekt; Abgase müssen gereinigt werden; Abbau der Kohle nur durch große Eingriffe in die Umwelt möglich	geringe Abgabe von radioaktiven Stoffen an die Umwelt; radioaktive Abfälle müssen entsorgt werden; derzeit noch kein Endlager; Gefahr von Störfällen	CO_2-Ausstoß erhöht den Treibhauseffekt; Erdöl und Erdgas liegen nur in begrenzter Menge vor; beim Betrieb mit Biogas CO_2-neutral

2010 Gesamt: 536,1 TWh

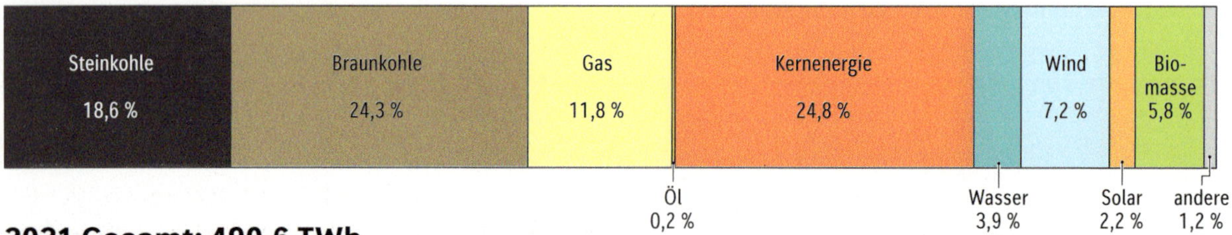

2021 Gesamt: 490,6 TWh

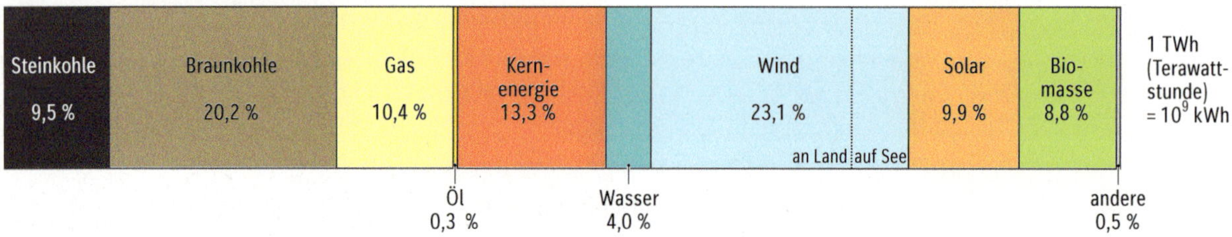

Gesamte Nettostromerzeugung in Deutschland zur öffentlichen Stromversorgung

Fotovoltaikanlage	Biogasanlage mit BHKW	Windenergieanlage	Wasserkraftwerk

ca. 20 %	ca. 45 %	ca. 45 %	bis 94 % für Laufwasseranlagen, bis 75 % für Pumpspeicheranlagen
10 kW bei einer Anlagengröße von etwa 60 m^2	bis 1 MW	3 MW bis 6 MW für ein einzelnes Windrad	10 MW bis 1000 MW
–	organisches Material	–	–
gering	wird zum Heizen genutzt	sehr gering	sehr gering
keine CO_2-Belastung	Abgase müssen gereinigt werden, sonst Schadstoff- und Geruchsbelastung; es wird nur das CO_2 frei, das vorher in den Pflanzen gebunden wurde	keine CO_2-Belastung; Lärm und Schattenwurf; Beeinträchtigung des Vogelflugs	keine CO_2-Belastung; oft große Eingriffe in die Landschaft durch große Bauwerke und Veränderungen der Flussläufe

AUFGABEN

1 Berechne den Gesamtanteil der regenerativen Energiequellen beziehungsweise der fossilen Energiequellen in den Jahren 2010 und 2021 in Prozent und in TWh. Erläutere die Ergebnisse. ●●○

2 Begründe die Abnahme des Anteils der Kernenergie von 2010 bis 2021. Erläutere, welchen Weg Deutschland in der Nutzung der Kernenergie eingeschlagen hat. ●●○

3 Recherchiere den Anteil der Kernenergie in anderen europäischen Staaten. Erläutere, warum in einigen Staaten der Anteil der Kernenergie hoch ist. ●●○

4 Begründe die Veränderung der Gesamtproduktion an elektrischer Energie von 2010 zu 2021. ●●○

5 Um aus der Nutzung der fossilen Energieträger auszusteigen, muss der Anteil der erneuerbaren Energieanlagen ausgebaut werden. Gib Möglichkeiten dazu an. Nenne und beurteile Probleme, die dabei auftreten. ●●○

6 Derzeit macht in Deutschland der Anteil der Windenergienutzung auf dem Festland etwa ein Sechstel der Gesamtenergieerzeugung aus. Physikalisch gesehen wäre es denkbar, die Anzahl der Windenergieanlagen zu versechsfachen, um den Energiebedarf in Deutschland vollständig zu decken. Zeige die Grenzen dieses Vorschlags auf. ●●●

1 Eine Fotovoltaikanlage liefert nicht immer gleich viel elektrischen Strom

2.3 Energiespeicherung

Regenerative Energiequellen ersetzen immer mehr Kohle, Erdöl und Erdgas. Sonnen- und Windenergie stehen aber nicht immer zur Verfügung. Wie kann man Energie speichern?

Bedarf und Verfügbarkeit – In allen Lebensbereichen gibt es einen ständigen Bedarf an elektrischer Energie. Dieser Bedarf wird als **Grundlast** bezeichnet und muss von den Kraftwerken gedeckt werden. Zusätzlich gibt es Zeiten, in denen besonders viel Energie benötigt wird. Ganzjährig ist das die Zeit zwischen 11 und 14 Uhr, im Winterhalbjahr dazu noch der späte Nachmittag, wenn es früh dunkel wird und in allen Gebäuden das Licht brennt. Dann treten **Spitzenlasten** auf.

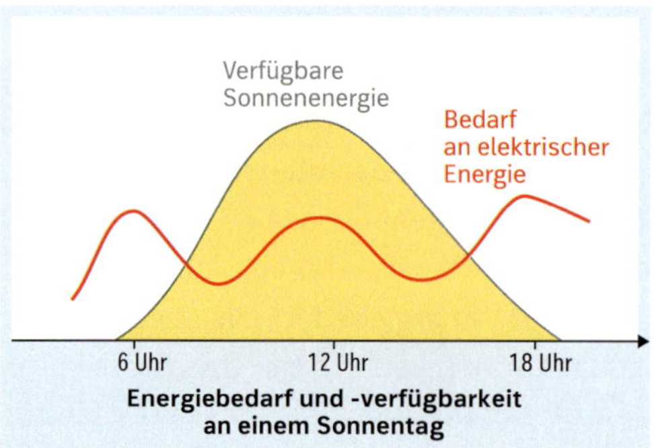

2 Verfügbare Sonnenenergie am Tag

Kraftwerke wie Kohle- und Kernkraftwerke können zuverlässig immer gleich viel Energie liefern, sodass sie bisher die Grundlastversorgung sicherstellen.

GuD-Kraftwerke sind schnell zuschaltbar und können Spitzenlasten abfedern. Alle fossilen Kraftwerke sind aber durch ihren CO_2-Ausstoß Treiber des Klimawandels. Kernkraftwerke werden in Deutschland aufgrund der Sicherheitsrisiken und der nicht geklärten Endlagerung der radioaktiven Abfälle bald nicht mehr zur Verfügung stehen. Sie müssen durch regenerative Energieanlagen ersetzt werden. Diese haben den Nachteil, dass sie nicht kontinuierlich elektrische Energie liefern. Daher müssen Energiespeicher zum Einsatz kommen und die regenerative Energieanlagen müssen gut vernetzt werden, um die schwankende Verfügbarkeit sowie den schwankenden Bedarf auszugleichen.

Durch Energiespeicherung und Vernetzung von regenerativen Energieanlagen kann ihre schwankende Verfügbarkeit ausgeglichen und der schwankende Bedarf bedient werden.

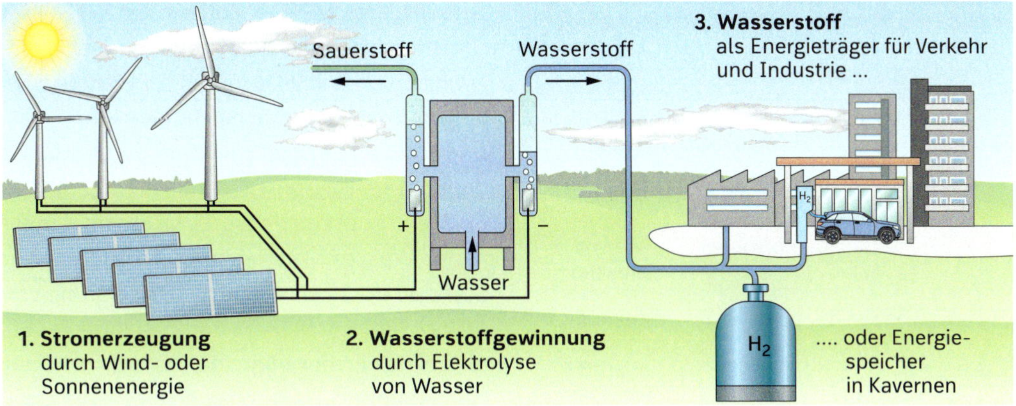

3 Wasserstofftechnologie

Wasserstoff – Erdgas könnte in Zukunft teilweise durch Wasserstoff ersetzt werden. Das kann man zum Beispiel erreichen, indem der Wasserstoff Erdgas beigemischt und verbrannt wird. Die heißen Gase könnten in einem GuD-Kraftwerk Turbinen antreiben.

Wasserstoff kann gewonnen werden, indem Wasser durch Elektrolyse in Wasserstoff und Sauerstoff aufgespalten wird. Dieser Prozess ist sehr energieintensiv. Die dazu notwendige Energie sollen regenerative Energieanlagen liefern, wenn ein zeitweiliger Überschuss an elektrischer Energie besteht. Der Wasserstoff wird unter hohem Druck in spezielle Tanks oder unterirdische Hohlräume gepresst und dort gespeichert. Bei Bedarf kann durch Wasserstoffverbrennung wieder elektrische Energie gewandelt werden.

Eine zweite Möglichkeit der Nutzung von gespeichertem Wasserstoff ist die Brennstoffzelle. In ihr wird chemische Energie direkt in elektrische Energie gewandelt. Als Reaktionsprodukt entsteht Wasser. Allerdings beträgt der Wirkungsgrad der Brennstoffzelle nur 30 %.

Wasserstoff lässt sich auch aus Methan (CH_4) gewinnen. Durch Zufuhr von thermischer Energie kann Methan in Wasserstoff und festen Kohlenstoff zerlegt werden. Ressourcenschonend und nachhaltig ist das Verfahren, wenn das Methan aus Biogas stammt. Allerdings erfordert die Gewinnung von Wasserstoff eine beträchtliche Menge an Energie. Außerdem ist die Speicherung nicht einfach, weil Wasserstoff aufgrund seiner kleinen Moleküle durch normale Gefäßwände entweicht.

MATERIAL MIT AUFGABEN

A Synthetische Kraftstoffe (E-Fuels)

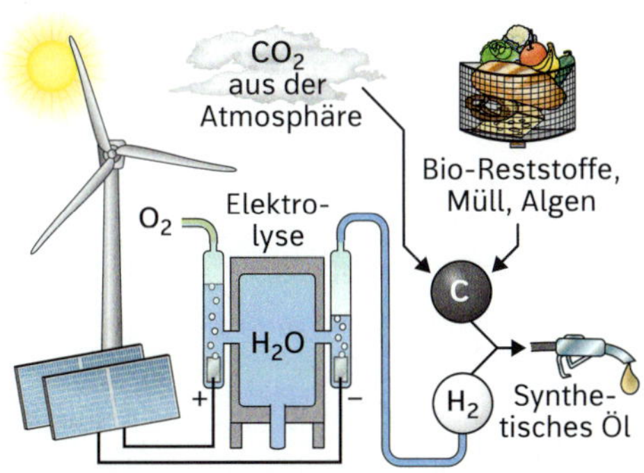

1 Interpretiere die Grafik und beschreibe die Herstellung von E-Fuels. ●●○
2 Gib an, in welcher Form die Energie in E-Fuels gespeichert ist.. ●○○
3 Recherchiere Wirkungsgrad und Preis von E-Fuels im Vergleich zu konventionellen Kraftstoffen. ●●○
4 Recherchiere, welche Vor- und Nachteile synthetische Kraftstoffe gegenüber Wasserstoff haben. ●●○

elek-trisch	chemisch elektro-chemisch	mecha-nisch	thermisch
Kon-densa-toren	Power-to-Gas	Pump-speicher	sensible Wärme-speicher
Spulen	Power-to-Liquid	Druckluft-speicher	latente Wärme-speicher
	Power-to-Chemicals	Federn	thermo-chemische Wärme-speicher
	Batterien	Schwungmassenspeicher	

4 Übersicht der Speicherarten

5 Oberbecken des Pumpspeicherwerks Goldisthal

Speicherarten – Zurzeit erfolgt der Großteil der Speicherung elektrischer Energie, nämlich fast 90 %, durch die Wandlung in Lageenergie in Pumpspeicherwerken.

Das größte Pumpspeicherwerk Deutschlands befindet sich in Goldisthal im Thüringer Wald. Sein Oberbecken fasst 13 Millionen Kubikmeter Wasser. Das reicht aus, um für neun Stunden die Turbinen mit voller Leistung von 1 GW zu betreiben. Zum Anfahren auf die volle Leistung benötigt das Kraftwerk nur 100 Sekunden. Dadurch kann es auf die stark schwankende Einspeisung der regenerativen Energien schnell reagieren.

Fotovoltaikanlagen werden oft mit Batteriespeichern gekoppelt. Zurzeit sind es fast ausnahmslos Lithium-Ionen-Batterien, die eine Energie von einigen Kilowattstunden speichern können. Ähnliche Batterien werden als Energiespeicher in Elektroautos verbaut. Allerdings enthalten Lithium-Ionen-Batterien seltene Rohstoffe. Es wird an Batterien geforscht, die umweltverträglicher hergestellt werden und mehr Energie speichern können.

MATERIAL MIT AUFGABEN

B Vergleich der Speicher

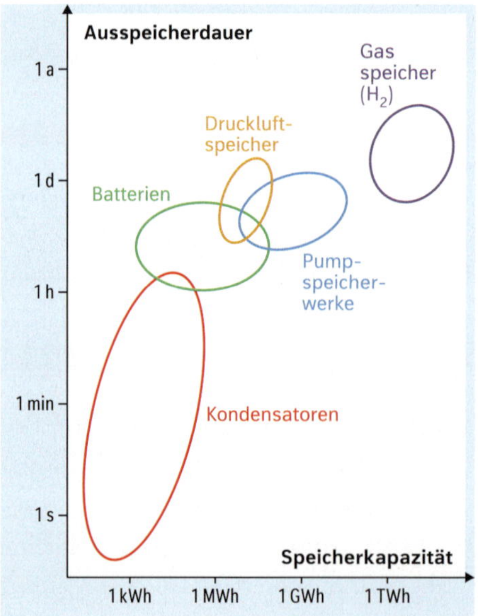

Die Ausspeicherdauer gibt an, wie lange ein Speicher Energie liefern kann.

1 Beschreibe, was in dem Diagramm dargestellt wird. ●○○

2 Vergleiche mithilfe des Diagramms Batterien und Pumpspeicherwerke. Nenne jeweils Vorteile und Nachteile. ●●○

3 Recherchiere, wie ein Druckluftspeicher funktioniert und wie damit elektrische Energie erzeugt werden kann. ●●○

4 Recherchiere, wie Energie in einem Kondensator gespeichert wird. Nenne Gemeinsamkeiten und Unterschiede zur Speicherung in Batterien. ●●○

Verbundnetze Eine stabile Versorgung mit elektrischer Energie kann trotz der unstetigen Verfügbarkeit von Sonnen- und Windenergie durch die Vernetzung von Kraftwerken und Energieanlagen erreicht werden. Dazu sind diese durch Hochspannungsleitungen miteinander verbunden und zu einem großen Netz zusammengeschlossen.
Damit kann auch bei Spitzenlast die benötigte elektrische Energie zur Verfügung gestellt werden. Darüber hinaus können Ausfälle von Kraftwerken aufgefangen und die Zahl der gleichzeitig betriebenen Energieanlagen minimiert werden, ohne dass die Versorgung beeinträchtigt wird. In dieses Verbundsystem sind auch die verschiedenen Energiespeicher integriert. Die größten sind die Pumpspeicherwerke. Auch die Batterien von Elektroautos, die sich gerade an der Ladesäule befinden, könnten als Speicher genutzt werden.
Früher wurden Kraftwerke in Ballungsräumen gebaut. Regenerative Energieanlagen stehen dort, wo die besten Bedingungen herrschen. Über Hochspannungstrassen wird die Energie zu den Abnehmern transportiert.

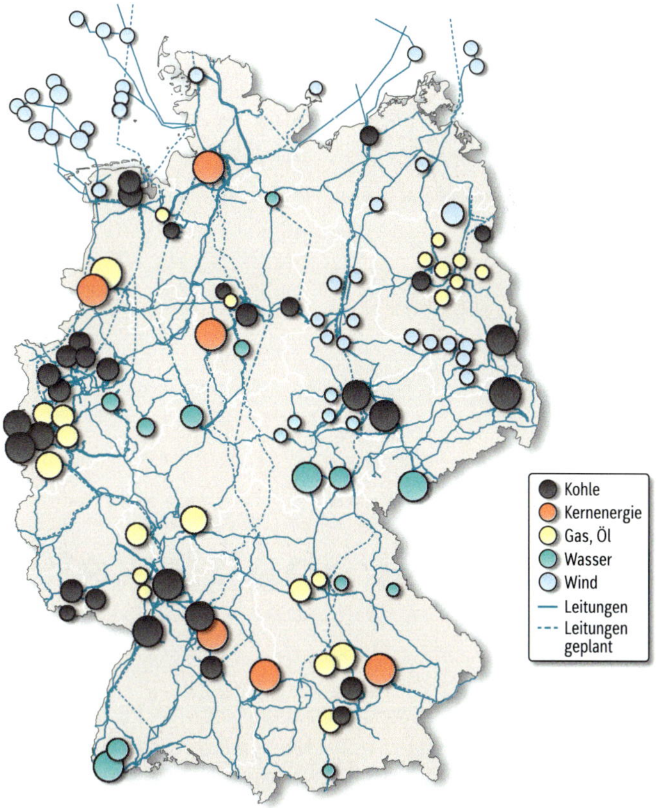

6 Verbundnetz in Deutschland

MATERIAL MIT AUFGABEN

C Geplantes Supernetz

1 Begründe jeweils die Standorte der Wind- und Wasserkraftanlagen.
2 In einigen Gebieten Nordafrikas sind „Concentrating Solar Power“-Anlagen geplant. Recherchiere, wie diese Anlagen aufgebaut sind und wie sie arbeiten.
3 Beim Transport von elektrischer Energie über große Entfernungen verwendet man immer öfter die Hochspannungs-Gleichstrom-Übertragung (HGÜ). Recherchiere, welche Vorteile diese Übertragung hat.
4 Recherchiere, warum überschüssige elektrische Energie nach Norwegen übertragen wird.

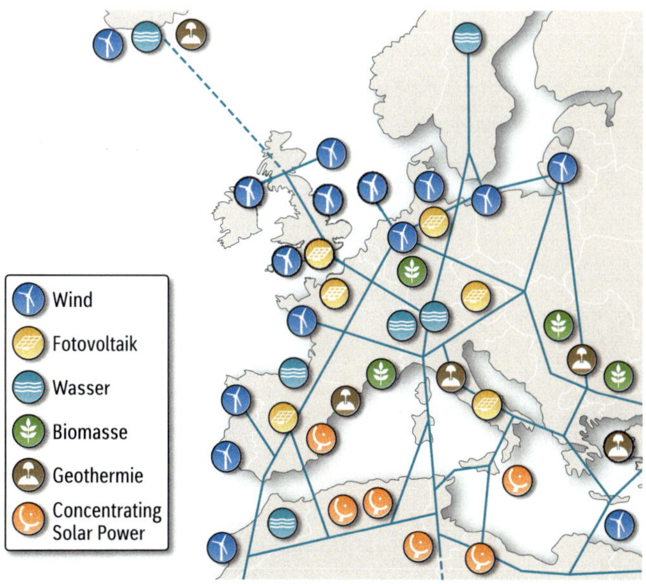

1 Weltklimakonferenz

2.4 Nachhaltigkeit

Auf Klimakonferenzen beraten Vertreterinnen und Vertreter vieler Länder über die Zukunft unseres Planeten. Oft wird über Nachhaltigkeit gesprochen. Was bedeutet das?

Nachhaltige Energieversorgung – Unter Nachhaltigkeit versteht man ein Prinzip zur Nutzung von Ressourcen, bei der die natürliche Regenerationsfähigkeit aller beteiligter Ökosysteme gesichert wird. Die Verwendung fossiler Energieträger zur Erzeugung von elektrischer Energie ist nicht nachhaltig, weil die Bodenschätze in einem Bruchteil der Zeit verbraucht werden, in der sie entstanden sind. Bald werden diese Ressourcen erschöpft sein. Ab 2030 wird ein stark steigender Bedarf an elektrischer Energie vorhergesagt, weil diese dann verstärkt in der Industrie, zum Heizen und für Elektrofahrzeuge gebraucht wird. Sie soll nur aus regenerativen Quellen kommen.

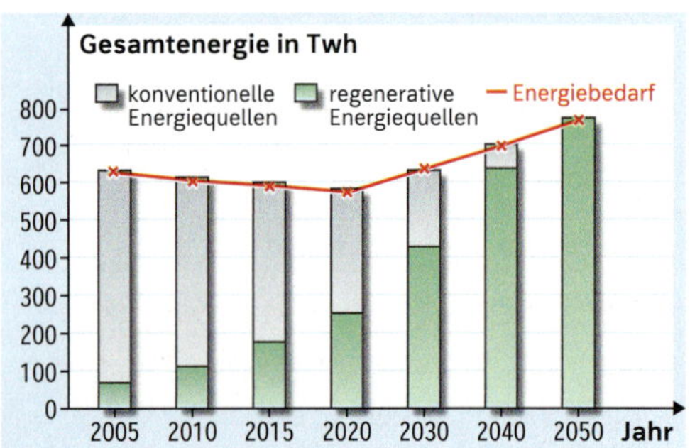

2 Erzeugung elektrischer Energie in Deutschland

Nachhaltige Mobilität – Elektroautos haben den Vorteil, dass sie kein CO_2 ausstoßen. Nachhaltig sind sie jedoch nur, wenn die für das Fahren benötigte elektrische Energie klimaneutral produziert wird. Das bedeutet, dass ihre Erzeugung durch regenerative Energieanlagen erfolgen muss. Das gilt auch für die Produktion der Autobatterien, die sehr energieintensiv ist. Darüber hinaus werden für die Batterien wertvolle Rohstoffe benötigt. Nicht mehr nutzbare Batterien müssen recycelt werden, damit ein geschlossener Kreislauf entsteht, der die natürlichen Ressourcen schont und nachhaltig ist.

Aber auch wenn die einzelnen Fahrzeuge umweltfreundlicher sein werden, verursacht der motorisierte Verkehr Lärm und nimmt Flächen in Anspruch. Jeder Einzelne kann zur nachhaltigen Mobilität beitragen, indem er öffentliche Verkehrsmittel benutzt und möglichst viele Strecken mit dem Rad oder zu Fuß zurückgelegt.

Nachhaltiges Wohnen Eine durchschnittliche vierköpfige Familie in Deutschland benötigt für Wohnen und Haushalt jährlich etwa eine Energie von 100 Gigajoule. Der größte Teil wird zum Heizen benötigt. Durch Wärmedämmung an Wänden, Fenstern und Dächern kann Energie gespart werden. Nachhaltig ist aber nur ein **Nullenergiehaus**. Sein Prinzip besteht darin, die benötigte Energie in einer Jahresbilanz auf null zu reduzieren. Dabei ist auch das Verhalten der Bewohner beim Heizen und Lüften wichtig.

Recycling Nachhaltigkeit bedeutet auch, dass Produkte oder ihre Wertstoffe wiederverwendet werden. Durch Recycling werden weniger Ressourcen benötigt und es wird Energie gespart, die für die Neuproduktion nötig wäre. Stoffe wie Aluminium, Plastik, Glas und Holz können als Rohstoffe wiederverwendet werden. Besonders bei Aluminium ist das Recycling effektiv, weil 90 % weniger Energie als für die Neuproduktion gebraucht wird. Noch besser als Verpackungen und alte Geräte zu sammeln und zu recyceln ist es jedoch, durch bewusstes Kaufverhalten möglichst auf Verpackungen zu verzichten und Geräte lange zu verwenden.

MATERIAL MIT AUFGABEN

A Verpackungsabfall

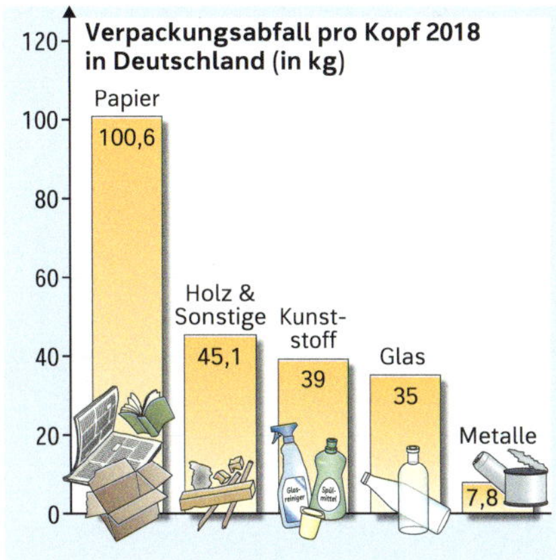

1 Berechne, wie viel Verpackungsmüll bei einer vierköpfigen Familie 2018 insgesamt angefallen ist und wie viele Tonnen es in ganz Deutschland waren. ●●○
2 Recherchiere, wie Glas recycelt werden kann und gib an wie hoch die Recyclingrate ist. ●●○
3 Gib Möglichkeiten an, Verpackungsmüll zu vermeiden. ●●○

MATERIAL MIT AUFGABEN

B Nullenergiehaus

1 Benenne die Komponenten dieses Nullenergiehauses. ●●○
2 Entscheide begründet, wie das Haus nach den Himmelsrichtungen ausgerichtet sein muss. ●●○
3 Nenne zwei weitere Möglichkeiten zur Nutzung von regenerativen Energien, die nicht auf dem Bild eingezeichnet sind. ●○○
4 Recherchiere, welche zusätzlichen Komponenten ein Plusenergiehaus hat und welche weiteren Möglichkeiten es gibt, die Energie zu speichern. ●●○

1 Versuchsreaktor Wendelstein 7-X in Greifswald

2.5 Kernfusion und Kernfusionskraftwerk

Die Sonne gewinnt ihre Energie aus der Kernfusion. An Versuchsreaktoren wird geforscht, ob es möglich ist, die Kernfusion auch auf der Erde zu nutzen. Welche Probleme müssen dabei gelöst werden?

Lateinisch fusio: Schmelze

Kernfusion in der Sonne – Die Verschmelzungsreaktionen von Wasserstoffkernen, also Protonen, liefern die Energie der Sonne. Das Ergebnis dieses **Proton-Proton-Prozesses** ist Helium. Die Reaktionen laufen in der Sonne bei einer Temperatur von 15 Millionen Grad Celsius und einem extrem hohen Druck von 20 Billiarden Pascal ab. Unter diesen Bedingungen sind die Wasserstoffatome durch Stöße vollständig ionisiert. Die Elektronen sind nicht mehr an die Atomkerne gebunden. Dieses Gemisch aus Elektronen und Wasserstoffkernen wird als **Plasma** bezeichnet. Aufgrund der hohen Temperatur sind die Geschwindigkeiten der Kerne sehr hoch. Dadurch nähern sie sich stärker an, als es normalerweise wegen der Abstoßungskraft zwischen ihren gleichnamigen Ladungen möglich wäre. Bei sehr kurzen Abständen überwiegt dann die Kernkraft und die Wasserstoffkerne verschmelzen. Damit die Annäherung zweier Kerne häufig genug passiert, muss das Plasma sehr dicht sein. Das ist bei dem extrem hohen Druck im Sonneninneren der Fall.

Kernfusion auf der Erde – Ein so hoher Druck wie in der Sonne ist auf der Erde zurzeit technisch nicht erreichbar. Stattdessen wird bei den Versuchen mit höheren Temperaturen als in der Sonne gearbeitet. Die Plasmatemperatur in den Versuchsreaktoren beträgt etwa 100 Millionen Grad Celsius. Bei Versuchen auf der Erde werden die beiden Wasserstoffisotope Deuterium ${}^{2}_{1}H$ und Tritium ${}^{3}_{1}H$ zur Fusion gebracht. In einem einzigen Schritt entstehen ein Heliumkern und ein Neutron. Das Neutron trägt den größten Teil der freigesetzten Energie als Bewegungsenergie.

$${}^{2}_{1}H + {}^{3}_{1}H \rightarrow {}^{4}_{2}He + {}^{1}_{0}n$$

Man verwendet Deuterium und Tritium zur Fusion, weil nach der Relativitätstheorie der Energiegewinn bei dieser Reaktion größer als bei der Fusion von zwei Protonen ist.

Kernfusionskraftwerk – Würde es gelingen, die Kernfusion in einem Kraftwerk zu nutzen, könnten viele Energieprobleme gelöst werden. Die bei der Kernfusion freiwerdende Energie eines Kilogramms Wasserstoff ist 10 Millionen Mal größer als die bei der Verbrennung der gleichen Menge Steinkohle.

Zunächst braucht man jedoch viel Energie, um das Plasma auf eine Temperatur von 100 Millionen Grad Celsius aufzuheizen. Darüber hinaus muss das Plasma eine ausreichend hohe Teilchendichte besitzen und genügend lange Zeit zusammengehalten werden.
Es ist bisher noch nicht gelungen, diese Grundbedingungen für einen Fusionsreaktor so zu erfüllen, dass er mehr Energie liefert als ihm zugeführt wird.

Gegenwärtig wird ein Fusionsreaktor nach dem **TOKAMAK**-Prinzip als die aussichtsreichste Möglichkeit angesehen. Mithilfe von sehr starken Magnetfeldern wird in diesen Anlagen das Plasma im Reaktor eingeschlossen, ohne dass es die Wände berührt. Dadurch wird gewährleistet, dass möglichst wenig thermische Energie an die Umgebung abgegeben wird. Außerdem würde kein Material den hohen Temperaturen widerstehen können.

Mithilfe der Magnetfelder werden die schnellen Protonen und Elektronen durch die Lorentzkraft abgelenkt und auf einer schraubenförmigen Bahn in der Mitte eines Rings gehalten. Die bei der Kernfusion freigesetzten Neutronen können nicht durch Magnetfelder festgehalten werden. Sie bewegen sich aus dem Plasma heraus und werden an Aufprallplatten abgebremst.

Die freiwerdende Energie wird über ein Kühlmittel abgeführt. Über angeschlossene Wärmetauscher, Turbine und Generator kann dann wie bei anderen Wärmekraftwerken die thermische Energie in elektrische Energie gewandelt werden.

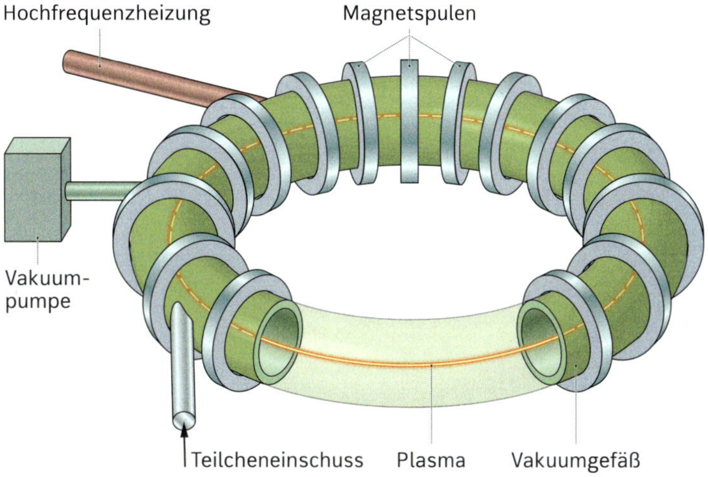

2 Aufbau eines Kernfusionsreaktors

MATERIAL MIT AUFGABEN

A Kernfusionskraftwerk

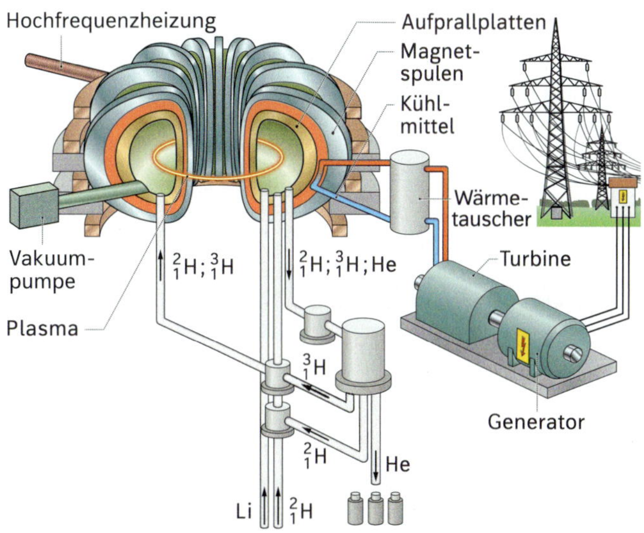

1 Das Tritium für den Fusionsprozess wird im Reaktor aus Lithium gewonnen. Vervollständige die Reaktionsgleichung $^6_3\text{Li} + ^1_0\text{n} \rightarrow ^?_?? + ^3_1\text{H}$. ●○○
2 Erkläre, warum es durch die austretenden Neutronen zur Erhitzung des Kühlmittels kommt. ●●○
3 Die Aufprallplatte strahlt nach einiger Zeit radioaktiv, obwohl sie es beim Einbau nicht tat. Stelle eine begründete Vermutung auf, warum das so ist. ●●○
4 Recherchiere und stelle dann Vor- und Nachteile eines Fusionskraftwerks im Vergleich mit einem Windkraftwerk gegenüber. ●●●

Alles auf einen Blick

2.1 Treibhauseffekt und Klimawandel

Einige Gase in der Atmosphäre, wie CO_2, Methan oder Ozon, wirken ähnlich wie das Glas eines Treibhauses. Die Zunahme von Treibhausgasen in der Atmosphäre führt zu einer zusätzlichen Erwärmung der Erde und damit zum Klimawandel. Vor allem durch die Verbrennung fossiler Energieträger wird viel mehr CO_2 freigesetzt, als durch Pflanzen gebunden werden kann

2.2 Regenerative Energiequellen und ihre Nutzung

Fast alle für uns nutzbare Energie ist aus Sonnenlicht gewandelt worden. Nachhaltig ist aber nur die Nutzung von regenerativen und von nahezu unerschöpflichen Energiequellen.

Fotovoltaik: Solarmodule wandeln Lichtenergie in elektrische Energie.
Solarthermie: Sonnenkollektoren dienen der Warmwasserbereitung.
Windenergieanlagen liefern in Küstennähe (Offshore) und an Land (Onshore) elektrische Energie.
Biogasanlagen: Aus organischem Material wird Gas gewonnen.
Wasserkraftwerke dienen der Bereitstellung und Speicherung elektrischer Energie.
Wärmepumpen entziehen der Umgebung thermische Energie und stellen sie zum Heizen bereit. Dazu wird elektrische Energie benötigt.

2.3 Energiespeicherung

Durch Energiespeicherung und Vernetzung regenerativer Energieanlagen kann die schwankende Verfügbarkeit regenerativer Energien ausgeglichen und der schwankende Bedarf bedient werden.
Zurzeit erfolgt der Großteil der Speicherung elektrischer Energie als Lageenergie in Pumpspeicherwerken. Mithilfe regenerativer Energien kann auch speicherbarer Wasserstoff gewonnen werden oder Batteriespeicher genutzt werden. Energieanlagen sind durch Hochspannungsleitungen miteinander verbunden und zu einem großen Netz zusammengeschlossen, um Spitzenlasten zu bedienen.

2.4 Nachhaltigkeit

Unter Nachhaltigkeit versteht man ein Prinzip zur Nutzung von Ressourcen, bei der die natürliche Regenerationsfähigkeit aller beteiligten Ökosysteme gesichert wird. Die Verwendung fossiler Energieträger zur Erzeugung von elektrischer Energie ist nicht nachhaltig, weil die Bodenschätze in einem Bruchteil der Zeit verbraucht werden, in der sie entstanden sind.

2.5 Kernfusion und Kernfusionskraftwerk

Die Verschmelzungsreaktionen von Wasserstoffkernen zu Heliumkernen liefern die Energie der Sonne. Auf der Erde versucht man, in Kernfusionsreaktoren ebenfalls Energie durch Kernfusion zu gewinnen.

Teste dich

A Energieflussdiagramm GuD-Kraftwerk

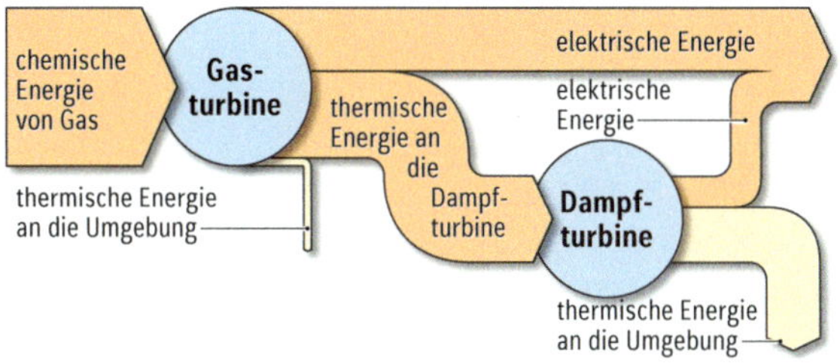

B Wellenkraftwerk

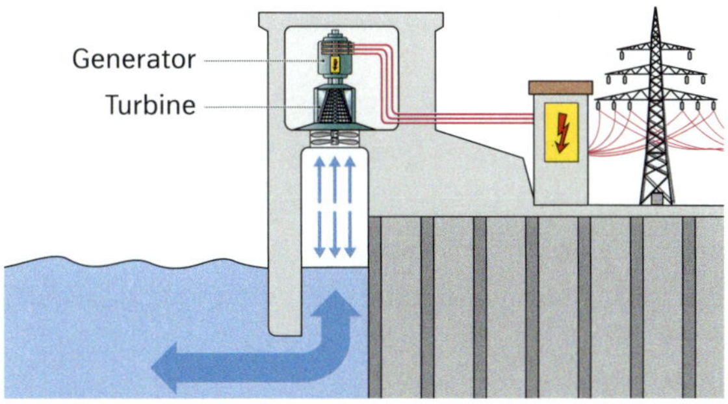

C Energiespeicherung

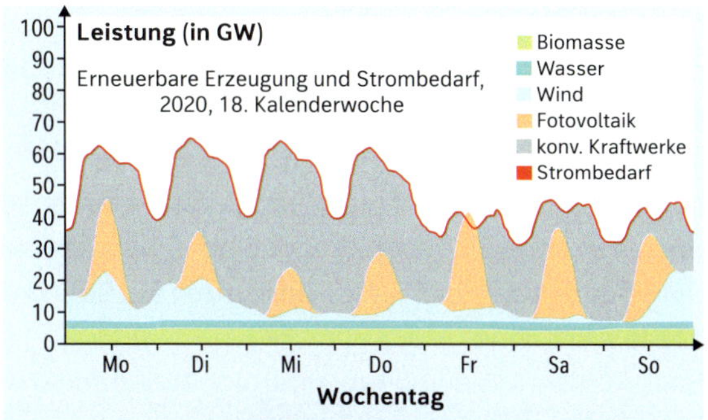

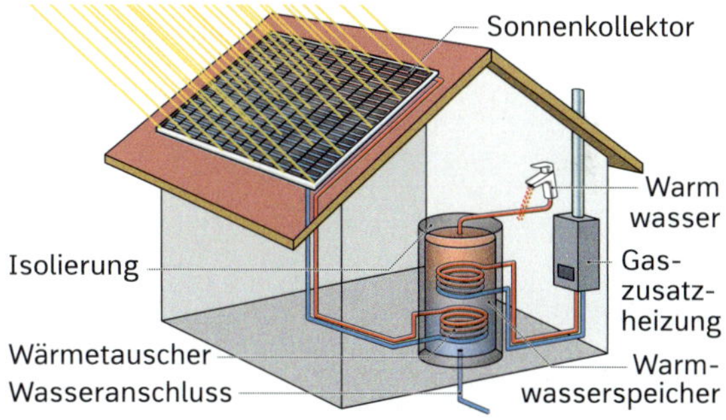

AUFGABEN

Bearbeite die Aufgaben mit Material A und B

1. Erläutere das Energieflussdiagramm des GuD-Kraftwerks ohne Kraft-Wärme-Kopplung. ●○○
2. Schätze ab, wie groß der Wirkungsgrad des Kraftwerks ist und erkläre dein Vorgehen dabei. ●●○
3. Erkläre mit der Abbildung B, wodurch die Turbine angetrieben wird. ●●○
4. Nenne begründet Vor- und Nachteile, die du beim Wellenkraftwerk im Vergleich zu Windrädern und im Vergleich zu Verbrennungskraftwerken vermutest. ●●○
5. Erkläre den Vorteil einer Turbine im Wellenkraftwerk, die sich unabhängig von der Richtung der Luftströmung in die gleiche Richtung dreht. ●●○

Bearbeite die Aufgaben mit Material C

1. Beschreibe, was im oberen Bild dargestellt ist. Begründe die nicht gleichmäßigen Verläufe der verschiedenen Kurven. ●●○
2. Beschreibe, wie sich die Verläufe im Diagramm ändern könnten, wenn sie für eine andere Kalenderwoche aufgezeichnet werden. ●●○
3. Begründe, dass auch Batterien von Elektroautos zur Sicherung der Versorgung mit elektrischer Energie eingesetzt werden können. ●●○
4. Erkläre die Energiespeicherung im unteren Bild. ●●○
5. Gib eine Möglichkeit an, wie überschüssige elektrische Energie im Warmwasserspeicher gespeichert werden könnte. ●●○

Physikalische Basiskonzepte

In der Physik gibt es Konzepte, um Vorgänge in der Natur oder Technik zu erklären. Diese Vorgänge bezeichnet man allgemein als Phänomene.
Mit dem Konzept des Lichts wird zum Beispiel verständlich, warum wir manche Dinge sehen können und andere nicht.

Manche Konzepte sind so wichtig, dass man besonders viele verschiedene Phänomene mit ihnen erklären oder beschreiben kann. Sie werden als **Basiskonzepte** bezeichnet.
Basiskonzepte beinhalten zentrale, aufeinander bezogene Begriffe, Modellvorstellungen und Prozesse. Von besonderer Bedeutung sind die vier Basiskonzepte:

- **System**
- **Wechselwirkung**
- **Energie**
- **Materie**

System – Häufig sind Phänomene so komplex, dass eine vollständige Beschreibung und Erklärung fast unmöglich sind. Es werden deshalb zunächst nur die Elemente des Phänomens betrachtet, die für seine Beschreibung oder Erklärung wichtig sind. Diese Elemente und ihr Zusammenwirken untereinander nennt man System.

Systeme können ganz unterschiedlich sein: Sie können sich auf zwei Körper beziehen, die zusammenstoßen, aber auch auf Atome, die einen Draht bilden, oder auf Linsen, die ein optisches Instrument bilden. Zur Beschreibung eines Systems werden häufig Modelle genutzt, zum Beispiel das Atommodell oder das Modell des elektrischen Leitungsvorgangs in Metallen.

Je nach Wechselwirkung mit der Umgebung wird zwischen offenen und geschlossenen Systemen unterschieden.

Wechselwirkung – Um Veränderungen in einem System beschreiben und erklären zu können, braucht man das Konzept der Wechselwirkung. Das bedeutet, dass Objekte direkt miteinander oder über Felder wechselwirken können. Am bekanntesten sind elektrische und magnetische Felder.

Häufig erfolgen Wechselwirkungen über Kräfte. Werden zum Beispiel Magnete mit gleichnamigen Polen angenähert, wechselwirken beide Magnete. Es wirkt eine abstoßende Kraft von jedem der beiden Magnete auf den anderen.
Wie sich ein Gegenstand verhält, hängt immer von der Summe der auf den Gegenstand wirkenden Kräfte ab.

Energie – Nichts passiert ohne Energie. Sie ist so etwas wie der Treibstoff allen Lebens und jeder Veränderung. Die Wechselwirkung zwischen Objekten oder Systemen kann mit Hilfe der Übertragung oder Wandlung von Energie beschrieben werden. Dies gilt zum Beispiel für Bewegungen, aber auch für Vorgänge in elektrischen Stromkreisen.

Struktur der Materie – Dieses Konzept wird überall da genutzt, wo physikalische Phänomene nur durch mikroskopisch kleine Prozesse erklärt werden können. Das Materiekonzept beinhaltet den Aufbau und die Struktur von Materie.
Dabei gehen die Physikerinnen und Physiker davon aus, dass alle Materie aus Atomen besteht. Die Atome sind nicht in Ruhe, sondern bewegen sich ständig und wechselwirken miteinander und bestehen ihrerseits aus weiteren Teilchen.
Damit können zum Beispiel die Aggregatzustände fest, flüssig oder gasförmig erklärt werden. Auch weitere Eigenschaften wie die Härte von Metallen und ihre sehr gute elektrische Leitfähigkeit wird dadurch verständlich.

Im Folgenden werden zunächst die Kapitel „Druck und Auftrieb" sowie „Ionisierende Strahlung und Kernenergie" aus dem Blickwinkel der vier Basiskonzepte betrachtet.

Beispiel 1: Druck und Auftrieb

Wechselwirkung

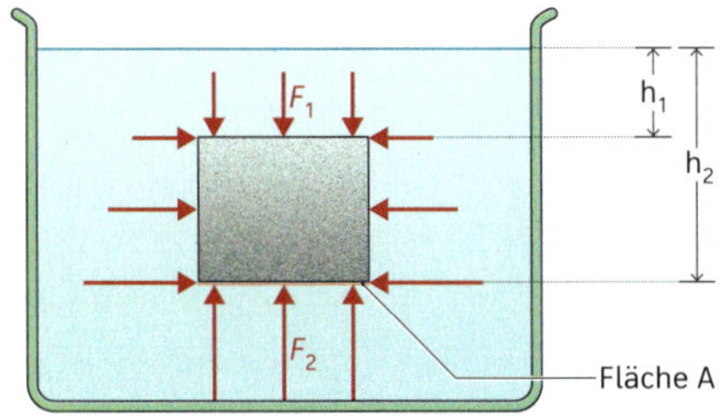

- Der Druck in einer Flüssigkeit oder einem Gas wird durch Teilchenbewegung hervorgerufen.
- In Flüssigkeiten und Gasen lassen sich Kraftwirkungen auf Flächen auf Stöße von Teilchen zurückführen.
- Der Schweredruck wird durch die Gewichtskraft übereinander lastender Flüssigkeits- oder Gasschichten hervorgerufen.
- Auftrieb entsteht durch Kraftdifferenzen an verschiedenen Flächen eines Körpers.

System

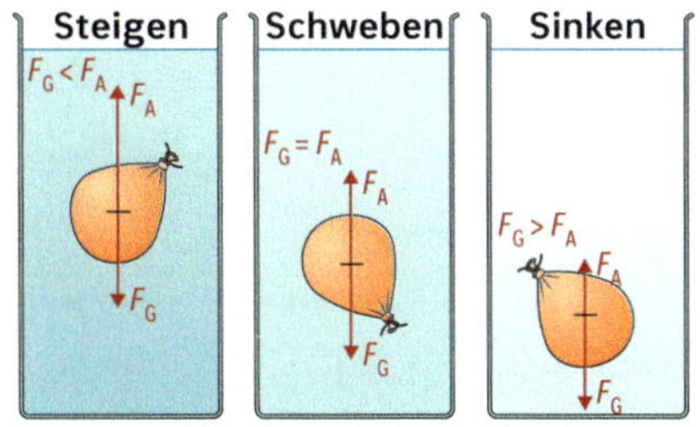

Steigen: $\rho_{Fl} > \rho_K$

Schweben: $\rho_{Fl} = \rho_K$

Sinken: $\rho_{Fl} < \rho_K$

- Dichteunterschiede können Bewegungen verursachen: Das Verhältnis der Dichten von Körper und Flüssigkeit bestimmt, ob ein Körper steigt, schwebt oder sinkt.
- Schwimmende Körper und umgebende Flüssigkeit bilden ein sich selbst regulierendes System: Der Körper taucht so tief ein, bis seine Gewichtskraft genauso groß ist wie seine Auftriebskraft.

Struktur der Materie

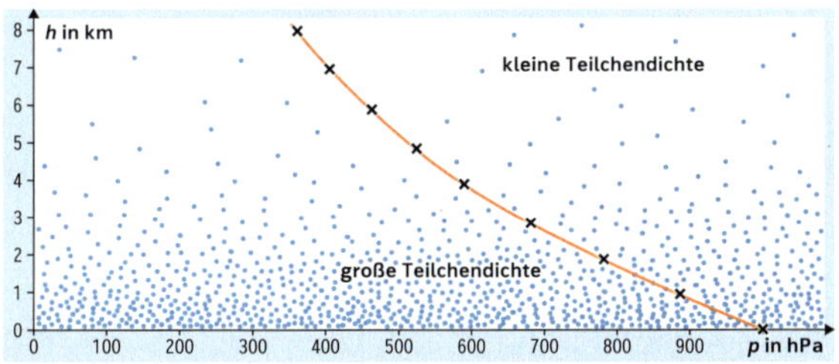

- Der Druck in Gasen bestimmt den Abstand ihrer Teilchen.
- In Gasen ist die Dichte abhängig vom Gasdruck.

Energie

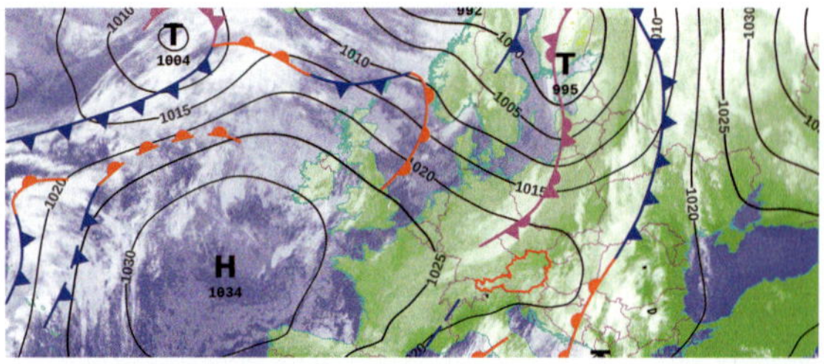

- In der Atmosphäre bilden sich Hochdruckgebiete und Tiefdruckgebiete. Die dadurch verursachten Luftströmungen transportieren Energie.

AUFGABEN

1 Ordne die folgenden Aussagen zum Kapitel Sterne und Weltall begründet den vier Basiskonzepten zu.

A Mithilfe von Spektren lassen sich Informationen über die chemische Zusammensetzung von Sternen gewinnen.

B Die Sternentstehung beginnt in Gas- und Staubnebeln durch Verdichtung.

C Im Sterneninneren verschmelzen Wasserstoffkerne zu Heliumkernen.

D Galaxien sind riesige Ansammlungen von Sternen, Gas und Staub, die durch Gravitation gebunden sind.

E Beim Spiegelteleskop wird das reelle Zwischenbild durch einen Hohlspiegel erzeugt und mit einem Okular vergrößert.

Beispiel 2: Ionisierende Strahlung – Kernenergie

Wechselwirkung

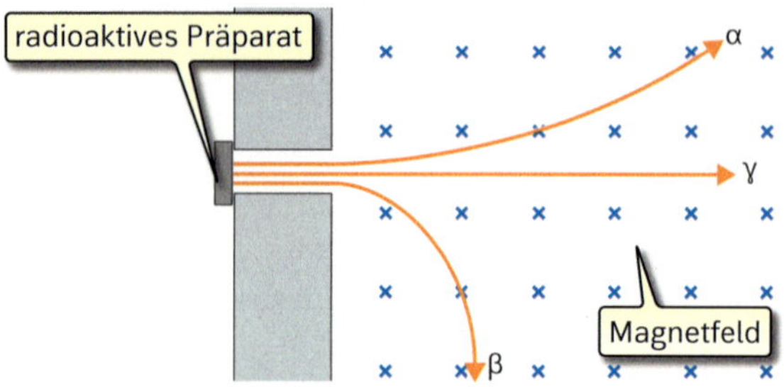

- Radioaktive Strahlung und Röntgenstrahlung können Atome und Moleküle ionisieren.
- Alle Nachweisgeräte radioaktiver Strahlung basieren auf deren Wechselwirkung mit Materie.
- α- und β-Strahlung bestehen aus bewegten geladenen Teilchen. Sie werden deshalb in Magnetfeldern abgelenkt.

System

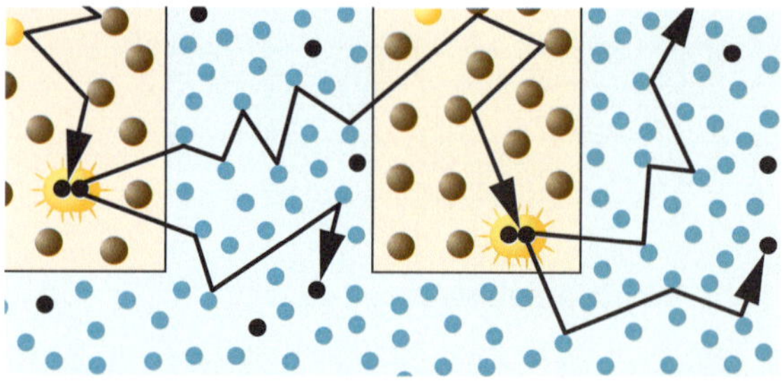

- Der Zerfall von Kernen erfolgt zufällig. Vorhersagen sind trotzdem mithilfe des Zerfallsgesetzes und der Halbwertszeit möglich.
- Das Zusammenspiel der Prozesse in Brennstäben und Regelstäben ermöglicht in Kernkraftwerken eine kontrollierte Zahl von Kernspaltungen.

Struktur der Materie

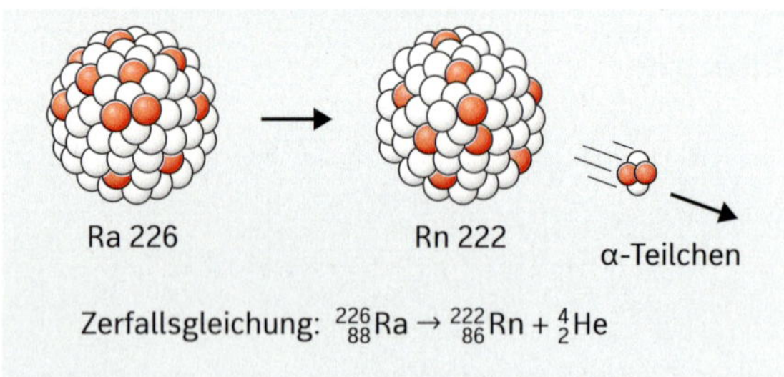

- Im winzigen positiv geladenen Atomkern ist fast die gesamte Masse eines Atoms konzentriert. Negativ geladene Elektronen bilden die Atomhülle, die die Größe des Atoms bestimmt.
- Atomkerne bestehen aus Protonen und Neutronen.
- Isotope sind Atome gleicher Kernladungszahl Z, die sich aber in ihrer Massenzahl A unterscheiden.
- Bei einem α- oder β-Zerfall gehört der verbleibende Kern zu einem anderen chemischen Element als der Ausgangskern.
- Röntgenstrahlung entsteht durch Abbremsung schneller Elektronen. Wie γ-Strahlung ist sie eine reine Energiestrahlung.

Energie

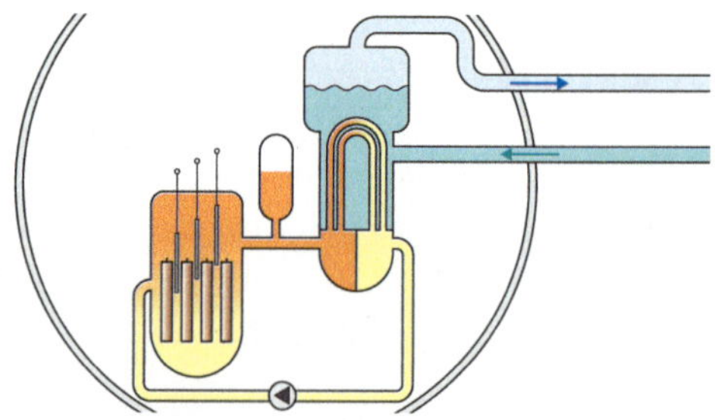

- Bei der Spaltung von Uran-235-Kernen durch langsame Neutronen wird Energie freigesetzt. Die Energie erhitzt das Wasser, welches die Brennstäbe umgibt.
- Im Wärmetauscher wird die thermische Energie des Wassers des Primärkreislaufs an das Wasser des Sekundärkreislaufs übertragen.

AUFGABEN

2 Die Auflistung zum Kapitel Ionisierende Strahlung und Kernenergie ist nicht abschließend. Finde zu allen vier Basiskonzepten weitere Aspekte. Orientiere dich dabei insbesondere an der Wirkung von Strahlung auf den Menschen und dem Einsatz von Strahlung in Medizin und Technik.

Beispiel 3: Energie – Energieversorgung

Energie

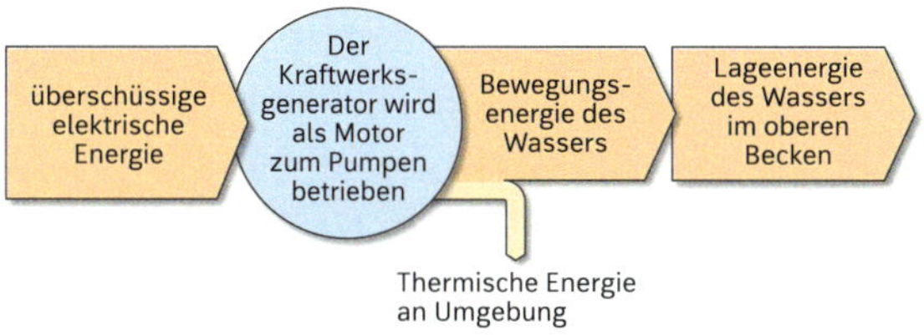

- Je nach Zielsetzung wird Energie nach ganz unterschiedlichen Kriterien unterschieden
  - nach rein physikalischen Eigenschaften: Bewegungsenergie, Lageenergie, Spannenergie, elektrische Energie, thermische Energie, chemische Energie, Energie des Lichts, Kernenergie
  - nach ihrer Wandlungs- und Speichermöglichkeit: wertvolle – nicht wertvolle Energie
  - nach ihrer Verfügbarkeit: regenerative – nicht regenerative Energie
- Energie kann gewandelt, transportiert, übertragen und gespeichert werden. Dabei bleibt die Energie erhalten und kann bilanziert werden.
- Bei allen energetischen Vorgängen, an denen thermische Prozesse beteiligt sind, findet Entwertung von Energie statt.
- Mit der Leistung wird die je Sekunde gewandelte oder transportierte Energie beschrieben.
- Der Wirkungsgrad gibt den Anteil der nutzbaren Energie an der zugeführten Energie und damit die Effizienz der Energiewandlung an.
- Energienutzung durch den Menschen muss die Folgen für die Umwelt berücksichtigen. Die Freisetzung von CO_2 muss reduziert werden.

System

- Fossile Kraftwerke und regenerative Energieanlagen dienen der Bereitstellung elektrischer Energie, der wertvollsten Energieform.
- Generatoren und Transformatoren sind Systeme mit hohem Wirkungsgrad, die das Phänomen der Induktion nutzen, um Energie zu wandeln.
- Die Versorgung mit elektrischer Energie erfolgt in einem Verbundnetz, in dem Transformatoren und Hochspannungsleitungen eine zentrale Rolle spielen.
- Jeder Generator kann prinzipiell als Elektromotor genutzt werden und umgekehrt.
- Solaranlagen wandeln die Energie der Sonne direkt in elektrische oder thermische Energie.
- Die Erde bildet mit der Atmosphäre und dem eingestrahlten Sonnenlicht ein komplexes System, in dem Energieaufnahme und -abstrahlung zu Temperaturen führen, die unser Leben auf der Erde ermöglichen. Eine unkontrollierte Erhöhung von CO_2 in der Atmosphäre führt zu einem Klimawandel mit erheblichen negativen Folgen.

AUFGABEN

3 Ein GuD-Kraftwerk mit Kraft-Wärme-Kopplung ist ein komplexes System der Energiebereitstellung mit hohem Wirkungsgrad. Erläutere diese Aussage. Begründe, weshalb es im System Erde trotzdem erhebliche Nachteile besitzt.

4 Erstelle zum Kapitel Energieversorgung eine Auflistung von Aspekten, die sich dem Basiskonzept Wechselwirkung zuordnen lassen.

METHODE

Mathematik – Potenzen in der Physik

Potenzgesetze:

$10^n \cdot 10^m = 10^{n+m}$

$\frac{10^n}{10^m} = 10^{n-m}$

Zahldarstellung – In manchen Gebieten der Physik treten besonders kleine oder besonders große Zahlenwerte bei physikalischen Größen auf. Um diese Zahlen lesbarer darzustellen, werden sie oft mithilfe von Zehnerpotenzen geschrieben. Durch Multiplikation mit einer Zehnerpotenz kann bei jeder Dezimalzahl das Komma so verschoben werden, dass nur eine Ziffer vor dem Komma steht. Diese Darstellung heißt **wissenschaftliche Notation.** Der Exponent der Zehnerpotenz gibt die Anzahl der Stellen an, um die das Komma nach rechts oder links verschoben werden muss. Zahlen zwischen null und eins werden mit negativem Exponenten in der Zehnerpotenz geschrieben. In Bezug auf die Genauigkeit der Werte ist es häufig sinnvoll, nur ein oder zwei Nachkommastellen anzugeben.

Taschenrechner lassen sich meist so einstellen, dass Ergebnisse in wissenschaftlicher Notation (SCI) oder technischer Notation (ENG) dargestellt werden.

Eine andere Methode ist es, den zugehörigen Einheiten Vorsätze voranzustellen, wie es z. B. bei der Masse mit der Einheit kg und der Strecke mit den Einheiten cm und km üblich ist. Diese Darstellung heißt **technische Notation.** Die Tabelle rechts enthält gängige Vorsätze.

Durchschnittliche Entfernung Erde – Sonne
150 000 000 km = $1{,}5 \cdot 10^8$ km
Durchmesser eines Atomkerns:
0,000 000 000 000 01 m = $1 \cdot 10^{-14}$ m
Halbwertszeit von U 238:
4 470 000 000 a = $4{,}47 \cdot 10^9$ a

Vorsätze	Abkürzung	Bedeutung
Tera	T	$\cdot 10^{12}$
Giga	G	$\cdot 10^{9}$
Mega	M	$\cdot 10^{6}$
Kilo	k	$\cdot 10^{3}$
Hekto	h	$\cdot 10^{2}$
Zenti	c	$\cdot 10^{-2}$
Milli	m	$\cdot 10^{-3}$
Mikro	µ	$\cdot 10^{-6}$
Nano	n	$\cdot 10^{-9}$
Pico	p	$\cdot 10^{-12}$

Normalluftdruck in Meereshöhe:
1013 hPa = 101 300 Pa
Strahlenbelastung beim Röntgen:
5 µSv = 0,005 mSv = 0,000 005 Sv
Gesamtleistung Windpark Asseln:
129,445 MW = 129 445 000 W

Logarithmengesetz:
$\lg(a^b) = b \cdot \lg(a)$

lg bezeichnet den Logarithmus zur Basis 10, Taschenrechnertaste: log

Exponentielle Zusammenhänge – Die Umkehrung des Potenzierens, das Logarithmieren, ermöglicht bei exponentiellen Zusammenhängen wie dem radioaktiven Zerfall das Berechnen gesuchter Zeiten. Nach welcher Zeit sind beispielsweise von 1 Million Ra 226-Kernen 10 % zerfallen? Ra 226 hat die Halbwertszeit $t_H = 1600$ a. 10 % von 1 Million sind 100 000. Die Fragestellung führt deshalb nach dem Zerfallsgesetz $N(t) = N_0 \cdot \left(\frac{1}{2}\right)^{\frac{t}{t_H}}$ zu dem nebenstehenden Ansatz und Lösungsweg:

Gesucht ist die Zeit, nach der 900 000 Ra 226-Kerne noch nicht zerfallen sind.

$$900\,000 = 1\,000\,000 \cdot \left(\frac{1}{2}\right)^{\frac{t}{1600\text{ a}}} \quad | : 1\,000\,000$$

$$0{,}9 = \left(\frac{1}{2}\right)^{\frac{t}{1600\text{ a}}} \quad | \lg$$

$$\lg(0{,}9) = \lg\left(\left(\frac{1}{2}\right)^{\frac{t}{1600\text{ a}}}\right)$$

$$\lg(0{,}9) = \frac{t}{1600\text{ a}} \cdot \lg\left(\frac{1}{2}\right) \quad | \cdot \frac{1600\text{ a}}{\lg\left(\frac{1}{2}\right)}$$

$$t = \frac{\lg(0{,}9) \cdot 1600\text{ a}}{\lg\left(\frac{1}{2}\right)} = 243{,}2\text{ a}$$

Nach gut 243 Jahren sind 10 % der Ra 226-Kerne zerfallen.

Periodensystem der Elemente

Ordnungszahl (Protonenzahl) – Atommasse in u (Werte in Klammern geben die Masse eines wichtigen Isotops an)
Elementsymbol
Elementname
Schmelztemperatur in °C, s: Sublimationstemperatur (Schätzwerte in Klammern) – Dichte in g/cm³ bei 25 °C (bei Gasen in g/l)
Siedetemperatur in °C (Schätzwerte in Klammern) – Elektronegativität

Beispiel: 16 32,07 S Schwefel 113 2,07 445 2,6

schwarz = feste Elemente
blau = gasförmige Elemente
grün = flüssige Elemente
weiß = künstliche Elemente, fest
★ = radioaktive Elemente

Metalle
Halbmetalle
Nichtmetalle
Chemie noch unbekannt

Periode	Hauptgruppen I	Hauptgruppen II	Nebengruppen III	IV	V	VI	VII	VIII	VIII	VIII	I	II	Hauptgruppen III	IV	V	VI	VII	VIII
1	1 1,01 H Wasserstoff −259 0,08 −253 2,2																	2 4,00 He Helium −272 0,16 −269 –
2	3 6,94 Li Lithium 180 0,53 1342 1,0	4 9,01 Be Beryllium 1278 1,85 2471 1,6											5 10,81 B Bor (2300) 2,34 (3660) 2,0	6 12,01 C Kohlenstoff 3974 2,26 3930s 2,6	7 14,01 N Stickstoff −210 1,14 −196 3,0	8 16,00 O Sauerstoff −219 1,31 −183 3,4	9 19,00 F Fluor −220 1,55 −188 4,0	10 20,18 Ne Neon −249 0,82 −246 –
3	11 22,99 Na Natrium 98 0,97 883 0,9	12 24,31 Mg Magnesium 650 1,74 1110 1,3											13 26,98 Al Aluminium 660 2,70 2467 1,6	14 28,09 Si Silicium 1410 2,33 3267 1,9	15 30,97 P Phosphor 44 1,82 280 2,2	16 32,07 S Schwefel 113 2,07 445 2,6	17 35,45 Cl Chlor −101 2,89 −34 3,2	18 39,95 Ar Argon −189 1,63 −186 –
4	19 39,10 K Kalium 63 0,86 760 0,8	20 40,08 Ca Calcium 842 1,55 1484 1,0	21 44,96 Sc Scandium 1538 3,0 2730 1,4	22 47,87 Ti Titan 1660 4,50 3287 1,5	23 50,94 V Vanadium 1910 6,1 3407 1,6	24 52,00 Cr Chrom 1857 7,19 2672 1,7	25 54,94 Mn Mangan 1244 7,43 2095 1,6	26 55,85 Fe Eisen 1535 7,86 2750 1,8	27 58,93 Co Cobalt 1495 8,90 2870 1,9	28 58,69 Ni Nickel 1455 8,90 2730 1,9	29 63,55 Cu Kupfer 1085 8,96 2572 1,9	30 65,39 Zn Zink 420 7,14 907 1,7	31 69,72 Ga Gallium 30 5,91 2403 1,8	32 72,61 Ge Germanium 937 5,32 2830 2,0	33 74,92 As Arsen 817 5,72 613s 2,2	34 78,96 Se Selen 217 4,80 685 2,6	35 79,90 Br Brom −7 3,12 59 3,0	36 83,80 Kr Krypton −157 3,42 −152 2,9
5	37 85,47 Rb Rubidium 39 1,53 686 0,8	38 87,62 Sr Strontium 769 2,6 1384 1,0	39 88,91 Y Yttrium 1522 4,47 3338 1,2	40 91,22 Zr Zirconium 1852 6,49 4377 1,3	41 92,91 Nb Niob 2468 8,57 4758 1,6	42 95,94 Mo Molybdän 2610 10,2 5560 2,2	43 (98,91) Tc★ Technetium 2157 11,5 4880 1,9	44 101,1 Ru Ruthenium 2310 12,4 4150 2,2	45 102,9 Rh Rhodium 1964 12,4 3695 2,3	46 106,4 Pd Palladium 1554 12,0 2970 2,2	47 107,9 Ag Silber 962 10,5 2212 1,9	48 112,4 Cd Cadmium 321 8,65 767 1,7	49 114,8 In Indium 157 7,31 2080 1,8	50 118,7 Sn Zinn 232 7,30 2602 2,0	51 121,8 Sb Antimon 631 6,68 1635 2,1	52 127,6 Te Tellur 450 6,24 990 2,1	53 126,9 I Iod 114 4,94 184 2,7	54 131,3 Xe Xenon −112 5,36 −108 2,6
6	55 132,9 Cs Caesium 28 1,87 669 0,8	56 137,3 Ba Barium 725 3,50 1640 0,9	57–71 Lanthanoide	72 178,5 Hf Hafnium 2233 13,3 4450 1,3	73 180,9 Ta Tantal 3000 16,6 5534 1,5	74 183,8 W Wolfram 3410 19,3 5660 2,4	75 186,2 Re Rhenium 3180 21,0 5630 1,9	76 190,2 Os Osmium (3045) 22,6 (5000) 2,2	77 192,2 Ir Iridium 2450 22,5 4500 2,2	78 195,1 Pt Platin 1772 21,4 3825 2,3	79 197,0 Au Gold 1064 19,3 2808 2,5	80 200,6 Hg Quecksilber −39 13,53 357 2,0	81 204,4 Tl Thallium 303 11,85 1457 2,0	82 207,2 Pb Blei 327 11,3 1740 2,3	83 209,0 Bi Bismut 271 9,8 1560 2,0	84 (210) Po★ Polonium 254 9,4 962 2,0	85 (210) At★ Astat 302 – (335) 2,2	86 (222) Rn★ Radon −71 9,7 −62 –
7	87 (223) Fr★ Francium (27) – (680) 0,7	88 (226) Ra★ Radium 700 5 1737 0,9	89–103 Actinoide	104 (261) Rf★ Rutherfordium – – – –	105 (262) Db★ Dubnium – – – –	106 (263) Sg★ Seaborgium – – – –	107 (264) Bh★ Bohrium – – – –	108 (265) Hs★ Hassium – – – –	109 (268) Mt★ Meitnerium – – – –	110 (281) Ds★ Darmstadtium – – – –	111 (272) Rg★ Roentgenium – – – –	112 (277) Cn★ Copernicium – – – –	113 (284) Nh★ Nihonium – – – –	114 (289) Fl★ Flerovium – – – –	115 (288) Mc★ Moscovium – – – –	116 (292) Lv★ Livermorium – – – –	117 (293) Ts★ Tenness – – – –	118 (294) Og★ Oganesson – – – –

Lanthanoide	57 138,9 La Lanthan 920 6,17 3470 1,1	58 140,1 Ce Cer 795 6,78 3433 1,1	59 140,9 Pr Praseodym 935 6,77 3510 1,1	60 144,2 Nd Neodym 1024 7,00 3074 1,1	61 (147) Pm★ Promethium 1042 7,22 (2730) 1,2	62 150,4 Sm Samarium 1072 7,54 1791 1,2	63 152,0 Eu Europium 826 5,24 1596 1,2	64 157,3 Gd Gadolinium 1313 7,90 3273 1,2	65 158,9 Tb Terbium 1360 8,25 3230 1,2	66 162,5 Dy Dysprosium 1410 8,54 2567 1,2	67 164,9 Ho Holmium 1472 8,80 2694 1,2	68 167,3 Er Erbium 1529 9,05 2900 1,2	69 168,9 Tm Thulium 1545 9,32 1950 1,3	70 173,0 Yb Ytterbium 824 6,97 1194 1,1	71 175,0 Lu Lutetium 1663 9,84 3402 1,3
Actinoide	89 (227) Ac★ Actinium 1050 10,1 3200 1,1	90 232,0 Th★ Thorium 1750 11,7 4788 1,3	91 231,0 Pa★ Protactinium 1572 15,4 (4000) 1,5	92 238,0 U★ Uran 1135 19,1 3818 1,4	93 (237) Np★ Neptunium 637 20,4 (3900) 1,4	94 (239) Pu★ Plutonium 640 19,8 3230 1,3	95 (241) Am★ Americium 1176 11,7 (2067) 1,3	96 (244) Cm★ Curium 1340 13,5 3110 1,3	97 (249) Bk★ Berkelium 986 15 (2623) 1,3	98 (252) Cf★ Californium 900 – – 1,3	99 (252) Es★ Einsteinium (860) – – 1,3	100 (257) Fm★ Fermium – – – 1,3	101 (258) Md★ Mendelevium 827 – – 1,3	102 (259) No★ Nobelium – – – 1,3	103 (262) Lr★ Lawrencium – – – –

Kompetenzrahmen Medienpass

1 Bedienen und Anwenden	2 Informieren und Recherchieren
1.1 Medienausstattung	**2.1 Informationsrecherche**
	S. 11 Material A, Aufgabe 3; S. 13 Material C, Aufgabe 3; S. 16 Material B, Aufgabe 4; S. 19 Material A, Aufgabe 3; S. 23 Material C, Aufgabe 1; S. 37 Material D, Aufgabe 3; S. 44 Material C, Aufgabe 3; S. 48 Material B, Aufgabe 1; S. 51 Material B, Aufgaben 2 und 3; S. 64 Material B, Aufgabe 2; S. 79 Material B, Aufgabe 1, 5; S. 81 Material A, Aufgaben 3 und 4; S. 82 Material B, Aufgaben 4; S. 83 Material D, Aufgaben 4; S. 87 Material A, Aufgaben 3 und 5; S. 92 Material B, Aufgabe 3; S. 95 Material D, Aufgabe 2; S. 96 Material E, Aufgabe 2, 5 und 6; Material F, Aufgabe 5; S. 97 Streifzug, Aufgaben 1 und 3; S. 117 Material C, Aufgaben 1 und 3; S. 120 Material B, Aufgaben 2 und 3; S. 133 Material A, Aufgabe 3; S. 136 Material B, Aufgabe 3; S. 151 Material A, Aufgabe 3; S. 153 Material C, Aufgabe 3 und 7; S. 155 Material A, Aufgaben 2 und 3, Material B, Aufgaben 1 und 2; S. 158 Material D, Aufgabe 3; S. 161 Überblick, Aufgabe 3; S. 163 Material A, Aufgaben 3 und 4m; S. 164 Material B, Aufgaben 3 und 4; S. 165 Material C, Aufgaben 2 bis 4; S. 165 Material B, Aufgabe 4; S. 169 Material A, Aufgabe 4
1.2 Digitale Werkzeuge	**2.2 Informationsauswertung**
S. 75 Streifzug, Aufgabe 3; S. 85 Material E, Aufgaben 1 und 4	S. 23; Material C, Aufgaben 3 und 4; S. 31 Material B/C, Aufgaben 1 und 2; S. 35 Material A, Aufgaben 1 und 2; S. 47 Material A, Aufgaben 1 und 2; S. 52 Material D, Aufgabe 1 ; S. 55 Material B, Aufgaben 1, 2 und 5; S. 59 Material A, Aufgaben 1, 2, 4, 5; S. 60 Material B, Aufgaben 1 bis 3; S. 64 Material B, Aufgabe 1; S. 65 Material C, Aufgaben 1 bis 3; S. 69 Material A, Aufgabe 1 bis 3; S. 71 Material B, Aufgaben 2 und 3; Material C, Aufgaben 1, 4 bis 6; S. 74 Material B, Aufgaben 1 und 2; S. 75 Streifzug, Aufgaben 1 und 2; S. 77 Material A, Aufgaben 1 und 2; Material B, Aufgaben 1 und 2; S. 79 Material A, Aufgaben 1 bis 4; Material B, Aufgaben 2 bis 4; S. 82 Material B, Aufgaben 1 bis 3; S. 83 Material D, Aufgaben 1 bis 3; S. 85 Material E, Aufgabe 2 und 3; Material F, Aufgabe 1; S. 88 Material B, Aufgaben 1 bis 4; S. 89 Material C, Aufgabe 1; Material D, Aufgabe 1; S. 91 Material A, Aufgaben 1 und 2, S. 92 Material B, Aufgaben 1 und 2; S. 95 Material D, Aufgabe 1; S. 96 Material E, Aufgabe 1 und 4; S. 101 Material C, Aufgabe 1; S. 105 Material A, Aufgaben 1 und 2; S. 111 Material B, Aufgabe 1 bis 3; S. 113 Material B, Aufgabe 1; S. 115 Material A, Aufgaben 1 und 2; S. 116 Material B, Aufgaben 1 bis 3; S. 121 Methode, Aufgaben 1 und 2; S. 123 Material A, Aufgabe 1; S. 129 Material B, Aufgaben 1 und 2; S. 133 Material A, Aufgaben 1 und 2; S. 135 Material A, Aufgaben 1 bis 3; S. 136 Material B, Aufgaben 1 und 2;S. 138 Material C, Aufgaben 1 bis 3; S. 139 Material D, Aufgaben 1 bis 5; Material E, Aufgaben 1 bis 5; S. 143 Material C, Aufgaben 1 bis 4; S. 148 Material A, Aufgaben 1 bis 4; Material B, Aufgaben 1 bis 3; S. 149 Material C, Aufgaben 1, 4 und 5; Material D, Aufgabe 4; S. 151 Material A, Aufgaben 1 und 2; S. 153 Material C, Aufgaben 1, 2 und 4; S. 155 Material A, Aufgabe 1; S. 157 Material C, Aufgabe 1-4; S. 158 Material D, Aufgaben 1 und 2; S. 159 Material E, Aufgaben 1 bis 3; S. 161 Überblick, Aufgaben 1 und 2; S. 163 Material A, Aufgaben 1 und 2; S. 167 Material B, Aufgaben 1 und 2; S. 171 Material A/B Aufgaben 1 bis 3, Material D, Aufgaben 1 bis 4
1.3 Datenorganisation	**2.3 Informationsbewertung**
S. 13 Material C, Aufgabe 4; S. 73 Material A, Aufgabe 1; S. 83 Material C, Aufgaben 1, 2 und 4; S. 100 Material B, Aufgabe 2	S. 23 Material C, Aufgabe 5; S. 100 Material B, Aufgabe 1; S. 120 Material B, Aufgabe 4; S. 127 Material A, Aufgabe 2b; S. 138 Material C, Aufgabe 4; S. 145 Material D, Aufgabe 2
1.4 Datenschutz und Informationssicherheit	**2.4 Informationskritik**

3 Kommunizieren und Kooperieren	4 Produzieren und Präsentieren	5 Analysieren und Reflektieren	6 Problemlösen und Modellieren
3.1 Kommunikations- und Kooperationsprozesse	**4.1 Medienproduktion und -präsentation** S. 17 Material C, Aufgabe 4; S. 51 Material A, Aufgabe 4; S. 91 Material A, Aufgabe 5; S. 100 Material B, Aufgabe 2; S. 101 Material D, Aufgabe 1	**5.1 Medienanalyse**	**6.1 Prinzipien der digitalen Welt**
3.2 Kommunikations- und Kooperationsregeln	**4.2 Gestaltungsmittel**	**5.2 Meinungsbildung** S. 95 Material D, Aufgabe 3; S. 96 Material F, Aufgabe 1 und 6; S. 97 Streifzug, Aufgabe 1 und 3; S. 155 Material B, Aufgabe 2; S. 161 Überblick, Aufgaben 5 und 6; S. 164 Material B, Aufgabe 2	**6.2 Algorithmen erkennen**
3.3 Kommunizieren und Kooperieren in der Gesellschaft	**4.3 Quellendokumentation**	**5.3 Identitätsbildung**	**6.3 Modellieren und Programmieren** S. 72 Versuch; S. 100 Material A, Aufgabe 4
3.4 Cybergewalt und -kriminalität	**4.4 Rechtliche Grundlagen**	**5.4 Selbstregulierte Mediennutzung**	**6.4 Bedeutung von Algorithmen**

Stichwortverzeichnis

Bildquellenverzeichnis

|akg-images GmbH, Berlin: 97.3. |Alamy Stock Photo, Abingdon/Oxfordshire: ADDICTIVE STOCK CREATIVES 16.3; Arterra Picture Library/Arndt, Sven-Erik 72.1; Benik, Martin 38.1; Blakeley 29.2; Cultura Creative RF/PhotoStock-Israel 18.1; david a eastley 175.2; Granger Historical Picture Archive 87.3; imageBROKER/Blossey, Hans 90.1; imageBROKER/Tack, Jochen 76.1; koufogiorgos, kostas 90.2; Malyshev, Alexandr 143.1; seewhatmitchsee 15.1; We Shoot 44.3. |Alamy Stock Photo (RMB), Abingdon/Oxfordshire: Computing, IanDagnall 97.1; imageBROKER 164.1; imageBROKER/Niehoff , Ulrich 130.1; picturelibrary 6.5. |Astrofoto, Sörth: 114.2; Astrofoto Inh. Bernd Koch/Franckh-Kosmos Verlags GmbH & Co KG 184.1. |Atelier tigercolor Tom Menzel, Klingberg: 24.2, 24.3, 25.3, 26.3, 27.1, 28.1, 28.3, 29.1, 30.2, 30.3, 47.2, 47.3, 48.2, 51.1, 51.2, 52.1, 52.2, 53.1, 54.2, 64.2, 65.3, 65.4, 66.3, 66.4, 67.2, 67.3, 69.1, 78.3, 79.1, 79.2, 79.3, 79.5, 87.1, 88.1, 89.1, 89.2, 93.1, 101.2, 110.3, 115.1, 116.1, 118.2, 119.3, 121.1, 122.2, 123.1, 134.3, 135.1, 135.2, 136.1, 136.2, 136.3, 137.1, 137.2, 137.3, 139.1, 139.2, 140.3, 142.2, 143.2, 147.1, 147.2, 147.4, 148.2, 148.3, 148.5, 148.6, 149.1, 149.4, 160.4, 167.2, 171.1, 173.1, 173.2, 174.1, 174.4. |Biermann-Schickling, Birgitt, Hannover: 55.2, 80.1, 81.1, 82.1, 83.1, 84.1, 84.2, 85.1, 99.2, 126.3, 127.4, 127.5, 128.2, 128.3, 129.4, 131.1, 131.2, 131.3, 132.1, 133.1, 133.2, 146.2, 146.3, 151.1, 154.1, 155.1, 155.2, 165.1, 165.2, 170.1, 177.1. |CONATEX-DIDACTIC Lehrmittel GmbH, Saarbrücken: Best.-Nr. 1009040 78.2. |fotolia.com, New York: F.Schmidt 134.1, 161.3; Jürgen Fälchle 161.2. |iStockphoto.com, Calgary: connect11 21.3; Digital Vision. 4.1, 57.1; Drablenkov 49.1; RobertBreitpaul Titel; Tunatura 28.2. |Max-Planck-Institut für Plasmaphysik (IPP), Garching: Ullmann, Anja 168.1. |Mettin, Markus, Offenbach: 6.2, 6.3, 6.4, 7.3, 10.2, 10.3, 11.1, 11.2, 14.2, 14.3, 15.2, 18.2, 18.3, 18.4, 20.2, 20.3, 22.2, 25.1, 25.2, 26.1, 26.2, 34.1, 34.2, 34.3, 34.4, 35.3, 35.4, 35.5, 37.1, 38.2, 40.2, 42.2, 45.1, 46.2, 48.1, 49.2, 49.3, 63.4, 63.5, 72.2, 108.2, 138.1, 138.2, 156.2. |Minkus Images Fotodesignagentur, Isernhagen: 50.2, 58.1, 62.2, 63.1, 63.2, 63.3, 63.6, 64.1, 65.1, 65.2, 66.1, 68.2, 68.3, 76.2, 110.2, 126.2, 127.1, 127.2, 129.1, 129.2, 129.3, 134.2, 142.1, 146.4, 146.5, 146.6. |Möschl, Bernd, Schwerin: 100.1, 104.2, 128.1, 130.2, 140.2, 150.2. |Picture-Alliance GmbH, Frankfurt a.M.: dpa/Abc News 24/handout 96.1; dpa/Schachtanlage Asse 95.2; dpa/Soeder, Christoph 166.1. |plainpicture, Hamburg: Kühn, Georg 101.1. |Salomea, Atelier Krülls, Berlin: 6.1, 24.1, 39.2, 40.3, 44.1, 44.2, 67.1, 111.2, 120.1. |Schlierf, Birgit und Olaf, Lachendorf: 7.1, 7.2, 11.3, 11.4, 11.5, 12.1, 12.2, 13.1, 15.3, 16.1, 16.2, 17.1, 17.2, 17.3, 19.1, 19.2, 21.1, 21.2, 21.4, 22.1, 23.1, 30.1, 31.3, 34.5, 35.1, 35.2, 36.1, 36.2, 36.3, 37.2, 39.1, 41.1, 41.2, 42.3, 54.1, 58.2, 58.3, 59.1, 60.1, 60.2, 61.1, 61.2, 66.2, 69.2, 70.1, 70.2, 70.3, 73.1, 73.2, 75.2, 75.3, 76.3, 76.4, 91.1, 91.2, 92.1, 92.2, 94.1, 94.2, 95.1, 98.1, 98.2, 99.1, 104.3, 104.4, 105.1, 105.2, 107.4, 108.3, 109.1, 109.2, 109.3, 109.4, 111.1, 112.1, 112.2, 113.1, 117.1, 122.1, 149.3, 151.2, 158.2, 162.2, 164.2, 166.2, 167.1, 171.2, 173.3, 174.2, 174.3, 175.1. |Science Photo Library, München: 79.4; Bond, Martin 160.3; Chumack, John 123.2; DAI, JEFF 106.3; De Martin, Davide 114.3; Eliassen, Tommy 110.1; EUROPEAN SOUTHERN OBSERVATORY 4.2, 103.1; EUROPEAN SOUTHERN OBSERVATORY/Digitized Sky Survey 2 108.1; Foster, John R. 118.1; GENDLER, ROBERT/ESA/NASA/Hubble Legacy Archive 106.2; King-Holmes, James 75.1; MAX-PLANCK-INSTITUTE FOR RADIO ASTRONOMY 107.2; MIGUEL CLARO 114.1; MPIA-HD, BIRKLE, SLAWIK 119.1; PHANIE/VOISIN 87.2; R. ELLIS (CALTECH), AND THE UDF 2012 TEAM/STSCI/ESA/NASA 119.2; Sanford, John 107.1; Science Source 23.2; Smithsonian Institution 97.2; Tafreshi, Babak 106.1; Van Ravenswaay, Detlev 107.3, 123.3. |Shutterstock.com, New York: G-Stock Studio 46.1; Jon Nicholls Photography 40.1; kaninw 104.1; NDStock 29.3; Nieke, Christian 68.1; ORION PRODUCTION 62.1. |stock.adobe.com, Dublin: Andreas 31.1; Anselm 5.1, 125.1; Bachstroem, Sven 3.1, 9.1; Blickfang 14.1; Flamingo Images 47.1; FotoHelin 78.1; fototrm12 160.2; FredKowaloPhotograph 140.1; Gorodenkoff 86.1; Imaginis 160.1; Kara 150.1; Kravchuk, Alexey 149.2; Lisa Mar 21.5; M.studio 42.1; Marc 55.1; MAXSHOT_PL 156.1, 161.1; Morijn, Ruud 126.1; Ralf 50.1; rbkelle 162.1; Schwier, Christian 161.4; sementsova321 10.1; stockdevil 86.2; vetal1983 3.2, 33.1. |Tegen, Hans, Hambühren: 130.3. |Wildermuth, Werner, Würzburg: 31.2, 127.3, 140.4, 141.1, 141.2, 144.1, 144.2, 144.3, 145.1, 146.1, 147.3, 148.1, 148.4, 152.1, 152.2, 153.1, 153.2, 156.3, 156.4, 157.1, 157.2, 158.1, 158.3, 159.1, 159.2, 163.1, 163.2, 169.1, 169.2, 171.3, 171.4. |Zentralanstalt für Meteorologie und Geodynamik (ZAMG), Wien: 20.1, 173.4.

Auszug aus der Nuklidkarte (vereinfacht)

Zeitangaben

a	Jahr
d	Tag
h	Stunde
min	Minute
s	Sekunde
ms	Millisekunde
µs	Mikrosekunde
ns	Nanosekunde

Ausschnitt aus dem Bereich der natürlichen Zerfallsreihe

Zahl der Protonen \ Zahl der Neutronen	120	121	122	123	124	125	126	127	128	129	130	131	132	133	134
94															Pu 244,0642
93														Np 237,0482	Np 227 0,51 s
92														U 238,02891	U 226 0,28 s
91					Pa 231,03588	Pa 216 105 ms	Pa 217 3,8 ms	Pa 218 113 µs	Pa 219 53 ns	Pa 220 0,78 µs	Pa 221 5,9 µs	Pa 222 4,3 ms	Pa 223 6,5 ms	Pa 224 0,95 s	Pa 225 1,8 s
90			Th 232,0381	Th 213 0,14 s	Th 214 0,10 s	Th 215 1,2 s	Th 216 26 ms	Th 217 237 µs	Th 218 0,1 µs	Th 219 1,05 µs	Th 220 9,7 µs	Th 221 1,68 ms	Th 222 2,24 ms	Th 223 0,66 s	Th 224 1,04 s
89	Ac 209 90 ms	Ac 210 0,35 s	Ac 211 0,25 s	Ac 212 0,93 s	Ac 213 0,80 s	Ac 214 8,2 s	Ac 215 0,17 s	Ac 216 0,44 ms	Ac 217 69 ns	Ac 218 1,1 µs	Ac 219 11,8 µs	Ac 220 26 ms	Ac 221 52 ms	Ac 222 5,0 s	Ac 223 2,10 min
88	Ra 208 1,3 s	Ra 209 4,6 s	Ra 210 3,7 s	Ra 211 13 s	Ra 212 13 s	Ra 213 2,74 min	Ra 214 2,46 s	Ra 215 1,67 ms	Ra 216 0,18 µs	Ra 217 1,6 µs	Ra 218 25,6 µs	Ra 219 10 ms	Ra 220 23 ms	Ra 221 28 s	Ra 222 38 s
87	Fr 207 14,8 s	Fr 208 58,6 s	Fr 209 50,0 s	Fr 210 3,18 min	Fr 211 3,10 min	Fr 212 20 min	Fr 213 34,6 s	Fr 214 5,0 ms	Fr 215 0,09 µs	Fr 216 0,70 µs	Fr 217 16 µs	Fr 218 1,0 ms	Fr 219 21 ms	Fr 220 27,4 s	Fr 221 4,9 min
86	Rn 206 5,67 min	Rn 207 9,3 min	Rn 208 24,4 min	Rn 209 28,5 min	Rn 210 2,4 h	Rn 211 14,6 h	Rn 212 24 min	Rn 213 19,5 ms	Rn 214 0,27 µs	Rn 215 2,3 µs	Rn 216 45 µs	Rn 217 0,54 ms	Rn 218 35 ms	Rn 219 3,96 s	Rn 220 55,6 s
85	At 205 26,2 min	At 206 29,4 min	At 207 1,8 h	At 208 1,63 h	At 209 5,4 h	At 210 8,3 h	At 211 7,22 h	At 212 314 ms	At 213 0,11 µs	At 214 0,56 µs	At 215 0,1 ms	At 216 0,3 ms	At 217 32,3 ms	At 218 ~2 s	At 219 0,9 min
84	Po 204 3,53 h	Po 205 1,66 h	Po 206 8,8 d	Po 207 5,84 h	Po 208 2,898 a	Po 209 102 a	Po 210 138,38 d	Po 211 0,516 s	Po 212 0,3 µs	Po 213 4,2 µs	Po 214 164 µs	Po 215 1,78 ms	Po 216 0,15 s	Po 217 1,53 s	Po 218 3,05 min
83	Bi 203 11,76 h	Bi 204 11,22 h	Bi 205 15,31 d	Bi 206 6,24 d	Bi 207 31,55 a	Bi 208 $3{,}68 \cdot 10^5$ a	Bi 209 100	Bi 210 5,013 d	Bi 211 2,17 min	Bi 212 60,60 min	Bi 213 45,59 min	Bi 214 19,9 min	Bi 215 7,6 min	Bi 216 2,17 min	Bi 217 98,5 s
82	Pb 202 $5{,}25 \cdot 10^5$ a	Pb 203 51,9 h	Pb 204 1,4	Pb 205 $1{,}5 \cdot 10^7$ a	Pb 206 24,1	Pb 207 22,1	Pb 208 52,4	Pb 209 3,253 h	Pb 210 22,3 a	Pb 211 36,1 min	Pb 212 10,64 h	Pb 213 10,2 min	Pb 214 26,8 min		
81	Tl 201 73,1 h	Tl 202 12,23 d	Tl 203 29,52	Tl 204 3,78 a	Tl 205 70,48	Tl 206 4,20 min	Tl 207 4,77 min	Tl 208 3,053 min	Tl 209 2,16 min	Tl 210 1,3 min					
80	Hg 200 23,10	Hg 201 13,18	Hg 202 29,86	Hg 203 46,59 d	Hg 204 6,87	Hg 205 5,2 min	Hg 206 8,15 min	Hg 207 2,9 min	Hg 208 ~42 min	Hg 209 35 s					

Zahl der Protonen

Zahl der Neutronen

N 14,00674 — **Element** relative Atommasse

N 14 99,634 — **Stabile Nuklide**

U 234 0,0054 $2{,}455 \cdot 10^5$ a α: 4,775 γ sf — **Nuklide, die bei der Bildung der irdischen Materie entstanden**

Instabile (radioaktive) Nuklide

Ra 216 0,18 µs α: 9,349 — α-Zerfall

Ne 17 109,2 ms — β^+-Zerfall

N 16 7,13 s — β^--Zerfall

$T_{1/2}$: Halbwertszeit

Häufigkeiten der Zerfallsarten